GEZIEL ANDRADE

ESPIRITISMO E EXPERIÊNCIAS DE QUASE MORTE

EDITORA EME

Solicite nosso catálogo completo, com mais de 500 títulos, onde você encontra as melhores opções do bom livro espírita: literatura infantojuvenil, contos, obras biográficas e de autoajuda, mensagens espirituais, romances, estudos doutrinários, obras básicas de Allan Kardec, e mais os esclarecedores cursos e estudos para aplicação no centro espírita - iniciação, mediunidade, reuniões mediúnicas, oratória, desobsessão, fluidos e passes.
E caso não encontre os nossos livros na livraria de sua preferência, solicite o endereço de nosso distribuidor mais próximo de você.

Edição e distribuição

EDITORA EME

Avenida Brigadeiro Faria Lima, 1080 - Vila Fátima
CEP 13369-040 - Capivari-SP
Telefones: (19) 3491-7000 | 3491-5449
Vivo (19) 9 9983-2575 | Claro (19) 9 9317-2800
vendas@editoraeme.com.br - www.editoraeme.com.br

/editoraeme @EditoraEme
@editoraeme editoraemeoficial

GEZIEL ANDRADE

ESPIRITISMO E EXPERIÊNCIAS DE QUASE MORTE

Capivari-SP
– 2023 –

Os direitos autorais desta obra foram cedidos pelo autor para a Editora EME, o que propicia a venda dos livros com preços mais acessíveis e a manutenção de campanhas com preços especiais a Clubes do Livro de todo o Brasil.

A Editora EME mantém o Centro Espírita "Mensagem de Esperança" e patrocina, junto com outras empresas, instituições de atendimento social de Capivari-SP.

1ª edição - setembro/2023 - 3.000 exemplares

CAPA | André Stenico
DIAGRAMAÇÃO E PROJETO GRÁFICO | Editora EME
REVISÃO | Letícia Rodrigues de Camargo
| Rubens Toledo

Ficha catalográfica

Andrade, Geziel, 1948
Espiritismo e experiências de quase morte / Geziel Andrade - 1ª ed. set. 2023 - Capivari-SP: Editora EME.
336 p.

ISBN 978-65-5543-093-6

1. Espiritismo. 2. Experiências de Quase Morte. 3. Sobrevivência da alma após a morte do corpo físico. 4. Relatos de EQM de médicos, cientistas, crianças. I. TÍTULO.

CDD 133.9

SUMÁRIO

APRESENTAÇÃO

DESDE 1986, ÉPOCA EM que o meu amigo Ariovaldo Cavarzan e eu estávamos elaborando o capítulo "O limiar da nova vida, visto por Ernesto Bozzano e pelo doutor Raymond A. Moody Junior", para o livro de nossa autoria, intitulado *O regresso: o retorno à vida espiritual segundo o espiritismo*, o qual foi publicado por esta mesma editora, continuei a dedicar-me, sem cessar e com grande interesse, à análise atenta das ocorrências contidas nos casos de experiência de quase morte (EQM), que encontrava em livros e artigos de revistas e jornais.

Mas, o meu interesse particular pelos casos de EQM se ampliou, consideravelmente, a partir de 2005, quando visitei o amigo Eduardo Carvalho Monteiro (1950–2005), que tinha atuação muito grande no movimento espírita.

Sem que eu desconfiasse ou percebesse, porque ele falava com perfeita lucidez e muito entusiasmo dos planos e trabalhos que ainda tinha em mente realizar, ele estava em seu leito de morte, no hospital Alvorada, da cidade de São Paulo.

Naquela ocasião da minha visita, conversamos sobre muitos assuntos, e ele ainda usou o tempo para me fazer uma narrativa da experiência de quase morte que tinha vivenciado, havia poucos dias. A sua consciência havia saído do corpo material, vivenciado ocorrências no corredor do hospital e sido mandada de volta para a sua vida material.

Depois do seu falecimento, fiquei sabendo que ele havia confidenciado a sua EQM para outras pessoas de sua confiança, revelando que era impossível alguém imaginar o que é uma EQM, se não passar por ela, pela amplitude da visão, envolvimento na luz, entendimento do significado das coisas, bem-estar indescritível e contato com a equipe espiritual, que o mandou de volta para o corpo que estava enfermo.

Atualmente, acredito que essa EQM foi a preparação da alma do Eduardo, para a desencarnação que ocorreria logo depois. Mas, o fato inquestionável é que foi muito lamentável a perda do Eduardo para o movimento espírita, porque ele tinha um poder extraordinário de idealizar e realizar as boas obras.

Depois disso, passei a fazer muitas análises cuidadosas dos casos de EQM, que se tornaram bem fáceis de serem encontrados, pela abundância de narrativas que passaram a ser publicadas na internet. Constatei, então, cada vez mais, a grande coincidência, ou similaridade, que existe entre as narrativas que os espíritos fazem, através de médiuns autênticos, após a sua entrada na vida espiritual, em decorrência da morte do seu corpo material, em comparação com as ocorrências marcantes, acontecimentos grandiosos ou vivências complexas, que são descritos por milhares de pessoas idôneas, em diversas partes do mundo, que se viram sair do corpo material e passar por muitas experiências inusitadas na dimensão espiritual, em decorrência do corpo material ter ficado morto por algum tempo ou ter se aproximado muito do momento da morte.

Em função desse longo período de buscas, observações, análises, constatações e comparações, decidi elaborar este livro, que procura levar ao prezado leitor, de forma clara e simples, mas detalhada e abrangente, os resultados dos meus estudos dos casos de desencarnação da alma, existentes no meio espírita, em decorrência da ampla literatura já publicada sobre o assunto, em confronto com os resultados das pesquisas dos casos de experiência de quase morte (EQM), que foram realizados e publicados por pesquisadores, estudiosos e divulgadores, em diversas partes do mundo.

Obras de Allan Kardec e do Doutor Raymond Moody Junior

Evidentemente, a origem do espiritismo, com Allan Kardec, na França, em 1857, e o seu desenvolvimento e a sua expansão nos países da Europa e, posteriormente, no Brasil, foram bem diferentes do surgimento, em 1975, nos Estados Unidos, dos trabalhos sobre os casos de EQM publicados pelo doutor Raymond Moody Junior. Estes foram seguidos de grande expansão, graças aos outros estudos complementares muito criteriosos realizados por pesquisadores, médicos e cientistas.

Objetivo

Este estudo comparativo tem por objetivo tornar bem evidente que, embora existam dois campos totalmente independentes de observação, eles levam a resultados similares ou concordantes. Então, complementam-se maravilhosamente, expandindo de forma admirável os conhecimentos acerca da existência da alma ou consciência, fora do cérebro do corpo material. Ela sobrevive à morte do corpo físico e continua a sua vida em outro plano ou dimensão do Universo, com as suas faculdades intactas, mas com as possibilidades bem ampliadas.

Alma, consciência e cérebro do corpo material

Um ponto que este estudo procura deixar bastante evidente é que a alma ou consciência[1] não é produto gerado pelo cérebro do corpo material. Ela tem existência própria, independente do órgão cerebral. Este apenas lhe serve de instrumento para que consiga manifestar suas faculdades, vontades, atitudes e ações, durante a sua vida material transitória.

---

1 O termo *consciência* aqui usado está conforme definiram os acadêmicos em sua pesquisa. À luz do espiritismo, porém, sabe-se esta, assim como a inteligência, a vontade, são atributos do espírito, que é a individualização do princípio inteligente. **Nota do revisor**

Crenças espiritualistas

A abordagem empregada neste trabalho evidenciou a imortalidade da alma ou consciência, vindo a reforçar as crenças espiritualistas milenares. Ficará bem evidente que ela sai do seu corpo material, com todas as suas grandiosas percepções e faculdades intelectuais e morais.

Dessa forma, o cérebro do corpo carnal mostra-se muito limitado e perecível, não tendo condições de manifestar todas as possibilidades surpreendentes que a alma ou consciência demonstra ter, quando dele está liberta.

Convite ao leitor

Convido o prezado leitor a avaliar atentamente e com a mente aberta este estudo comparativo entre dois campos bem distintos de pesquisas e estudos. Com certeza, terá acesso a novos conhecimentos, envolvendo as crenças espiritualistas que fortalecerão as esperanças numa vida futura melhor para a alma ou consciência, após a morte do seu corpo material, em regiões do plano ou dimensão espiritual, ao lado de seres de luz e dos entes queridos já falecidos. As constatações e os resultados apresentados levarão, certamente, a esforços para melhor entender a grandiosidade da vida no Universo e para aprimorar o modo de convivência, relacionamento e ação perante os semelhantes.

O autor
Campinas, SP.

PARTE UM

Origem do espiritismo na França. Seu desenvolvimento na Europa. Sua grande expansão no Brasil.

- 1 -
ALLAN KARDEC E A CODIFICAÇÃO DO ESPIRITISMO

ALLAN KARDEC FOI O pseudônimo adotado pelo respeitável professor francês Hippolyte Léon Denizard Rivail (3/10/1804 - 31/3/1869), quando decidiu publicar os resultados dos seus estudos desenvolvidos a partir da comunicação com os espíritos, através de médiuns.

O seu primeiro contato com os fenômenos espíritas ocorreu na casa da senhora Plainemaison. O que ele presenciou ali foi registrado, posteriormente, no capítulo "A minha primeira iniciação no espiritismo", na Segunda Parte do livro *Obras Póstumas*:

> Foi aí que, pela primeira vez, presenciei o fenômeno das mesas que giravam, saltavam e corriam, em condições tais que não deixavam lugar para qualquer dúvida. Assisti, então, a alguns ensaios, muito imperfeitos, de escrita mediúnica, com o auxílio de uma cesta.

Em função dessas inesperadas constatações, o professor Rivail passou a frequentar as sessões habituais que eram realizadas na casa da senhora Plainemaison, onde conheceu a família Baudin, que também realizava sessões similares em sua própria residência.

O senhor Baudin, vendo o grande interesse, a enorme dedicação e o modo criterioso com que observava e examinava os fenômenos atribuídos aos espíritos, convidou o professor Rivail a participar das numerosas reuniões que ocorriam em sua casa, na presença de muitas outras pessoas.

Sessões espíritas na casa do senhor Baudin

Foi nessas reuniões que o professor Rivail ampliou suas pesquisas, porque as atuações das filhas do senhor Baudin, as senhoritas Caroline, de 16 anos de idade, e Julie, de 14 anos, eram surpreendentes. Elas possuíam uma habilidade extraordinária em intermediar as escritas dos espíritos numa ardósia, com o auxílio de uma cesta, na qual ficava preso um lápis, que possibilitava as escritas dos seres invisíveis em folhas de papel.

As duas meninas não tinham qualquer contato direto com o lápis, o que inibia qualquer possibilidade de fazerem intromissões de suas próprias ideias nas palavras que eram atribuídas aos espíritos.

O que mais surpreendeu o professor Rivail foram as respostas dadas pelos espíritos às perguntas que lhes eram dirigidas mentalmente, na frente de muitas pessoas que frequentavam as reuniões. Os espíritos davam provas de que podiam ler com facilidade os pensamentos dos homens, pois respondiam de forma precisa e detalhada quaisquer perguntas que lhes fossem formuladas.

Espírito Zéfiro

Foi nessas reuniões na casa do senhor Baudin que o professor Rivail conheceu o espírito Zéfiro, considerado o protetor da família Baudin.

Esse espírito tinha a habilidade de tornar as sessões espíritas muito agradáveis e divertidas, pois tinha um modo descontraído e alegre de se manifestar e comunicar. Conquanto fosse bem-humorado, ele sabia tornar as suas palavras muito sérias e instrutivas, porque oferecia conselhos sábios, ponderados, proveitosos e úteis às pessoas que estavam nas reuniões.

Ampliação dos estudos sérios do professor Rivail

Foi a partir dessas reuniões regulares na casa do senhor Baudin que o professor Rivail desenvolveu estudos muito sérios a respeito das manifestações e comunicações dos espíritos, através das duas médiuns.

Com isso, reuniu um vasto material decorrente de suas análises e estudos, buscando sempre catalogar as revelações mais importantes e inusitadas, principalmente sobre a sobrevivência da alma à morte do corpo material e as condições de vida dos espíritos no plano espiritual.

O professor Rivail aprofundou de maneira inesperada as suas pesquisas, após ter passado a levar para as sessões espíritas algumas questões difíceis, formuladas previamente e de maneira metódica.

Ficou surpreso, porque as respostas às suas perguntas eram dadas com sabedoria, precisão, clareza, profundidade, lógica e coerência, principalmente as que tratavam de assuntos muito polêmicos e complexos, como Deus e a Obra da Criação.

Mesmo as perguntas que estavam completamente fora do alcance intelectual e dos conhecimentos das duas meninas e das pessoas mais cultas presentes nas reuniões, por tratarem da vida da alma depois da morte, eram respondidas pelos espíritos, através das duas adolescentes, de forma extraordinária. Isso foi aclarando o entendimento sobre a finalidade da obra divina, das condições de vida felizes ou infelizes da alma no mundo espiritual e das relações entre a vida espiritual e a material.

Intenção de publicar um livro inusitado

Em decorrência do que vinha conseguindo reunir, por meio das perguntas que dirigia aos espíritos, o professor Rivail teve a ideia de organizá-las metodicamente e então publicar um livro inusitado, que servisse de instrução para as pessoas que tivessem o interesse em conhecer o que os espíritos disseram, principalmente, a respeito de Deus, Sua Obra e da vida da alma depois do falecimento do seu corpo carnal.

Espírito guia e protetor

Uma grande surpresa para o professor Rivail ocorreu numa das reuniões espíritas na casa do senhor Baudin, em março de 1856. Inesperadamente, ocorreu a manifestação do seu espírito guia e protetor.

Então, ele aproveitou a oportunidade para estabelecer conversações e obter orientações e ajuda desse espírito superior, para que tivesse sucesso na publicação do livro que já estava em fase de elaboração.

Sobre esse espírito guia e protetor, mais adiante, o professor Rivail escreveu o seguinte:

> A proteção desse espírito, cuja superioridade eu então estava longe de imaginar, jamais, de fato, me faltou. A sua solicitude e a dos bons espíritos que agiam sob suas ordens se manifestou em todas as circunstâncias da minha vida, quer a me remover dificuldades materiais, quer a me facilitar a execução dos meus trabalhos, quer, enfim, a me preservar dos efeitos da malignidade dos meus antagonistas, que foram sempre reduzidos à impotência.
>
> Capítulo "Meu espírito protetor; Meu guia espiritual", na Segunda Parte do livro *Obras Póstumas*

Reuniões espíritas na casa do senhor Roustan

A partir de abril de 1856, o professor Rivail recebeu o convite para frequentar também as sessões espíritas que eram realizadas na casa do senhor Roustan, com a participação da extraordinária médium senhorita Japhet. Ela servia de intermediária para as manifestações inteligentes de muitos espíritos, graças à flexibilidade das suas faculdades mediúnicas notáveis.

Então, o professor Rivail teve a oportunidade de se comunicar com muitos e diferentes espíritos, empregando sempre o seu método consciencioso de trabalho, que consistia em submeter a diferentes espíritos, através de diferentes médiuns, o exame das suas questões mais difíceis, complexas, embaraçosas e controversas, visando constatar se existia coincidência e consistência nas respostas.

Desse modo, rapidamente o professor Rivail chegou à fase final de elaboração do seu livro, pois ele já tinha amplitude, qualidade e importância na solução de muitos assuntos novos e inimagináveis para os homens.

Reuniões particulares para a revisão final do livro

Numa das reuniões na casa do senhor Roustan, inesperadamente, os espíritos pediram ao professor Rivail que providenciasse, em reuniões particulares e específicas, um trabalho de revisão da sua obra, para que ela pudesse ser complementada, desenvolvida e aprimorada.

Trabalho notável realizado, graças ao auxílio das três médiuns

O professor Rivail escreveu o seguinte, a respeito da valiosa participação das médiuns senhoritas Baudin e senhorita Japhet, durante a elaboração da obra, que foi publicada, em 18 de abril de 1857, com o título de *O Livro dos Espíritos*, com o pseudônimo de Allan Kardec, dando origem ao espiritismo:

> Os primeiros médiuns que concorreram para o nosso trabalho foram as senhoritas B..., cuja boa vontade jamais nos faltou. O livro foi quase todo escrito por intermédio delas e em presença de numeroso público que assistia às sessões, nas quais tinham o mais vivo interesse.
>
> Mais tarde, os espíritos recomendaram uma revisão completa em sessões particulares, tendo-se feito, então, todas as adições e correções julgadas necessárias. Esta parte essencial do trabalho foi feita com o concurso da senhorita Japhet, a qual prestou com a melhor boa vontade e o mais completo desinteresse a todas as exigências dos espíritos, porque eram eles que marcavam dia e hora para suas lições.

Princípios do espiritismo contidos em *O Livro dos Espíritos*

Com o lançamento, em Paris, da primeira edição de *O Livro dos Espíritos*, ficaram estabelecidos os inusitados princípios do espiritismo, que ampliam o entendimento sobre Deus, Seus atributos e a Sua criação do espírito e da matéria universal; a reencarnação em corpo formado com a matéria em estado denso, para o princípio inteligente, criado simples e ignorante, evoluir e atingir, por esforços próprios, a perfeição intelectual, moral e espiritual; o homem, que é um espírito encarnado, que detém as percepções e faculdades intelectuais e morais; o perispírito ou corpo espiritual, que serve de intermediário ou permite a ligação entre a alma e o seu envoltório carnal, retrata com perfeição o seu grau de crescimento em sabedoria e moralidade e a sua posição na hierarquia espiritual; a morte, como fenômeno que liberta a alma, permitindo que ela retorne à sua vida verdadeira, de onde se apartou temporariamente para trabalhar, crescer em conhecimentos, habilidades, capacidades, qualidades e experiências; as faculdades da alma que envolvem a inteligência, consciência, percepções, memória, sentimentos, emoções, senso moral e qualidade dos pensamentos, atitudes e ações; as missões, lutas, provações e expiações que possibilitam conquistas valiosas para a proximidade da perfeição espiritual; as condições de vida felizes ou infelizes que a alma encontra no plano espiritual, após a sua libertação do envoltório físico; a purificação espiritual decorrente das boas atitudes e obras praticadas durante a vida carnal; o preparo intelectual, moral e espiritual, que sustenta o grau de sutilização do corpo espiritual (perispírito), que tem a mesma forma e aparência da sua última encarnação, e que garante a paz na consciência, o bem-estar e as condições de vida alegres e felizes, ao lado de seus espíritos familiares e amigos.

Outras publicações e realizações de Allan Kardec

Até a sua morte súbita, por moléstia cardíaca, em 31 de março de 1869, por volta das 11h30, no escritório da *Revista Espírita*, quando entregava a compra feita por um caixeiro de livraria, Allan Kardec trabalhou sem interrupção, produzindo um legado muito valioso:

Revista Espírita

A partir de janeiro de 1858, Allan Kardec passou a publicar mensalmente a *Revista Espírita*, contendo artigos que visavam o engrandecimento, divulgação e defesa dos princípios da doutrina espírita.

Sociedade Parisiense de Estudos Espíritas

Em 1º de abril de 1858, Allan Kardec fundou a Sociedade Parisiense de Estudos Espíritas, que serviu de local para estudos e reuniões dos médiuns, para a realização de sessões práticas de comunicação com os espíritos de todas as ordens de elevação intelectual e moral.

Instruções práticas sobre as manifestações espíritas

No primeiro semestre de 1858, o codificador do espiritismo lançou o livro *Instruções práticas sobre as manifestações espíritas,* para oferecer aos espíritas e médiuns orientações seguras de como obter e avaliar as manifestações físicas e inteligentes dos espíritos.

Que é o espiritismo?

Em junho de 1859, Allan Kardec lançou o livro *Que é o espiritismo?*. Isso propiciou, aos iniciantes, estudos confiáveis, que ampliassem os seus conhecimentos e tirassem as suas dúvidas sobre os princípios e práticas espíritas.

O Livro dos Médiuns

Em janeiro de 1861, Allan Kardec lançou *O Livro dos Médiuns,* ampliando os aspectos teóricos e práticos da parte experimental do espiritismo. Com isso, estabeleceu os procedimentos seguros para a obtenção das comunicações sérias e instrutivas dos espíritos, em diferentes graus de elevação espiritual.

O espiritismo na sua expressão mais simples

Em 15 de janeiro de 1862, Allan Kardec lançou o livreto *O espiritismo na sua expressão mais simples.* Essa iniciativa foi muito importante para espalhar, de forma bem clara e fácil, o entendimento do espiritismo. Kardec incluiu nessa obra um quadro sucinto do histórico percorrido pelo espiritismo, bem como dos seus princípios e ensinamentos filosóficos e morais inovadores.

O Evangelho segundo o Espiritismo

Em abril de 1864, Allan Kardec lançou *Imitação do Evangelho segundo o Espiritismo*. Com isso, inaugurou o seu período religioso, por alicerçá-lo nos ensinamentos morais de Jesus.

Mas, na terceira edição desse livro, Allan Kardec publicou a obra completamente revista, corrigida, modificada e ampliada, e com o seu título alterado para *O Evangelho segundo o Espiritismo*. Com isso fortaleceu o lado religioso e moral da doutrina dos espíritos, ao restabelecer, desenvolver, completar e explicar em termos claros os ensinos consoladores e as práticas virtuosas de Jesus.

O Céu e o Inferno ou A Justiça Divina segundo o Espiritismo

Em 1º de agosto de 1865, Allan Kardec lançou o livro *O Céu e o Inferno* ou *A Justiça Divina segundo o Espiritismo*. Com isso, de modo inusitado, ele analisou casos reais de desencarnação e da continuidade da existência da alma, depois da morte, em condições de vida bastante diferentes.

Quanto à Justiça de Deus, o codificador do espiritismo mostrou as recompensas ou as penas que cada alma encontra no plano espiritual: a alma que praticou o bem encontra maravilhosas condições de vida no prosseguir da sua vida verdadeira; mas, por outro lado, a que praticou o mal, depara-se com condições de vida difíceis, sofredoras e infelizes.

A Gênese – Os Milagres e as Predições segundo o Espiritismo

Em 6 de janeiro de 1868, Allan Kardec lançou o seu último livro A *Gênese – Os Milagres e as Predições segundo o Espiritismo*. Com isso, descortinou a verdadeira dimensão e grandeza da maravilhosa Obra de Deus, que envolve inclusive as moradas espirituais existentes no reino dos céus.

Legado de Allan Kardec

O trabalho magistral de Allan Kardec, sucintamente descrito acima, representa um legado inusitado para os homens:

compreensão das suas relações com Deus; da verdadeira finalidade da vida terrena; da continuidade da vida da alma após a morte do seu corpo material; das recompensas e condições de vida alegres e felizes para a alma que se esforçou em manter as atitudes e condutas intelectuais e morais nobres, durante a sua existência carnal; das responsabilidades decorrentes do livre-arbítrio, regido pela lei de causa e efeito; da importância da edificação das boas obras para preparar a alma para um destino de bem-aventuranças na sua vida futura.

- 2 -

CAMILLE FLAMMARION E SUA VISÃO ESPÍRITA DO UNIVERSO

Camille Flammarion (26/2/1842 – 4/6/1925) tornou-se, na época de Allan Kardec, um dos mais notáveis astrônomos, pela sua visão inusitada do cosmos. Após ter lido *O Livro dos Espíritos*, tornou-se um profundo estudioso, defensor e propagador do espiritismo, aplicando os seus princípios na melhor compreensão do grandioso e maravilhoso Universo.

Depois que se converteu ao espiritismo, passou a ter uma participação muito ativa, ao lado do codificador da doutrina dos espíritos, nos trabalhos e sessões da Sociedade Parisiense de Estudos Espíritas. Com isso, foi ampliando o seu entendimento dos lados espiritual e material que compõem o Universo, considerando-o Obra de Deus, habitado pelos Seus filhos, os espíritos ora desencarnados ora encarnados.

Amigo leal

Camille Flammarion, em face da grande participação que teve no movimento espírita, ora iniciante, e em nome dos amigos mais próximos do codificador do espiritismo, foi escolhido para fazer um dos discursos diante do túmulo de Allan Kardec. Então, proferindo uma prece, disse palavras que muito bem caracterizaram as qualidades do homenageado no momento do término de sua missão terrena:

> Allan Kardec era o que eu chamarei simplesmente o bom-senso encarnado. Ele tinha o raciocínio reto e judicioso e aplicava, sem

esquecer, à sua obra permanente as indicações íntimas do senso comum. Sem isso, a sua obra não poderia tornar-se popular, nem lançar no mundo as suas raízes imensas.

Contribuições espíritas

Durante a sua participação muito intensa no meio espírita, Flammarion publicou diversos livros, que obtiveram grande sucesso, ressaltando os fundamentos espíritas: *Pluralidade dos mundos habitados; Deus na natureza; As casas mal-assombradas*, e *A morte e seus mistérios*.

Ocorrências no leito de morte

Camille Flammarion foi um dos pioneiros nos estudos dos casos em que ocorrem fenômenos psíquicos e extrassensoriais no leito de morte. Assim, tornou-se um entusiasmado pesquisador das surpreendentes manifestações e aparições de espíritos familiares e amigos, para as pessoas que estavam prestes a suportar o processo de desencarnação da alma.

Graças à ocorrência desses fenômenos inusitados, ele constatou que algumas pessoas que estão moribundas conseguem ver, expressando espanto, mas também grande satisfação, a chegada dos seus entes queridos já falecidos. Isso ameniza bastante as suas incertezas quanto à imortalidade da alma e a continuidade da sua existência em novas condições de vida no mundo espiritual.

Geralmente, esses espíritos se apresentam à visão demonstrando as mesmas afeições, características próprias e qualidades mentais e íntimas que possuíam na vida material. Então, oferecem orientações e amparos que venham a favorecer a entrada da alma na vida espiritual.

Espírito científico

Flammarion, como homem de ciência, defendeu, ardorosamente, o emprego dos métodos científicos nas pesquisas que levavam à constatação da imortalidade e sobrevivência da alma no plano espiritual, após a morte do seu corpo físico.

Então, para dar o exemplo, estudou criteriosamente as mais variadas formas de manifestações físicas e aparições de espíritos, inclusive nas casas mal-assombradas, tendo chegado à conclusão que o mundo material interpenetra o plano espiritual; que existem inter-relações contínuas ou incessantes entre as esferas material e espiritual da vida. Com isso, evidenciou que o Universo é muito mais amplo e complexo do que os astrônomos e cientistas conseguiam imaginar.

A ALMA DURANTE E APÓS A SUA DESENCARNAÇÃO

Camille constatou ainda, com suas pesquisas espíritas, que a alma, em processo de deixar o seu envoltório material, geralmente, mostra-se muito alegre e feliz, principalmente se já estabeleceu contato visual com os espíritos que foram os seus familiares e entes queridos, e que chegaram para auxiliá-la na transição e continuidade da sua existência na dimensão espiritual.

CORPO ESPIRITUAL (PERISPÍRITO)

Com seus estudos muito criteriosos, Flammarion constatou ainda que a alma deixa o seu corpo físico com um corpo espiritual muito semelhante ao que faleceu. Por isso, a alma que consegue manifestar-se aos homens apresenta-se inclusive vestindo roupas muito parecidas com as que eram as usadas e preferidas durante a sua vida material.

Camille constatou ainda que, após estar no plano espiritual, o corpo espiritual fica liberto dos incômodos da idade avançada, enfermidades, dores ou sofrimentos, pois estes pertenciam ao corpo físico.

Então, com o perispírito em perfeito estado de saúde, sente-se mais viva do que nunca e com enorme disposição para atuar com suas faculdades e capacidades ampliadas no grandioso ambiente espiritual, desfrutando de bem-estar.

Contatos com os entes queridos encarnados

Flammarion evidenciou ainda, com seus estudos espíritas, que a alma, uma vez liberta do seu corpo carnal, conserva as mesmas afeições pelos seus entes queridos que ficaram na vida carnal. Então, procura os meios mais adequados para se manifestar e comunicar com os seus familiares e amigos, para dar provas de que sobreviveu à morte e conservou intactas a consciência, memórias, inteligência, moralidade, personalidade, mentalidade, hábitos, capacidades, habilidades, preferências e modos de ser, sentir, pensar, falar e agir.

Legado

Camille perseverou, por mais de 50 anos, na realização de pesquisas, estudos criteriosos e publicações sobre os fenômenos espirituais e a vida da alma no plano invisível, que pertence também ao Universo.

Então, transmitiu à humanidade um legado valioso, comprovando que a alma sobrevive à morte e conserva intactas, no universo espiritual, todas as suas faculdades e características próprias, mas num grau muito mais dilatado.

Em decorrência desses longos estudos e trabalhos espíritas, Camille Flammarion declarou:

> Possuímos, de ora em diante, a certeza científica da sobrevivência da alma, além do último suspiro terrestre. A alma é independente do organismo material e continua a viver, depois da morte. Qualquer pesquisador imparcial, dotado de algum espírito de análise, chegará aos mesmos resultados. Não há possibilidade de contradição ou de revelação de outros fatos.

- 3 -
LÉON DENIS E A REAFIRMAÇÃO DOS PRINCÍPIOS ESPÍRITAS

Léon Denis (1/1/1846 – 12/4/1927) tornou-se outro notável continuador, na França, dos inusitados trabalhos de investigação das manifestações físicas e comunicações inteligentes dos espíritos, através de médiuns, iniciados por Allan Kardec.

Assim, prestou valiosas contribuições ao movimento espírita, ora iniciante, com a sua grande dedicação ao estudo, divulgação e defesa dos seus princípios.

Com seus esforços, ajudou a disseminar o conhecimento da doutrina em diversas partes do mundo, com o acompanhamento que fazia dos resultados dos trabalhos que eram realizados por muitos outros importantes investigadores dos fenômenos espíritas, nos principais países da Europa, comparando-os com os ensinos que propagava e defendia em suas obras literárias.

Livros publicados

Léon Denis, em decorrência dos seus esforços perseverantes, publicou notáveis livros, que vieram confirmar e ampliar consideravelmente o conhecimento dos princípios espíritas: *Cristianismo e Espiritismo; O Além e a sobrevivência do ser; No invisível; Depois da morte; O problema do ser, do destino e da dor; O porquê da vida*, e *O grande enigma*.

A alma durante e depois da morte do seu corpo material

Especificamente sobre a sobrevivência da alma à morte do seu corpo material, Léon Denis demonstrou claramente, em suas valiosas obras, que o falecimento impõe mudanças profundas nas suas condições de vida. Ao perder o corpo carnal, ela entra e passa a atuar na dimensão espiritual com o seu perispírito ou corpo espiritual, que lhe oferece possibilidades diferenciadas de atuação, em função do grau de desenvolvimento de suas faculdades, potências, aquisições, conhecimentos, habilidades, aspirações, virtudes e experiências:

> Estreita correlação liga os três elementos constitutivos do ser: alma ou espírito, perispírito e corpo material. Quanto mais elevado é o espírito, tanto mais sutil, leve e brilhante é o perispírito; tanto mais isento de paixões e moderado em seus apetites ou desejos é o corpo. A nobreza e a dignidade da alma refletem-se sobre o perispírito, tornando-o mais harmonioso nas formas e mais etéreo; revelam-se até sobre o próprio corpo: a face então se ilumina com o reflexo de uma chama interior.
>
> A elevação dos sentimentos, a pureza da vida, os nobres impulsos para o bem e para o ideal, as provações e sofrimentos pacientemente suportados depuram pouco a pouco as moléculas perispiríticas, desenvolvem e multiplicam as suas vibrações.
>
> Léon Denis, no capítulo XXI do livro *Depois da morte.*

Condições da vida da alma purificada no plano espiritual

A alma que, durante a sua jornada evolutiva no corpo material, exteriorizou a sua liberdade de ação para enobrecer as suas faculdades íntimas e realizar boas obras, esta alma construiu para si um futuro muito feliz na dimensão espiritual.

Por ter se esforçado em superar a sua pobreza intelectual, espiritual e moral, cumprindo com responsabilidade e honestidade os seus trabalhos, lutas, deveres e compromissos e procurando o enobrecimento no uso das suas potências íntimas, em função da lei de causa e efeito, esta colherá no plano espiritual os bons resultados disso. Já a partir do momento da desencarnação, devido seu corpo espiritual ter-se tornado bastante sutil e luminoso, pelas suas vontades, atitudes e ações nobres, passa a sentir sensações delicadas e perceber as grandezas e maravilhas do mundo espiritual, conseguindo, então, antever as condições de vida sadias, alegres e felizes que estava prestes a desfrutar em comunidades espirituais avançadas e sublimes:

> O melhor meio de conseguirmos uma morte suave e tranquila é viver dignamente, com simplicidade e sobriedade; é viver uma vida sem vícios nem fraquezas, desapegando-nos antecipadamente de tudo o que nos liga à matéria, idealizando a nossa existência, povoando-a de pensamentos elevados e ações nobres.
>
> Léon Denis, no capítulo X do livro *O problema do ser, do destino e da dor.*

> A comunhão de sentimentos, a harmonia de pensamentos, a identidade de gostos, vistas e aspirações, aproximam e unem as almas, de modo a formarem grandes famílias.
>
> A alma vê, ouve, sente, percebe diretamente, por todas as partes do seu ser, sem ter como intermediário os órgãos do corpo material. Suas percepções são muito mais precisas e aumentadas e as sensações deliciosas. Integrada em grupos simpáticos, cujos membros se amam, se compreendem, vive em perfeita igualdade, em completa felicidade.
>
> Léon Denis, no capítulo XXXIV do livro *Depois da morte.*

Purificação do perispírito ou corpo espiritual

O corpo espiritual ou perispírito que se tornou sutil, etéreo, fluídico, leve, flexível e luminoso, em decorrência do enobrecimento intelectual, das qualidades morais e dos méritos das boas atitudes e obras da alma, conserva, no plano espiritual, a mesma forma e aparência do corpo material que teve na última encarnação. Porém, passa a ser valioso instrumento, que lhe permite acesso fácil, movimentações, ações e realizações nas regiões espirituais habitadas pelos espíritos sábios, bondosos e laboriosos, que vivem reunidos em grandes famílias.

> O perispírito é o instrumento de precisão que aponta com fidelidade absoluta as menores variações da personalidade. Todas as

volições do pensamento e todos os atos da inteligência têm nele a sua repercussão.

Nossa situação no Além resulta das ações repetidas que nossos pensamentos e nossa vontade exercem constantemente sobre o perispírito. Segundo a natureza e objetivo desses pensamentos, eles vão transformando-o pouco a pouco num organismo sutil e radiante, aberto às mais altas percepções, às sensações mais delicadas da vida do Espaço, capaz de vibrar harmonicamente com espíritos elevados e de participar das alegrias e impressões do Infinito.

O espírito ilumina-se a cada pensamento altruísta, a cada impulso de solidariedade e de amor puro. A caridade é a mais bela das virtudes; só ela dá acesso aos mundos felizes, pelo invólucro fluídico ter adquirido um poder de radiação mais intenso.

Léon Denis, nos capítulos XIV e XVIII do livro *O problema do ser, do destino e da dor*.

Boas semeaduras durante a vida material para ter boas colheitas na vida espiritual

Léon Denis ensinou-nos ainda que: trabalhando com responsabilidade e honestamente para realizar as obras meritórias; estudando seriamente para expandir as qualidades pessoais; melhorando as aspirações para ter um maior envolvimento com as forças do bem; engrandecendo as potências íntimas, para conquistar e agir com nobreza intelectual e a moral; elevando os sentimentos, para exteriorizar atos de amor e caridade; mantendo o equilíbrio nas emoções, para vencer as missões e provas difíceis que aparecem nas convivências e relacionamentos; enobrecendo o senso de justiça, para que a consciência permaneça sempre em paz; vigiando os pensamentos, para que estejam sempre otimistas e elevados, e melhorando as falas, atitudes e ações, para a exemplificação e disseminação dos valores espirituais - se assim fizermos, as colheitas no plano espiritual serão muito abundantes.

Haverá, naturalmente, a colheita dos benefícios decorrentes da maior pureza, sutileza, leveza, luminosidade, brilho, harmonia e beleza nas moléculas perispiríticas. Então, além da facilidade no desprendimento do perispírito do corpo carnal e das sensações agradáveis durante o processo de desencarnação, a alma enobrecida terá a boa acolhida por parte dos espíritos benfeitores, familiares e amigos, que vão conduzi-la para o desfrute de excelentes condições de vida, em sociedade engrandecida dos espíritos sábios, bondosos, justos, simpáticos e laboriosos, onde terá, ao lado deles, novas ocupações nobres e atividades úteis, desfrutando de bem-estar, alegria e felicidade:

> A alma virtuosa vai juntar-se às suas irmãs do espaço; percorre regiões onde tudo é harmonia e esplendor; detém um corpo fluídico de aparência graciosa e de formas ideais, diáfano e brilhante; encontra aqueles a quem amou na Terra, que a precederam na nova vida e agora parecem esperá-la; comunica-se livremente com todos; demonstra suas expansões repletas de felicidade; observa o infinito incomensurável, luminoso, desdobrar-se às suas vistas com suas ofuscantes maravilhas.
>
> Léon Denis, no capítulo XXXV do livro *Depois da morte*.

Invisibilidade do perispírito

O corpo espiritual bastante sutilizado e luminoso permite a invisibilidade perante os espíritos ainda imperfeitos, além de permitir a concretização de muitas ações gratificantes, nas variadas regiões celestiais. Permite, ainda, devido seu grande esplendor, que a alma desfrute das possibilidades ampliadas da visão, audição, percepções e fácil emprego das faculdades nas suas atuações sobre a matéria sutil, que forma a Natureza e coisas do plano espiritual:

> A vida do espírito adiantado é essencialmente ativa. Seu invólucro, semelhante a tênue vapor, adquiriu tal sutileza que o torna invisível aos espíritos inferiores.
>
> Léon Denis, no capítulo XXXIII, do livro *Depois da morte*.

Revisão e julgamento dos feitos na vida material

Léon Denis salientou ainda que a alma que se purificou com as conquistas intelectuais e com a prática das virtudes sente aumento no seu grau de bem-estar, principalmente quando passa pela rememorização e julgamento de todos os seus sentimentos, pensamentos, atitudes, palavras e ações praticadas durante a sua vida carnal. Essa revisão das imagens arquivadas na memória imperecível fortalece a paz na consciência, gerando um maravilhoso sentimento de dever plenamente cumprido, alegria e felicidade:

> A alma de Catherine Emmerich, ao morrer, reviu toda a sua vida passada, estabelecendo que tal fenômeno não se restringe aos casos de acidentes, parecendo acompanhar regularmente o falecimento. Tudo o que o espírito fez, quis, pensou, em si reverbera. Semelhante a um espelho, a alma reflete todo o bem e todo o mal feito. Pela intensidade da vontade, as imagens podem revestir uma natureza substancial; vivem e manifestam-se para nossa felicidade ou nosso castigo.
>
> Léon Denis, no capítulo XI do livro *O problema do ser, do destino e da dor.*

Facilidade de locomoção

A alma enobrecida, que tornou o seu perispírito bastante sutil e luminoso, transporta-se livre e rapidamente pelas diferentes regiões das esferas espirituais, desfrutando de duradouro bem-estar e podendo, inclusive, visitar, para novos aprendizados, as muitas comunidades existentes nas esferas superiores, empregando sua força de vontade e do pensamento:

> As distâncias não existem para o espírito adiantado, pois se transporta com a rapidez do pensamento.
>
> Léon Denis, no capítulo XXXIII, do livro *Depois da morte.*

Visitas aos familiares que permaneceram na vida terrena

O espírito sábio e amoroso, devido a sua fácil e rápida capacidade de locomoção, tem condições inclusive de visitar os seus familiares e entes queridos que permaneceram na vida carnal. Assim, pode ajudá-los, com seus conselhos e inspirações mentais, no cumprimento dos seus deveres, para que perseverem nos caminhos do bem e observem as Leis de Deus, preparando boas colheitas para a vida futura da alma.

Comunicações pelos pensamentos

A alma bem-aventurada adquiriu também a maravilhosa capacidade de ler os sentimentos, intenções, percepções, vontades e pensamentos dos espíritos e das almas dos homens. Desse modo, as suas comunicações se tornaram plenamente verdadeiras ou perfeitas, pela real e imediata compreensão das condições mentais e íntimas deles:

> Os espíritos não precisam da palavra para se fazerem compreender. O pensamento, refletindo-se no perispírito como imagem em espelho, permite-lhes permutarem suas ideias sem esforço, com uma rapidez vertiginosa. O espírito elevado pode ler no cérebro do homem e conhecer os seus secretos desígnios. Nada lhe é oculto.
>
> Léon Denis, no capítulo XXXIII, do livro *Depois da morte*.

Rigorosa observância da lei de causa e efeito

A lei de causa e efeito está sempre presente em todas as partes do Universo, gerando recompensas apenas para as práticas sábias e virtuosas, que decorrem do bom uso do livre-arbítrio nas exteriorizações das vontades, desejos, escolhas e decisões nobres:

> Sê bom, sê virtuoso, a fim de não te deixares apanhar pela temível engrenagem que se chama consequência dos atos. Foge aos prazeres aviltantes, às discórdias e às vãs agitações da multidão. Não é nas

> discussões estéreis, nas rivalidades, na cobiça das honras e bens da fortuna que encontrarás a sabedoria, o contentamento de ti próprio; mas, sim, no trabalho, na prática da caridade, na meditação, no estudo concentrado em face da Natureza, esse livro admirável que tem a assinatura de Deus.
>
> Léon Denis, no capítulo XLI do livro *Depois da morte*.

VIVER DE MODO SÁBIO, JUSTO, RESPONSÁVEL E BONDOSO, PARA MANTER A CONSCIÊNCIA EM PAZ E DESFRUTAR DE PLENA LIBERDADE E BEM-ESTAR

Léon Denis recomendou ainda viver sempre com responsabilidade, praticando a sabedoria, justiça e bondade, pois essas virtudes levam ao afastamento do egoísmo, crimes, violências, vícios e suicídio, que tantos malefícios materiais e espirituais determinam na vida da alma imprudente.

Os maus atos prejudicam o estado da consciência, os fluidos perispirituais, as memórias, as companhias espirituais, as convivências e relacionamentos com os familiares, amigos e semelhantes, destruindo o bem-estar, liberdade, alegria e felicidade, e impondo duras expiações e reparações:

> É a responsabilidade do homem que faz sua dignidade e moralidade. A noção de moralidade é inseparável da de liberdade. A responsabilidade é estabelecida pelo testemunho da consciência, que nos aprova ou censura segundo a natureza de nossos atos. O livre-arbítrio é a expansão da personalidade e da consciência. Para sermos livres é necessário querer sê-lo e fazer esforços para vir a sê-lo, libertando-nos da escravidão da ignorância e das paixões baixas, substituindo o império das sensações e dos instintos pelo da razão. Isto só se pode obter por uma educação e uma preparação prolongada das faculdades humanas: a libertação física se obtém pela limitação dos apetites; a libertação intelectual pela conquista da verdade; e a libertação moral pela procura da virtude.
>
> Léon Denis, no capítulo XXII do livro *O problema do ser, do destino e da dor*.

- 4 -
GABRIEL DELANNE E A COMPLEXA INTERAÇÃO ALMA-PERISPÍRITO-CORPO MATERIAL

Gabriel Delanne (23/03/1857 – 15/2/1926) conheceu Allan Kardec ainda menino, porque os seus pais eram companheiros e grandes colaboradores nas atividades do codificador, na Sociedade Parisiense de Estudos Espíritas.

Foi o pai de Gabriel, o senhor Alexandre Delanne, quem socorreu Allan Kardec quando este tombou, vitimado pelo rompimento de um aneurisma no coração. Foi também o senhor Alexandre quem fez, diante do túmulo, agradecimentos a Allan Kardec por ter colocado o espiritismo ao alcance intelectual de todas as pessoas, despertando nelas a calma ante as atribulações da vida e o fortalecimento que advém da certeza da felicidade futura, na grande pátria dos espíritos.

Estudos e pesquisas espíritas

Gabriel Delanne, depois de ter adquirido, sempre ao lado dos seus pais e de sua estimada tia Annette Delanne, grande conhecimento teórico e prático dos princípios da doutrina espírita, tomou a iniciativa de desenvolver suas próprias pesquisas. Para isso, recorreu, principalmente, às produções mediúnicas de sua própria mãe, que era médium de psicografia, e das realizações das famosas médiuns Marthe Béraud e Elisabeth D'Esperance, que, na época, se destacavam na intermediação das manifestações físicas e inteligentes dos espíritos.

Participação ativa no movimento espírita

Em decorrência de seus estudos e pesquisas, Gabriel Delanne passou a ter grande envolvimento no meio espírita europeu, tornando-se um dos mais destacados membros nas atividades que ocorriam na época.

Suas principais preocupações eram obter constatações sólidas sobre a complexa e permanente interação existente entre a alma, o perispírito e o corpo material. Para solucionar questões sobre como esses três elementos que compõem o homem, interagem entre si, desde o início do processo de reencarnação da alma, ele participou ativamente em muitas sessões espíritas, procurando reunir as revelações coincidentes que os espíritos faziam sobre o assunto, através de médiuns.

Livros

Em decorrência de muitas pesquisas e estudos, Gabriel Delanne publicou os seguintes livros, que trouxeram grandes avanços no entendimento dos princípios do espiritismo, bem como das relações simultâneas e constantes mantidas pela alma, perispírito e corpo material: *O espiritismo perante a ciência; O fenômeno espírita; A evolução anímica; A alma é imortal; Pesquisas sobre a mediunidade; Aparições e materializações de vivos e mortos; Estudos sobre a reencarnação* e *A reencarnação.*

Lições sobre as influências e ações mútuas entre a alma, o perispírito e o corpo material

As maravilhosas contribuições de Gabriel Delanne, especificamente sobre a tríplice composição do homem, foram sendo publicadas em suas obras espíritas, mas reunidas, principalmente, no livro *A evolução anímica*, de 1895. Elas podem ser resumidas da seguinte forma:

a) A alma ou espírito, é o princípio inteligente indestrutível, criado por Deus, para participar da Sua Obra:

> A alma é inteligente, quer e sente. O que caracteriza essencialmente a alma, ou o espírito, é a consciência, isto é, o eu, mediante o qual ele se distingue do que não está nele.

b) Sem as incontáveis reencarnações, concedidas por Deus para o seu progresso intelectual e moral, a alma não conseguiria conquistar, continuamente, uma posição cada vez mais elevada na hierarquia espiritual. Ao conseguir atingir o pleno cumprimento das leis e desígnios de Deus, ela desfruta da perfeição espiritual, na condição de mensageira do Criador:

> A finalidade da alma é o desenvolvimento de todas as faculdades a ela inerentes. Para consegui-lo, ela é obrigada a encarnar grande número de vezes, na Terra, a fim de acendrar suas faculdades morais e intelectuais, enquanto aprende a senhorear e governar a matéria.

c) A alma sempre se apresenta revestida de um invólucro fluídico, denominado perispírito:

> Todos os espíritos, qualquer que seja o grau de seu progresso, são revestidos de um invólucro invisível, intangível e imponderável. Perispírito é como se denomina esse corpo fluídico. Alma e perispírito formam um todo indivisível.

d) A alma utiliza o seu perispírito como molde ou modelo fluídico, durante a organização de um novo corpo físico. Graças a ele, os órgãos do corpo material se formam e desenvolvem, de modo a possibilitarem as adequadas manifestações das suas faculdades, capacidades, habilidades e experiências na vida temporária, com vistas ao seu contínuo engrandecimento intelectual e moral:

> Os espíritos conservam a forma humana, e isto não só por se apresentarem tipicamente assim, como também porque o perispírito encerra todo um organismo fluídico-modelo, pelo qual a matéria se há de organizar, no condicionamento do corpo físico.

e) A alma, graças às características e propriedades semimateriais do seu perispírito, participa ativamente do processo de reencarnação. Ele se liga a todas as moléculas do corpo material, já a partir da fase da fecundação do óvulo, atuando sobre o fluido vital. Assim, influi na gestação, formação e desenvolvimento dos órgãos do corpo material, que passam a ser uma materialização duradoura do seu perispírito:

> O perispírito é que contém o desenho prévio, a lei onipotente que servirá de regra inflexível ao novo organismo material. O perispírito se liga, no ato do nascimento, a todas as moléculas do corpo físico. É por meio do fluido vital, impregnado no gérmen, que a encarnação pode realizar-se.

f) A alma e o seu perispírito integram-se nos órgãos do corpo material, desde a sua geração, formação e desenvolvimento. Porém, é a alma que está sempre no comando, exteriorizando as capacidades e possibilidades das suas faculdades, por atuar nos sistemas do perispírito e do corpo material. Como comandante, ela tem acesso direto ao seu perispírito. Então, através deste, influi na gestação, formação e desenvolvimento dos órgãos do seu corpo carnal, que se tornam uma reprodução material dos sistemas preexistentes no seu perispírito:

> É a alma que condiciona o corpo físico, isto é, que o modela sob um plano preconcebido, tanto quanto o dirige por meio do perispírito. O corpo físico é o espectro magnético do perispírito. O sistema nervoso do corpo é a reprodução material do perispírito.

g) O perispírito, sendo instrumento ou intermediário direto da alma, permite que ela comande o seu corpo físico, desde o início da sua formação. Os órgãos do corpo carnal recebem e transmitem, através do perispírito, as percepções e impressões físicas para alma. Quando a alma quer atuar ou movimentar algum órgão do corpo carnal, ela, naturalmente, atua sobre o seu perispírito, que transmite ao órgão do corpo a ordem ou impulso para o cumprimento das intenções, vontades e pensamentos:

> Entre a alma e o corpo material está o perispírito. O perispírito é o molde do corpo físico. Estudar seu sistema nervoso vale por estudar o funcionamento do perispírito, do qual esse sistema nervoso mais não é que uma reprodução material. Assim, o perispírito é o agente intermediário da alma e do corpo.

h) O cérebro do corpo carnal é instrumento sob o comando da alma. Isso porque o seu perispírito está intimamente integrado nele. Isso permite a execução das manifestações das faculdades intelectuais e morais da alma. A alma dita os comandos, impulsos, atitudes, ordens e ações, que passam primeiro pelo perispírito, antes de chegarem ao cérebro. Então, este concretiza, na vida material, as vontades, escolhas e decisões. Os órgãos do corpo físico, depois de terem cumprido as determinações, retornam os resultados alcançados através dos sentidos, percepções, sensações, transmitindo-os através do perispírito, para chegarem à alma, que vai avaliar se foram bons ou maus os resultados:

> O cérebro é o órgão pelo qual o pensamento da alma se transmite ao exterior. Qualquer choque recebido do exterior propaga-se até o cérebro, onde a alma toma conhecimento dele, por um fenômeno dito de percepção. O cérebro do corpo físico e o perispírito são inseparáveis um do outro durante a encarnação. São bastante íntimas as relações do perispírito com o sistema nervoso do corpo.

i) O cérebro do corpo material jamais deve sofrer lesões, devido às funções importantes que desempenha nas relações entre a alma, o perispírito e o envoltório físico. Se as lesões ocorrerem, o cérebro impossibilita as intermediações do perispírito com o corpo carnal, inibindo a execução, no mundo exterior, das manifestações das faculdades potentes da alma. Por isso, a alma tem o dever de adotar medidas profiláticas para que o cérebro do organismo carnal esteja sempre em perfeito estado de saúde. Deste modo, as suas potências mentais e íntimas se exteriorizam adequadamente, durante a sua existência no mundo material, para progredir. Se o cérebro estiver enfermo ou deficiente, a saúde nele precisa ser logo restabelecida, para que a alma continue manifestando adequadamente as suas faculdades grandiosas, em processo incessante de enobrecimento:

> Lesada gravemente certa região do cérebro, desaparece a palavra articulada e, portanto, fica destruída a faculdade de falar. Isso simplesmente impossibilita a alma de utilizar seu instrumento e ela não pode manifestar-se dessa maneira. Durante a encarnação, a alma está, pelo perispírito, tão intimamente ligada ao corpo, que toda e qualquer modificação mórbida, na célula nervosa do cérebro, equivale a uma inibição nas faculdades espirituais.

j) A alma consciente da integração e interação entre os três elementos que compõem o ser humano, cuida da manifestação adequada das suas faculdades, capacidades, habilidades e experiências, com vistas ao seu incessante engrandecimento intelectual e moral e ascensão na hierarquia espiritual:

> Quando a função da alma é tolhida pela conformação defeituosa do organismo físico, ela só pode manifestar-se no exterior pelas formas rudimentares da inteligência. O idiotismo é disso uma prova flagrante. Os músicos de cerebelo imperfeito jamais poderão executar uma partitura. As mínimas desordens do cérebro paralisam completamente as manifestações da alma.

k) A alma consegue manter, naturalmente, a sua saúde perfeita, bem como a do perispírito e a do corpo carnal, agindo sempre com responsabilidade e honestidade; realizando as boas ações que beneficiam a si mesma e os semelhantes; buscando aumentar a sua nobreza intelectual e moral; arquivando somente boas atitudes e realizações nas memórias; exteriorizando atos de sabedoria e sentimentos amorosos; usando o livre-arbítrio para engrandecer as suas condições de vida e as dos seus semelhantes na vida em sociedade; mantendo sempre elevadas as intenções, vontades e pensamentos, na concretização do bem. Agindo desse modo, desfruta de perfeito estado de saúde, no bom aproveitamento das oportunidades evolutivas, enobrecimento no uso das suas faculdades e conquista da ascensão na hierarquia verdadeira:

> O adágio *mens sana in corpore sano*, alma sã em corpo são, é verídico. Importa, necessariamente, estejam os órgãos em perfeito estado de saúde para que a alma deles se utilize com liberdade. Uma alteração num órgão não acarreta alteração na faculdade da alma; só determina a alteração da manifestação da faculdade da alma.

l) Na alma estão os seus tesouros imperecíveis: a inteligência, consciência, memória, percepções, sentimentos, emoções, moralidade, vontades, pensamentos e capacidades de ação. Quando o seu corpo material está muito perto da morte ou mesmo faleceu, ela continua manifestando essas suas faculdades ou atributos poderosos:

> Existem depoimentos diversos, de criaturas afogadas e salvas *in extremis*, perfeitamente concordes, que dizem que no princípio da asfixia tinham a noção de toda a existência transcorrida, com todos os seus mais insignificantes incidentes. Um dos depoentes presume que os quadros de sua existência anterior ter-se-iam desdobrado em sucessão regressiva e não como simples esboço, mas com pormenores muito nítidos, formando um como panorama completo dessa existência, mesmo porque todo ato acompanhava-se de um sentimento de bem-estar ou de mal-estar. Um homem de inteligência notavelmente lúcida transpunha a via férrea no momento em que um comboio chegava a toda velocidade. Não teve ele mais que o tempo de cair a fio comprido na entrelinha. Pois enquanto por sobre ele deslizava o comboio, a noção do perigo proporcionou-lhe à memória todos os incidentes da vida, como se o livro da consciência lhe estivesse diante dos olhos. Pessoas milagrosamente salvas da morte viram desdobrar-se, no momento agônico, o panorama global de

sua existência. Todas as comunicações dos espíritos, concernentes à passagem para a vida espiritual, estabelecem que, no momento da morte, dá-se uma revivescência de todos os acontecimentos da existência terrena. Nenhum fato se perdeu; as boas e as más ações apresentam-se à consciência; há um balanço instantâneo, do qual resultará a futura situação.

m) As comunicações inteligentes dos espíritos, através de diferentes médiuns, mostram claramente que a consciência, memórias e capacidades intelectuais e morais, que pertencem à alma, permaneceram intactas no plano espiritual:

> A consciência existe fora de toda a matéria viva. A alma após a morte do corpo físico se revela dotada de todas as faculdades e lembranças, não apenas de sua última encarnação, mas abrangendo longos períodos pretéritos. Uma vez restituída à sua verdadeira pátria, liberta das peias carnais, a alma recupera a plenitude do seu eu. Nada se destrói; as aquisições feitas subsistem, eternamente guardadas. Nenhum esforço ficará perdido. O mealheiro dos nossos conhecimentos será encontrado intacto, para ser incessantemente acrescido. É que o progresso espiritual segue uma rota ascendente e nada o poderia entravar. Há muito que os desencarnados nos revelaram estas leis, e só hoje podemos delas facultar a prova material. Pois bem: a prova aí está feita, agora, mais uma vez. Além da revivescência da memória no transe da morte, um espírito pode recapitular todo o seu passado. Há comunicações de longo fôlego, reportando-se a uma existência terrena de muitos séculos. Não de outra forma, Luís XI teria ditado sua vida à senhorita Ermance Dufaux, criança de 14 anos apenas, e médium mecânica. Os pormenores circunstanciados dão à obra um cunho bastante pessoal. É um exemplo, entre muitos, do grande valor das mensagens de além-túmulo.

n) A alma, ao retornar à sua vida real, leva consigo os seus tesouros imperecíveis, bem como o seu perispírito mais aperfeiçoado. Então, passa a desfrutar, na dimensão espiritual, de condições de vida que estão condizentes com as suas próprias conquistas e obras já realizadas:

> Com a morte do homem, a alma subsiste integral, completa, conservando o que fez a sua personalidade, e a sua memória, não apenas a da última encarnação, mas a de todas as encarnações que tenha experimentado. Os médiuns veem a alma, no Espaço, sob a forma que tinha na Terra. As faculdades da alma desenvolveram-se sucessivamente, agindo sobre o perispírito, modificando-o e deixando nele, em cada etapa, os traços do progresso realizado. Nem uma só lembrança se perde. No espaço, pode o espírito recapitular todo o seu passado.

- 5 -

ARTHUR CONAN DOYLE E A VIDA DOS ESPÍRITOS

Na Inglaterra, sir Arthur Conan Doyle (1859–1930), médico que se tornou mundialmente famoso pela autoria de dezenas de livros contendo histórias de investigações policiais do detetive Sherlock Holmes, foi atraído, a partir de 1887, para o estudo das manifestações físicas e inteligentes dos espíritos, através de médiuns.

Ele havia sido atingido pelas repercussões mundiais das experiências, no campo dos fenômenos espíritas, realizadas pelo químico e físico William Crookes (1832–1919), no período de 1869 a 1875, servindo-se dos médiuns Mary Marshall, J. J. Morse, Henry Slade, Kate Fox, Florence Cook e Daniel Dunglas Home.

William Crookes, com as provas que foi obtendo sobre a existência e as manifestações físicas dos espíritos, principalmente através do médium Dunglas Home, bem como com as materializações do espírito Katie King, com o concurso da médium Florence Cook, escreveu o livro *Fatos espíritas*. A partir de então, passou a ser taxativo: "Não digo que o fenômeno mediúnico é possível; digo que é real".

Participação no movimento espírita inglês

A partir de 1893, Conan Doyle destacou-se no meio espírita com sua defesa persistente da aplicação dos métodos científicos nas investigações e experimentações das manifestações físicas e inteligentes dos espíritos, obtidas através de médiuns. Além disso, por ter passado a atuar, de modo muito intenso, em experiências e investigações na famosa e respeitada Sociedade de Pesquisas Psíquicas de Londres.

Até 1915, ele já tinha conseguido reunir, numa iniciativa pioneira, os principais fatos históricos que contemplavam as manifestações físicas e inteligentes dos espíritos, em diversos países e em variadas épocas.

Com isso, em 1918, ele publicou o livro *A nova revelação – Minha investigação pessoal do espiritismo*; e, em 1926, o livro *História do espiritismo*, o qual se tornou muito famoso, por tratar, de forma inusitada e abrangente, a origem e expansão pelo mundo das manifestações físicas e comunicações inteligentes dos espíritos, através de médiuns, que vieram fortalecer as crenças milenares sobre a sobrevivência da alma após a morte do seu corpo material.

Com sua grande participação e atuação no movimento espírita, Conan Doyle despertou, em seus admiradores, pelos seus famosos livros policiais, o interesse pela leitura também dos livros espíritas. Desse modo, facilitou a propagação dos fundamentos do espiritismo, principalmente entre os povos dos países de língua inglesa, que já tinham tradição na busca de solução para os mistérios da imortalidade da alma e das condições em que ela vive na dimensão espiritual.

Contribuições espíritas

Conan Doyle ajudou o espiritismo a se tornar respeitado em alguns países da Europa, por ter se mostrado pesquisador, escritor e defensor incansável no meio espírita. Mas também por ter sido um dos pioneiros na busca das revelações detalhadas dos espíritos, através de médiuns, sobre as condições de vida deles no plano espiritual. Isso veremos no próximo capítulo.

- 6 -

REVERENDO G. VALE OWEN E O INÍCIO DO CONHECIMENTO DAS CONDIÇÕES DE VIDA DETALHADAS DOS ESPÍRITOS

Em 1920, o reverendo George Vale Owen (26/6/1869 - 9/3/1931), vigário de Oxford, Lancashire, Inglaterra, lançou o livro *A vida além do véu*, escrito pelo espírito da sua própria mãe.

Esse livro foi psicografado pelo reverendo no período de 23 de setembro de 1913 a 31 de outubro de 1913, ampliando, de modo inusitado, os conhecimentos da vida da alma no plano espiritual, após a morte do seu corpo material.

Essa obra causou grande impacto nos meios literário e religioso da época, porque continha narrativas espontâneas muito detalhadas e surpreendentes das condições de vida que a alma encontra nas diferentes regiões do reino dos céus.

A Natureza existente na vida espiritual

O que mais causou polêmica foram as revelações afirmando que, nas regiões das esferas espirituais, existem casas, jardins, água, árvores, flores, pássaros e animais; que os espíritos vivem em comunidades ou sociedades, realizando muitas atividades, auxiliando os homens nas suas atribulações e afazeres na crosta do planeta, e recebendo as almas que chegam na vida espiritual, após o término da existência material.

Aval de Conan Doyle

Na "Introdução" do livro acima citado, sir Arthur Conan Doyle afirmou o seguinte, dando o seu aval às descrições minuciosas que foram feitas pela autora das psicografias:

> Eu próprio publiquei em dois pequenos volumes uma descrição geral do outro mundo, colhida em grande número de fontes. E era tão independente da do senhor Vale Owen como a dele é independente da minha. Nenhuma tinha relação possível com a outra. E, no entanto, ao ler esta concepção, muito maior e mais pormenorizada, não encontro um único ponto importante em que eu dela me afastasse. Como poderia dar-se essa concordância nas ideias gerais, se não fosse inspirada na verdade?

Confirmações posteriores

O reverendo G. Vale Owen e o escritor Conan Doyle, com a sólida amizade estabelecida entre eles, passaram juntos a buscar outras confirmações para as revelações dos espíritos, acerca das condições de vida existentes no mundo espiritual. Porém, o mundo terreno tinha entrado em época muito tumultuada, com as repercussões da Primeira Guerra Mundial (1914-1918), a crise econômica de 1929 e a Segunda Guerra Mundial (1938-1945).

Então, essas confirmações minuciosas só vieram, realmente, na Europa, a partir de 1942, quando surgiram as psicografias do médium inglês Anthony Borgia (1896-1989), que passou a publicar, na Inglaterra, as psicografias recebidas do espírito monsenhor Robert Hugh Benson (1871–1914), de Canterbury, chocando novamente os campos literário e religioso.

As comunicações do espírito monsenhor Benson compuseram o famoso livro *Life in the world unseen (A vida nos mundos invisíveis)*, lançado em 1954, contendo descrições detalhadas da passagem de sua alma para o mundo espiritual, onde encontrou templos da sabedoria, músicas, flores, construções, reinos inferiores ou domínios sombrios, recreações, esfera das almas das crianças, organizações sociais, muitas ocupações e atividades, e os reinos superiores.

- 7 -

WILLIAM FLETCHER BARRETT E SEUS ESTUDOS DAS OCORRÊNCIAS EXTRASSENSORIAIS NO LEITO DE MORTE

Sir William Fletcher Barrett (10/02/1844 - 26/05/1925), notável professor de física, destacado cientista do Royal College of Science for Dublin, membro da Real Sociedade de Londres, fundador da Society for Psychical Reserches of London, participante da American Society for Psychical Research e da Foundation for Research on the Nature of Man, dedicou-se, a partir de 1874, aos estudos dos fenômenos psíquicos e espíritas, influenciado pelas pesquisas que foram realizadas pelo professor William Crookes, com a participação de alguns médiuns famosos em países da Europa.

Acontecimento inesperado

Em 1876, empenhado em obter as próprias constatações sobre a veracidade dos fenômenos espíritas, ele conheceu, de modo imprevisto, um advogado, chamado senhor Clark, que passava o verão em uma residência próxima da sua casa, em Dublin.

Esse advogado tinha uma filha de 10 anos, chamada Florrie, que conseguia produzir vários fenômenos considerados paranormais, conhecidos como levitações e recebimento de mensagens de inteligência invisível, que se fazia chamar por Walter.

Com o consentimento dos pais da menina, ele deu início às suas próprias experiências mediúnicas, com o intuito de preparar um documento que pudesse ser apresentado na Associação Britânica para o Avanço da Ciência. Isso aconteceu, graças ao apoio respeitável recebido de William Crookes, Alfred Russel Wallace e Lord Rayleigh.

Após esse feito marcante, William Barrett recorreu às sessões espíritas que contavam com a participação dos médiuns Hester Travers Smith, Gladys Osborne Leonard e Geraldine Cummins, para obter comprovações mais consistentes das manifestações físicas e inteligentes das almas das pessoas já falecidas.

Visões no leito de morte

Em decorrência do seu entrosamento no movimento espírita inglês, William Barrett, em 1926, publicou, em Londres, a importante obra espírita, intitulada *Death bed visions*. Com o grande sucesso alcançado por esse livro, foi traduzido para o espanhol, e depois para o português, com o título de *Visões no momento da morte*. Os tradutores foram Manuel Pumerega, Silvano dos Reis Corrêa e Marina dos Reis Corrêa, com revisão de Teresa da Espanha.

Para a elaboração dessa sua obra, William Barrett empregou a mesma metodologia desenvolvida pelo italiano Ernesto Bozzano, para a elaboração e publicação do seu famoso livro *Fenômenos psíquicos no momento da morte*.

Resultados dos estudos espíritas

Barrett dedicou cerca de 40 anos aos estudos dos fenômenos espíritas, vendo neles uma nova ciência experimental. Quando faleceu, deixou um legado muito valioso, comprovando a continuidade da vida da alma, após a morte do seu corpo carnal.

O seu principal trabalho espírita consistiu na análise do conteúdo de inúmeros casos interessantíssimos, narrados por pessoas idôneas, de várias localidades, que presenciaram visões surpreendentes tidas por moribundos, quando estavam bem próximos da morte. A sua coleção de casos abrangeu, inclusive, os ocorridos com diversas crianças. E a sua maior preocupação sempre foi verificar que, no momento das ocorrências extrassensoriais, as pessoas em seu leito de morte estavam plenamente conscientes e contavam ao seu lado, como testemunhas confiáveis das ocorrências, com a presença e auxílio de seus entes queridos, familiares, médicos, enfermeiras e amigos.

Os resumos de apenas oito casos selecionados, a seguir apresentados, servem de exemplos das valiosas constatações e contribuições prestadas por Barrett ao desvendamento das principais ocorrências num leito de morte:

1. A CRIANÇA VIU A ALMA DE UMA AMIGA, CUJA MORTE ELA PRÓPRIA DESCONHECIA

Duas meninas, colegas e amigas, chamadas Jennie e Edith, uma com uns 8 anos de idade, e a outra, um pouco mais velha, em junho de 1889, ficaram doentes de difteria. Numa quarta-feira, ao meio-dia, Jennie morreu.

Então os pais de Edith, como também o seu médico, tiveram grande cuidado em ocultar-lhe o fato, receando o efeito que a notícia poderia ter sobre sua própria saúde.

Mas, Edith morreu às 6h30 da tarde, em 8 de junho, num sábado. Antes disso, porém, ela acordou e despediu-se das suas amigas e começou a falar na morte sem aparentar qualquer medo. Ela disse estar vendo as amigas suas, que sabia que já haviam falecido. Mas, de repente, e com uma expressão de grande surpresa, voltou-se para o seu pai e exclamou: "Papai, estou levando a Jennie comigo! Oh, papai! Você nunca me disse que a Jennie estava aqui!" Então, imediatamente, estendeu os braços e disse: "Oh, Jennie, estou tão feliz por você estar aqui!".

Esse caso deixou claramente evidente que a alma da amiga Jennie estava presente no momento da morte de Edith. Ela tinha vindo receber a alma de sua amiga para encaminhá-la para a continuidade da sua vida no plano espiritual.

2. A MORIBUNDA VIU A ALMA DO SEU IRMÃO, QUE HAVIA FALECIDO, MAS QUE ELA E NINGUÉM MAIS, ATÉ ENTÃO, SABIA QUE ESSE FATO TINHA OCORRIDO

Poucas horas antes de morrer, a moribunda disse à sua mãe que estava vendo, junto ao seu leito, vários membros da sua família que já haviam falecido alguns anos antes.

Isso foi atribuído a um delírio, mas a moribunda, chamada Adamina, insistiu que estavam presentes visitantes invisíveis, inclusive o seu próprio irmão Alfredo, que se achava, naquele momento, a uma distância de 423 km, no farol do porto de Sisal.

Então o pai insistiu no caráter imaginário dessas visões, porque ele sabia que o seu filho Alfredo gozava de perfeita saúde, em função das boas notícias que tinha recebido dois dias antes.

Adamina morreu naquela mesma noite. Mas, na manhã do dia seguinte, o seu pai recebeu um telegrama informando que o jovem Alfredo havia morrido. Na ocasião dessa morte, a moribunda ainda estava viva.

Desse modo, o fato surpreendente eliminou qualquer dúvida de que a moribunda realmente tinha visto a presença da alma do seu irmão, para recebê-la no momento da morte do seu corpo físico.

3. O moribundo viu as almas das pessoas que haviam morrido em Paris e, até então, ninguém sabia nada a respeito do fato

Paul Durocq partiu de Paris, em 1893, para fazer uma viagem à América, em companhia de alguns membros da sua família.

Quando estavam na Venezuela, ficou doente com febre amarela e morreu em Caracas, em 24 de junho de 1894.

Pouco antes de morrer, quando estava rodeado de toda a sua família, começou a ver e proferir os nomes de alguns amigos que havia deixado na França.

Embora surpreendidos, por esse incidente tão estranho, seus familiares não deram grande importância às palavras que o doente havia proferido naquele momento. Mas, posteriormente, o fato ganhou uma importância excepcional. Quando seus familiares voltaram para Paris, encontraram os obituários das pessoas mencionadas por Paul, antes de morrer. Elas tinham realmente falecido antes do falecimento dele.

O caso Paul Durocq evidenciou, de modo surpreendente, que as almas das pessoas já falecidas, em localidades bem distantes, podem vir receber a alma de uma pessoa querida. Elas vêm ajudar a alma que está prestes a desencarnar.

4. A criancinha viu as almas dos seus dois irmãozinhos, que haviam morrido algumas semanas antes

Duas criancinhas, Fred e Annie, de 7 e 8 anos de idade, respectivamente, faleceram e foram enterradas. Mas, algumas semanas depois disso, o outro filho menor mostrou sintomas de que também estava na proximidade da sua morte.

Na noite do seu falecimento, o pai da criancinha aproximou-se da cabeceira da cama com o remédio de costume. Surpreendentemente, o menino sentou-se na cama e exclamou:

- Aí estão Fred e Annie.

- Onde estão, meu filho? - perguntou o pai.

- Não está vendo? Aí... aí! Estão aguardando para me levar com eles.

Inexplicavelmente, um minuto depois, o pequeno paciente caiu morto no travesseiro.

Este caso foi realmente inesperado e surpreendente para o pai das criancinhas. A visão das almas dos outros dois filhos, no leito de morte, evidenciou que elas sobreviveram após a morte e que conservaram o afeto e o interesse pelo irmãozinho que estava prestes a morrer.

5. Três pessoas, que eram acompanhantes num leito de morte, viram a alma que veio buscar a alma da pessoa moribunda

Na noite do dia 23 de dezembro, duas pessoas familiares foram descansar no quarto contíguo, deixando a porta entreaberta para ouvir qualquer movimento ou barulho estranho no outro quarto em que estava a moribunda Harriet, acompanhada pela senhora John Pearson.

Nenhuma das duas tinha ainda dormido, quando, de repente, sentaram-se ambas na cama, pois viram uma figura passar pela porta, coberta com um velho xale, portando uma peruca com três cachos de cada lado e usando uma velha touca preta.

Imediatamente, elas reconheceram que era a alma da tia Ana. No mesmo instante, a senhora John Pearson saiu precipitadamente do quarto da tia Harriet e disse: "Era a tia Ana; onde é que ela foi?".

Então, olharam em todos os quartos e não encontraram ninguém. A única explicação possível para aquela aparição da alma da tia Ana foi que ela viera buscar a alma da sua irmã Harriet, que faleceu às 6 da tarde daquele dia do acontecimento.

A própria Harriet, antes de morrer, já tinha dito a todas as suas acompanhantes que ela tinha visto a alma da sua irmã que tinha vindo buscá-la. Mas ninguém havia acreditado.

Este caso de visão coletiva da alma que veio buscar a alma de outra pessoa da mesma família, pois estava prestes a morrer, evidenciou que existe o acompanhamento e o amparo para a alma que vai entrar e continuar a sua existência na vida espiritual, amenizando os seus temores e incertezas.

6. No leito de morte da filha, a mãe ouviu uma música doce. Então, a sua filhinha doente lhe disse que a alma da sua irmãzinha, falecida havia poucos dias, tinha vindo buscá-la.

Minnie e Ada, de 8 e 9 anos de idade, respectivamente, ficaram repentinamente doentes em Londres. O médico constatou que era varíola, do gênero mais maligno. Por isso, ambas as meninas morreram na mesma semana.

Mas a menor, Minnie, faleceu antes. No dia seguinte ao seu enterro, a pobre e aflita mãe velava com ansiedade as últimas horas da outra filha que ainda lhe restava, ciente de que não havia qualquer probabilidade de sobrevivência.

De repente, Ada, a menina doente, despertou de uma espécie de torpor e exclamou:

- Oh! Olhe, mamãe... Olhe que anjos tão formosos estão nos pés da cama.

A mãe nada viu; mas ouviu uma música doce que parecia pairar no ar. Em seguida, a menina voltou a exclamar:

- Oh, mamãe querida, aí está Minnie! Veio me buscar.

Naquele momento, a mãe ouviu, distintamente, uma voz dizer:

- Vem, querida Ada. Estou te esperando!

Este caso é muito impressionante, pela visão dos anjos, por parte da criancinha doente. Além disso, a mãe ouviu uma música celeste e a voz da alma que estava ao lado do leito de morte. Então, isso comprovou que a alma da irmãzinha já falecida e um cortejo de anjos[2] estavam presentes para acolher a alma da criancinha moribunda.

7. A MENINA, NO LEITO DE MORTE, VIU E CONVERSOU COM A ALMA DE SUA AVÓ, QUE TINHA VINDO BUSCÁ-LA PARA A CONTINUIDADE DA SUA VIDA NO PLANO ESPIRITUAL

O leito de morte da menina ocupava o centro do cômodo, e estava rodeado por sua mãe, seu pai, a irmã mais nova e alguns amigos, que estavam em pé, contemplando com ansiedade as feições da criancinha que perdia, pouco a pouco, a luz da vida e mostrava a palidez da morte.

Ela estava ciente da proximidade da sua morte. Então, disse à sua mãe que queria distribuir os seus pequenos objetos pessoais entre as amigas íntimas e companheiras de brincadeiras. Mas, de súbito, elevou a sua vista e olhou com atenção para o teto, na parte mais afastada do quarto. Pareceu que escutou algo por um breve espaço de tempo. Em seguida, fez um ligeiro movimento com a cabeça e disse:

- Sim, vovozinha, já vou. Faça o favor de esperar um pouquinho.

O pai perguntou-lhe:

- Hattie, você está vendo a sua avozinha?

---

2 Naturalmente, *anjos* é a forma pela qual a criança identificou os espíritos de luz. **Nota do revisor**.

Mostrando-se surpresa com essa pergunta, ela respondeu com presteza:

—Sim, papai, vocês não a estão vendo? Ela está ali, me esperando.

Ao mesmo tempo, indicou o teto na direção para onde ela estivera olhando.

Era evidente que ela estava vendo a sua avó, pois franziu a testa, com certa impaciência, e disse:

—Sim, avozinha, já vou. Mas faça o favor de esperar um minuto.

Depois disso, voltou-se mais uma vez para a sua mãe, e disse-lhe como devia repartir os seus objetos pessoais entre as suas diferentes amizades. Por último, prestando, mais uma vez, a atenção em sua avozinha, que parecia insistir na sua partida imediata, disse adeus a cada um dos presentes, com a voz muito fraca. Depois disso, falou:

—Sim, avozinha, agora eu vou.

A criancinha mostrava tanta inteligência, lucidez, segurança na visão da presença da sua avó, com a qual falava tão naturalmente, que deixou em todas as pessoas presentes no quarto a evidência da continuação da vida da sua alma depois da morte.

Este caso mostrou-se realmente surpreendente, pois evidenciou a naturalidade com que a criancinha aceitava a passagem da sua alma para o plano espiritual, contando com o chamamento da alma da sua avó. Ela estava plenamente convencida da presença da alma da sua avó já falecida, que a esperava para ser conduzida para a vida espiritual.

8. A MENINA, EM SEU LEITO DE MORTE, COMEÇOU A OBSERVAR O QUE SE PASSAVA NO AMBIENTE ESPIRITUAL AO SEU REDOR. ENTÃO, OS SEUS PAIS E AS OUTRAS PESSOAS QUE LHE FAZIAM COMPANHIA COMEÇARAM A LHE DIRIGIR MUITAS PERGUNTAS A RESPEITO DO QUE ELA DIZIA ESTAR VENDO NO MUNDO ESPIRITUAL. AS RESPOSTAS A ESSAS PERGUNTAS FORAM MUITO DETALHADAS:

Daisy ficou três dias às portas da morte, quando o seu corpo físico estava muito enfraquecido. Então, durante esse tempo, ela passou a ver o que ocorria em dois mundos.

Dois dias antes da sua morte, ela recebeu a visita do superintendente da Escola Dominical, o qual, quando estava de saída, disse: "Bom, Daisy, em breve você terá passado o rio escuro".

Mas, depois que ele foi embora, ela perguntou ao pai o que significava aquele "rio escuro". O pai cuidou de lhe explicar; mas ela disse:

- Tudo isso é engano. Não há rio nenhum, nem cortina nenhuma, nem mesmo uma linha separando esta vida da outra vida. Esta vida está aqui; e a outra vida está ali. Eu sei que é assim, porque posso ver vocês todos, e, ao mesmo tempo, posso ver os que estão no outro lado de lá.

Então, as pessoas presentes no local pediram para que ela contasse o que havia no outro mundo; mas ela disse:

- Não posso descrevê-lo. É tão diferente, que não conseguiria fazer vocês compreenderem. Na morada no céu, quando eu for lá, talvez vou encontrar um lar, com as flores e as árvores celestiais de que eu tanto gosto aqui, pois já posso vê-las e sei que são mais formosas do que vocês poderiam imaginar. Elas vão estar lá também.

Então, alguém disse a ela:

- Daisy, você não sabe que a Bíblia descreve o céu como se fosse uma linda cidade?

Ao que ela objetou:

- Eu não estou vendo uma cidade. Não sei. Talvez eu precise ir lá antes, para vê-la.

A sra. W., que era uma vizinha muito gentil, falou para a sra. B., uma outra das vizinhas, sobre a clarividência de Daisy. Então, a sra. B., que era uma pessoa que não acreditava na vida da alma após a morte, mas que estava mergulhada em profunda tristeza, porque acabara de perder o marido e um filho de cerca de 12 anos de idade, chamado Bateman, veio, certa noite, fazer-lhe algumas perguntas.

Daisy disse-lhe:

- Bateman está aqui. Ele diz que está vivo e sente-se bem. Está em um lugar tão bom que por nada do mundo voltaria para casa. Ele diz que está aprendendo a ser bom.

Então a sra. B. disse-lhe:

- Pergunte a ele se tem visto o pai.

Daisy respondeu:

– Diz que não, que ele não está aqui. E diz à senhora: "Mãe, não fique aflita por mim. Foi melhor não crescer".

Essa comunicação de Bateman fez a sua mãe refletir bastante, até que adquiriu grande firmeza na crença em uma vida futura para a alma.

Na manhã seguinte, a sra. W. veio questionar Daisy, perguntando-lhe como ela podia saber que o filho da sra. B. era feliz:

– Quando ele vivia aqui, você sabe, ele era um garoto muito mau. Não se lembra que ele costumava blasfemar; e tirar de vocês os brinquedos, e quebrá-los? Você sabe que nós não deixávamos que ele brincasse com você, nem com os meus meninos, porque ele era tão mau!

Daisy respondeu-lhe:

– Oh! A senhora não sabe que ele nunca seguiu a doutrina e que sempre costumava blasfemar? Mas, Deus sabe bem que ele não tinha muitas possibilidades!

Naquele mesmo dia, a professora de doutrina, sra. H. ouviu Daisy lhe falar:

– Os seus dois filhos estão aqui.

Os meninos da professora tinham passado para a outra vida vários anos atrás, e se tivessem continuado a viver, agora já estariam quase completamente desenvolvidos. Daisy jamais tinha ouvido nenhuma coisa a respeito deles; e a mãe nem sequer guardava os seus retratos. Então, Daisy não poderia ter conhecimento algum a respeito deles, antes de vê-los no mundo espiritual.

Então, Daisy fez a descrição, que os mostrava mais desenvolvidos, não coincidindo com a ideia que a mãe guardava deles. Por isso, ela falou:

– Como é possível isso? Eles eram crianças quando morreram!

Daisy respondeu-lhe:

– Allie diz que as crianças não continuam sendo crianças, mas crescem como acontece nesta vida.

Então a professora de doutrina lhe disse:

– Mas a minha pequena Mary caiu e machucou-se de tal modo que não podia manter-se erguida.

Ao que Daisy respondeu-lhe:

- Agora está perfeita. Está erguida e é muito linda; e o seu filho tem um aspecto nobre e feliz.

Em outro momento, Daisy disse:

- Oh, papai! Você não está ouvindo? Os anjos estão cantando. Sim, você deve estar ouvindo, porque o quarto está cheio deles e posso vê-los; são muitíssimos. Posso ver inclusive as coisas que estão numa distância de milhas e milhas.

A sra. W., a vizinha muito gentil, havia perdido o pai pouco tempo antes. Então, quis saber se Daisy podia vê-lo. Para isso, trouxe um retrato, para que ela pudesse reconhecê-lo. Porém, à noite, Daisy falou que não o tinha visto, mas que tinha perguntado ao Allie, que falou que ia perguntar a alguém que poderia informar algo a respeito.

Em certo momento, Daisy disse:

- Allie está aqui e diz: "Fale para a sra. W. que seu pai quer encontrá-la no céu, pois está aqui".

Então a sra. W. disse-lhe:

- Daisy, por que Allie não deu logo as notícias a respeito do meu pai?

Então, ela respondeu:

- Porque as pessoas que morrem passam para estados ou lugares diferentes e não podem se ver uns aos outros constantemente; mas todas as pessoas boas estão no estado dos abençoados.

Nos últimos dias da sua doença, Daisy gostava que a sua irmã Lulu cantasse para ela, principalmente os cânticos da doutrina. Quando Lulu cantou uma canção, cujo estribilho era: "Oh, vinde, anjinhos, vinde! Vinde e rodeai-me e nas vossas níveas asas levai-me para a minha morada imortal".

Daisy exclamou, quando a irmã terminou:

- Oh, Lulu! Não é estranho? Sempre pensávamos que os anjos tinham asas! Mas é um engano; eles não têm.

Lulu então replicou:

- Mas eles precisam ter asas, porque, se não, como poderiam descer voando do céu?

- Oh, eles não voam - respondeu ela. - Eles simplesmente vêm. Quando eu penso no Allie, ele, no mesmo momento, está aqui.

Quando alguém lhe perguntou:

- Como é que você vê os anjos?

Ela respondeu:

- Eu não os vejo constantemente, porém, quando os vejo, as paredes parecem dissipar-se e aí eu posso ver até bem longe. Não dá para começar a contar as pessoas. Algumas estão próximas e são minhas conhecidas; outras eu nunca vi.

Certo dia, Daisy mencionou o nome de Mary B., para a irmã da sra. S., que havia sido sua vizinha em Nevada City. Em seguida, disse:

- Você sabe que ela estava com uma tosse muito ruim, mas agora ela está bem, é muito linda, e está sorrindo para mim.

Em um outro momento, Daisy disse:

- Mamãe querida, eu só queria que você pudesse ver o Allie. Ele está em pé, ao seu lado.

A mãe olhou, involuntariamente, ao redor, e Daisy continuou:

- Allie diz que você não pode vê-lo, porque os olhos do seu espírito estão fechados; mas eu posso, porque somente um fio de vida, por assim dizer, retém o meu espírito no corpo.

Então, a mãe perguntou-lhe:

- Ele falou isso agora?

Ela respondeu:

- Falou, sim. Agora mesmo.

Maravilhada, por Daisy estar conversando com o seu irmão, a mãe lhe disse:

- Daisy, como é que você fala com Allie? Não estou ouvindo a sua voz, nem vendo os seus lábios se moverem!

Ela, sorrindo, disse:

- Nós falamos através do pensamento.

Então, a mãe perguntou de novo:

- Daisy, qual é o aspecto do Allie? Parece vestir roupas?

Ao que a filha respondeu:

- Oh, não! Ele não veste roupas como as nossas. Parece estar envolto em algo branco, lindo, muito bonito, fino e reluzente; mas sem pregas, nem sinal de fio, porque não é um tecido. Mas confere a ele um aspecto encantador.

Então, nesse momento, o pai citou uma frase dos Salmos:

- Está vestido de luz como atavio.

E a menina respondeu-lhe:

- Oh, sim, é isso mesmo!

Daisy falava na morte com frequência, parecendo ter uma impressão muito vívida da sua vida e felicidade futuras. Para ela a partida da sua alma era apenas a continuação da sua vida, após a sua passagem desta vida terrena para o esplendor do céu.

Na manhã do dia da sua morte, ela pediu que a sua mãe lhe trouxesse um pequeno espelho. Mas, esta vacilou, porque imaginou que a vista do seu extenuado rosto pudesse ser um choque para ela. O pai, porém, sentando-se junto dela, falou:

- Deixe que ela possa ver sequer o seu pobre rostinho.

Quando tomou o espelho, com as duas mãos, contemplou, por um certo tempo, com serenidade, a sua própria imagem.

Por fim, disse:

- Este meu corpo já está desgastado. É como esse vestido velho da mamãe, que está pendurado no gabinete. Ela não o usa mais, e eu também não usarei mais o meu corpo, porque terei um novo corpo espiritual para substituí-lo. Na realidade, eu já o tenho agora, porque com os meus olhos espirituais contemplo o mundo celestial, enquanto o meu corpo está ainda vivo aqui. Vocês vão deixar o meu corpo no túmulo, porque eu não vou precisar mais dele. Foi feito para a minha vida aqui, e agora que esta vida chega ao seu fim e este pobre corpo vai ficar abandonado, eu terei um corpo formoso, como o de Allie.

Em seguida, Daisy pediu:

- Mamãe, abra as janelas e deixe-me contemplar o mundo pela última vez. Antes de uma nova manhã chegar, eu já terei partido.

Ao pai disse:

- Levante-me, papai.

Então, olhando pela janela, exclamou:

- Adeus, céu. Adeus, árvores. Adeus, flores. Adeus, rosa branca. Adeus, rosa vermelha. Adeus, lindo mundo.

E acrescentou:

- Como gosto de você! Porém, não desejo ficar!

À noite, ela olhou para o relógio e disse:

- São 8 horas e meia. Quando forem 11 e meia, Allie virá me buscar.

Naquele momento, ela estava recostada sobre o peito do seu pai com a sua cabeça apoiada em seu ombro, para descansar. Então disse:

- Papai... Eu quero morrer assim. Quando o momento chegar, eu aviso você.

Lulu, que estivera cantando canções, despediu-se para ir deitar-se. Quando estava na metade da escadaria, Daisy gritou-lhe:

- Boa noite e adeus, querida e doce Lulu.

Lá pelas 11 horas e quinze minutos, Daisy disse:

- É agora, papai, segure-me. Allie veio me buscar.

Quando o pai a segurou, ela pediu que seus pais cantassem. Mas, alguém disse:

- Chamem Lulu.

Porém Daisy respondeu depressa:

- Não a perturbem; ela já está dormindo.

E depois disso, exatamente às 11 horas e meia, conforme Daisy anunciara, alçou os braços e disse:

- Vem, Allie.

Então, parou de respirar.

Este caso completo, com visões abrangentes e detalhadas, no leito de morte, demonstra a existência do ambiente espiritual ao lado do ambiente da crosta da Terra, possibilitando os seguintes comentários adicionais:

O ambiente da crosta do mundo material tem continuidade no ambiente espiritual, porque um ambiente fica ao lado do outro. Desse modo, o plano material interpenetra o plano espiritual e vice-versa.

As almas das pessoas que morrem sobrevivem à morte do corpo físico, continuando vivas, sadias, alegres e felizes no lado invisível da vida. Então, estabelecem contatos com os seus familiares e entes queridos, recebendo amparo para a adaptação no outro lado da vida.

A dimensão espiritual é grandiosa, envolvendo a existência de anjos, árvores, flores, músicas celestes, criancinhas em desenvolvimento no seu corpo espiritual, roupas lindas que envolvem o corpo espiritual, moradas em diferentes locais, locomoção instantânea e conversações através da transmissão dos pensamentos.

- 8 -

ERNESTO BOZZANO E SUAS CONSTATAÇÕES SOBRE AS VISÕES E AUDIÇÕES NO LEITO DE MORTE

Na Itália, Ernesto Bozzano (9/1/1862 - 24/6/1943), nascido em Gênova, tornou-se, a partir de 1892, um dos mais fervorosos adeptos, defensores e propagadores dos princípios do espiritismo, a ponto de ter produzido notáveis livros, que fortaleceram as crenças espiritualistas.

Suas investigações metódicas e análises cuidadosas dos fenômenos psíquicos e espíritas ajudaram a desvendar os mistérios das ocorrências extrassensoriais no leito de morte. Além disso, seus estudos das manifestações físicas e comunicações inteligentes dos espíritos, através de diferentes médiuns, possibilitaram o pleno desvendamento das ocorrências que marcam a entrada e a continuidade da vida da alma no mundo espiritual.

Integração no movimento espírita

Foi na Sociedade de Estudos Psíquicos e Círculo Científico Minerva, em Gênova, que Ernesto Bozzano realizou muitas experiências espíritas marcantes, principalmente com a médium Eusápia Paladino. Com isso, comprovou a veracidade das materializações completas de espíritos, em plena luz, bem como a verdade da imortalidade da alma e das condições de vida que ela encontra na outra dimensão da vida.

Com base nessas pesquisas, produziu livros, monografias, brochuras e artigos que contribuíram enormemente para corroborar as teses defendidas por espíritas e médiuns notáveis, como: Allan Kardec, Léon Denis, Gabriel Delanne, Camille Flammarion, Arthur Conan Doyle, Oliver Lodge, d'Assier, Eugène Nua, Epes Sargent,

Gustave Geley, Albert de Rochas, barão Carl du Prel, William Crookes, Alexander Aksakov, Alfred Russel Wallace, Emma Hardinge, William Stainton Moses, Paul Gibier, Jean Meyer, Joseph Venzano, Luís Arnaldo Vassalo, Enrico Morselli, Francesco Porro, William Eglinton, Elisabeth d'Esperance, Florence Cook, Eleonora Piper, Daniel Dunglas Home, W. Crawford, barão Scherenck Notzing, Friedrich Zöllner, Charles H. Foster, G. B. Ermacira, William James, Fernández Colavida, Amalia Domingo Soler, James Hyslop, Cesare Lombroso, Henry Sidgwick, dentre muitos outros.

Declaração pública de sua conversão ao espiritualismo

Ernesto Bozzano, depois de suas investigações, escreveu a seguinte declaração:

> Guardo indelével recordação desse período de ardorosas e perseverantes pesquisas, dado que por elas foi que cheguei a assentar bases cientificamente inexpugnáveis às minhas novas convicções espiritualistas.

Fenômenos psíquicos que ocorrem num leito de morte

Ernesto Bozzano, após ter estudado muitos casos detalhados, impressionantes e complexos de visões e ocorrências de fenômenos psíquicos num leito de morte, presenciados e testemunhados por familiares, médicos, assistentes, amigos e pessoas idôneas, estabeleceu os seguintes pontos concordantes, publicados, em 1922, em seu notável livro *Fenômenos psíquicos no momento da morte*:

1. A pessoa que está prestes a morrer vê a retrospectiva de sua vida material

> Quando experimentei doença bem grave, eu via, nitidamente, eu próprio, criança, jovem, na idade viril, e nas diversas épocas da minha existência. Ainda vi no espaço imenso, azul, luminoso, minha mãe que vinha ao meu encontro - minha mãe morta havia quatro anos. É uma impressão inexprimível.
>
> Depoimento do professor A. Pastore, do Liceu Real de Gênova.

2. A PESSOA MORIBUNDA VÊ UM ESPÍRITO, QUE PREDIZ A DATA DA SUA PRÓPRIA MORTE

Depois de haver se deitado durante algum tempo, em estado aparente de meia sonolência, acordou e perguntou repentinamente à sua mãe:

- Onde foi papai?

Ela lhe respondeu chorando:

- Meu filho, tu bem sabes que ele não vive mais, que está morto há mais de um ano.

- É verdade... - murmurou o filho. - No entanto, ele estava aqui há pouco; veio marcar um encontro comigo para as 3 horas, na quarta-feira próxima.

Às 3 horas da manhã, na quarta-feira seguinte, Lloyd Ellis deu o último suspiro.

Caso colhido por F. W. Myers e publicado no *Journal of the Society for Psychical Research.*

3. A ALMA DA PESSOA AGONIZANTE É BUSCADA POR ESPÍRITOS AMIGOS

L., graciosa jovem de 17 anos, estava em seu leito mortuário. Quando chegou a hora extrema, percebi ao seu lado duas formas espirituais: uma à direita, outra à esquerda do leito. Não percebi como elas entraram. Quando se tornaram visíveis para mim, estavam já dispostas ao lado da moribunda. Eu as via, porém, tão distintamente como via as pessoas vivas.

Reconheci logo, nessas formas angélicas, duas meninas que tinham sido, quando vivas, as melhores amigas da doente, possuindo as três a mesma idade.

A agonizante viu e reconheceu uma de suas amigas. Estendendo os braços, perguntou a agonizante, cheia de felicidade:

- Vieram buscar-me? Sinto-me feliz com isso, porque estou fatigada.

Em dado momento, as amigas abandonaram suas mãos, que caíram pesadamente sobre o leito. A expirante emitiu um suspiro, como se se dispusesse tranquilamente a dormir, e, depois de alguns instantes, seu espírito deixava o corpo para sempre.

Depoimento da senhora Joy Suell, em seu livro *The ministry of angels*, a qual exerceu a profissão de enfermeira diplomada, por uma vintena de anos, na cabeceira de inúmeros doentes.

4. A ALMA DA PESSOA DESFALECENTE SAIU DO SEU CORPO MATERIAL, PODENDO VÊ-LO NA CAMA, PODENDO CONTEMPLAR AS COISAS EXISTENTES NO MUNDO DOS ESPÍRITOS, OUVIR A MÚSICA DO PARAÍSO, VER O REINO VEGETAL, DESFRUTAR DE UMA CAPACIDADE VISUAL AMPLIADA E REENCONTRAR E CONVERSAR COM DIVERSOS ESPÍRITOS, INCLUSIVE OS FAMILIARES

Fui tomada por uma irresistível necessidade de dormir. Lutei fortemente, em vão, para vencê-la; mas perdi os sentidos, ficando, durante muito tempo, em condições comatosas.

Apesar do meu espírito não ter ficado muito afastado do corpo, pude ver-me estendida na cama.

Minha inteligência estava alhures e não desejava voltar. Na nova ambiência em que me achava, havia outras inteligências iguais às minhas. Foram elas que me obrigaram a entrar em meu corpo material.

Quanto o lamento! Era tão feliz lá onde estava! Tudo era belo em torno de mim e eu desejaria aí ficar para sempre!

Encontrei-me, não sei como, num parque maravilhoso, em que as árvores, majestosas, eram de mil cores; essas cores se combinavam e fundiam com ondas de harmonia celeste, impossíveis de descrever...

Minha felicidade não tinha limites, porque a música que eu ouvia era uma música do paraíso.

Todos os ruídos, do mais fraco ao mais formidável, no mundo em que me achava, se transformavam em música perfeita e grandiosa, que a nada se pode comparar na Terra. Essas celestes harmonias haviam encadeado minha vontade; eu me sentia muito feliz, estava muito fascinada para poder mover-me.

Havia, porém, alguma coisa mais surpreendente ainda: minha vista dominava um horizonte infinito e eu podia ver, simultaneamente, de todos os lados.

Fiquei-me, por muito tempo, a escutar e a contemplar, sem perceber ninguém em torno de mim, mas sabendo, ao mesmo tempo, que não estava só.

Em seguida, de repente, sem que percebesse o que acontecia, vi-me rodeada de inteligências de que conhecera a presença por intuição.

Minha felicidade chegou ao seu auge, quando, entre elas, notei minha mãe, com a qual conversei bastante tempo. Vi também outros parentes e amigos...

Ah! Que mundo sublime era aquele! Não me queria retirar dali; estava abalada pelo pensamento de voltar para cá, para este mundo vil, em que sufocamos, em que sofremos! Consolo-me, pensando que para lá voltarei um dia e para não mais deixá-lo.

Depoimento de Mlle. M..., de 18 anos, ao Dr. Montin, da Faculdade de Medicina de Paris, publicado em 1898, na revista *Light*.

5. AS PESSOAS QUE ESTAVAM ACOMPANHANDO O MORIBUNDO OUVIRAM UM CANTO E UM HINO TRANSCENDENTAL MARAVILHOSO

Às duas horas da madrugada, o meu pai entrou em agonia. Dois minutos depois disso, a minha mãe (ela tinha visto a hora) começou a ouvir, do lado exterior da janela, que está no andar superior da casa, maravilhoso canto, que acordou em minha mãe a lembrança de um jovem cantor da Igreja de São Paulo.

A voz vinha de cima e se afastava para o céu, como um eco da música do paraíso. Perceberam-se, então, três ou quatro vozes que cantavam, em coro, um hino triunfal de alegria.

O canto continuou até as 2h10, isto é, durante oito minutos; depois enfraqueceu gradualmente até extinguir-se. Meu pai se finou ao mesmo tempo que o canto.

Se a minha mãe fosse a única a ouvi-lo, não teria julgado o incidente digno de ser narrado. Mas, havia lá também a enfermeira, que era uma mulher prática e positiva, além de normal.

Quando a manifestação musical cessou, a enfermeira dirigiu-se a minha mãe (que não queria falar a respeito do que lhe tinha sucedido) e lhe disse: "A senhora ouviu também os anjos cantarem?"

Eu bem me apercebi disso, porque a vi olhar, duas vezes, com surpresa, para a janela. Se não fossem os anjos, que podia ser? Ouvi dizer que os anjos cantam, algumas vezes, quando morrem pessoas muito boas, mas é a primeira vez que ouço o canto.

Depoimento da filha de um ministro da Igreja Escocesa, para o professor Arthur Lovell, publicado em 1912, na revista *Light*.

6. A PESSOA PRESTES A MORRER OUVIU UMA MÚSICA BELA E DELICIOSA, MAS CONSEGUIU SAIR DO RISCO DE MORRER

Meu irmão, então com 15 anos de idade, caiu gravemente doente de pneumonia, e o médico que o tratava preveniu a família de que o rapaz estava em perigo de morte. O doente não tardou, com efeito, a perder a consciência, e ficou três dias nesse estado.

Quando chegou a minha vez de velar, na companhia de um amigo, ele não mais falava, nem dava sinais de vida desde 24 horas.

À meia-noite, levantou-se, abriu os olhos e perguntou donde vinha aquela música bela e deliciosa. Repetiu a frase muitas vezes, acrescentando que nunca tinha ouvido música tão bela e perguntou se a percebíamos.

Meu amigo me disse que este sinal era precursor da morte. Eu fui da mesma opinião; mas tal coisa não aconteceu. O doente continuou a escutar a música transcendental, fazendo-lhe ainda alusões muitas vezes. Em seguida, acabou por adormecer. Quando acordou, estava muito melhor e não tardou a entrar em convalescença. Vive ainda.

Depoimento de E. W. Barnet ao professor Hyslop, publicado em 1918, no *American Journal of the Society for Psychical Research*.

7. AS PESSOAS QUE ESTAVAM PRÓXIMAS DO LEITO DE MORTE OUVIRAM MELODIAS E ACORDES MUSICAIS MAJESTOSOS, TOCADOS EM UM INSTRUMENTO INVISÍVEL.

Uma noite, cerca de 1 hora, minha irmã e a enfermeira velavam a minha mãe, que estava gravemente enferma, quando a atenção de ambas foi repentinamente atraída por majestosos acordes musicais.

Pareciam tocados por um instrumento celeste. Nunca elas tinham ouvido melodias tão divinas.

Dirigindo-se à minha mãe perguntaram:

- Ouve esta música?

Respondeu-lhes ela:

- Não ouço nada.

Nesse momento, precipitei-me no quarto, indagando:

- Donde vem esta música do paraíso?

Os acordes vibravam tão fortemente, que me haviam acordado de um sono profundo!

Enquanto eu discutia a esse respeito com a minha irmã, a música foi se enfraquecendo gradualmente até se extinguir.

Olhei para minha mãe: ela tinha morrido! Seu espírito havia se afastado do corpo, com a última nota da música transcendental.

Relato do senhor F. M. Rooke de Guildford, publicado em 1921, na revista *Light.*

8. Uma pessoa que era surda-muda, quando esteve gravemente enferma, viu as belezas do paraíso e escutou uma música angélica, com seus sentidos espirituais. A música foi ouvida também pelos seus acompanhantes

Meu cunhado, que exerce a profissão de pintor-decorador, é surdo-mudo. Um dia, em 1872, caiu gravemente enfermo de febre reumática. Os braços e as mãos ficaram dolorosamente inchados, impedindo-lhe de utilizar-se dos dedos, único meio para ele de transmitir os seus pensamentos.

A doença agravou-se rapidamente e o médico aconselhou-nos que prevenissemos os outros membros da família, para que o pudessem rever antes do falecimento.

Numa tarde, minha mulher e eu estávamos no pavimento térreo da casa para tomar chá; as crianças tinham saído. De repente, ouvimos ambos uma música maravilhosa, que vinha do quarto de João. Como ele estava só no andar de cima, ficamos profundamente surpreendidos e subimos imediatamente ao seu quarto.

Encontramo-lo deitado de costas, com os olhos fixos no teto e o rosto iluminado por um sorriso extático. Não ousamos perturbá-lo, mas chamei um vizinho para que pudesse testemunhar o acontecimento, que nos parecia estranho e extraordinário.

Depois de certo tempo (não poderia determiná-lo de maneira exata), João pareceu acordar desse estado extático e por movimentos dos lábios e outros sinais exprimia estas palavras: "Céu". "Belo".

Quando o doente entrou em convalescença e pôde exprimir-se livremente pelos dedos, disse-nos que lhe tinha sido concedido contemplar as belezas do paraíso e escutar uma música angélica a que chamou maravilhosa.

Depoimento de Septimus Allen, sendo um caso rigorosamente documentado, examinado por Podmore e publicado no *Journal of the Society for Psychical Research.*

Revelações dos espíritos, através de médiuns.

Ernesto Bozzano, em seu maravilhoso livro *A crise da morte,* apresentou as seguintes fases que ocorrem durante e após a entrada da alma no plano espiritual.

Doze pontos fundamentais concordantes

1. A alma se vê num corpo espiritual, que tem a forma humana.

1.1 Compreendi que se tratava do meu corpo espiritual, que assumia gradualmente uma forma humana.

1.2 Vi-me tal como era no curso dos melhores anos da minha mocidade; porém, infinitamente mais exuberante de vida, mais lúcida de espírito, mais ditosa.

2. A alma precisa de um certo tempo para perceber que ocorreu a morte do seu corpo material, mesmo o vendo morto.

2.1 Já não me sentia enfermo e isso me espantava grandemente. Tinha uma vaga suspeita de que alguma coisa estranha se passara;

todavia, não sabia definir de que se tratava. Meu corpo se achava estendido no leito de campanha e eu o via.

2.2 Quando meu corpo morreu, eu me julgava mais vivo do que nunca.

2.3 Vi-me estendido, calmo e imóvel, no meu leito, circunstância que me encheu de espanto, longe que estava de supor que morrera.

2.4 Me sentia como se tivera 20 anos. Era uma estupefaciente sensação de bem-estar. Mas, não tardou que me inteirasse do que significava aquele repentino restabelecimento.

2.5 Via-me tão real e tão reais via os vivos, que não chegava a fixar ideia sobre a grande mudança que se havia operado.

3. A alma passa pela revisão, reminiscência, recapitulação ou visão panorâmica dos acontecimentos vivenciados durante a sua existência material, podendo fazer um julgamento deles.

3.1 No momento da morte, revi, como num panorama, os acontecimentos de toda a minha existência. Todas as cenas, todas as ações que eu praticara passaram ante o meu olhar.

3.2 Todos os acontecimentos de minha vida me desfilaram sob as vistas, como num panorama; eram visões vivas, muito reais, em dimensões naturais, como se o meu passado se houvera tornado presente.

3.3 Lembrei-me subitamente de todos os acontecimentos da minha vida; vi e ouvi tudo que fizera, dissera, pensara, todas as coisas a que estivera associado.

4. A alma reencontra os seus familiares e amigos que já estavam no plano espiritual.

4.1 Vi que vinham ao meu encontro ora uma, ora outra das pessoas a quem mais amei na Terra e que todas acudiam a me dar as boas-vindas nas esferas dos imortais.

4.2 Vi-me acolhido, reconfortado e ajudado por pessoas que eu conhecera na Terra e que me precederam na grande viagem.

4.3 Ouvi ao meu lado doce voz de mulher, que eu conhecia bem, a me chamar pelo nome Dicky. Era minha mãe. Em seguida, outra meiga voz de mulher, que não menos familiar e querida me era, chamou-me pelo nome de Ricardo. Era minha mulher, que me precedera de alguns anos na existência espiritual.

4.4 Vi a mais querida de todas: minha mãe! Mas, quanto estava mudada! Tornei a vê-la tal como era na sua mocidade.

5. A alma passa, de imediato ou não, por um breve ou prolongado período de sono reparador.

5.1 Suponho ter passado um período bastante longo em estado de inconsciência ou de sono.

5.2 Estive mergulhado no sono durante cerca de uma semana, porque, tendo sido súbita a minha morte, meu corpo fluídico fora bruscamente arrancado do corpo somático, com um contragolpe sensível sobre o primeiro.

5.3 Pouco a pouco, uma suave sonolência me invadiu. Era mesmo tão suave, que me repousava, no curso desse período de semiconsciência, que precede ao estado de inconsciência total.

5.4 Repousei durante algum tempo. Mas, não se tratava de sono: era antes delicioso torpor.

6. Espíritos benfeitores conduzem a alma que praticou o bem para um ambiente espiritual radioso e maravilhoso.

6.1 Pareceu-me que atravessei uma paisagem nebulosa; mas dentro dessa meia obscuridade, fui conduzido a um lugar onde vi reunidos numerosos espíritos, entre os quais muitos havia que eu conhecera em vida e que tinham morrido havia já algum tempo.

6.2 Fui logo conduzida para longe dali pelos espíritos que me tinham vindo receber.

6.3 Meu pai conduziu-me depois à sua habitação, onde presentemente vivemos juntos, aguardando que mamãe venha para a nossa companhia.

6.4 Recuperando a consciência, tive a benfazeja certeza de haver efetivamente passado da morte no meio terrestre à vida em a morada espiritual: a uma vida que é realmente vida, como diz a Bíblia. E a alegria, a paz, a calma me invadiram e proporcionaram um estado de que nunca suspeitara, a suprema felicidade.

6.5 No paraíso, onde me acho, reinam o perfeito amor e a harmonia universal a se manifestarem numa glória de luz radiosa, vibrante de energias vitais, que enchem a alma de sentimentos agradáveis e de suprema alegria.

7. A alma que praticou o mal acorda num local muito desagradável.

7.1 A alma do homem, depois da morte, vai para o meio que para si próprio preparou. Não poderia ser de outro modo. Junta-se aos que se lhe assemelham. Gravita para as legiões espirituais entre as quais se achará inteiramente à vontade.

7.2 Vi-me, de um golpe, mergulhado nas mais profundas trevas. Nenhuma luz via; ao redor, mortal silêncio: era uma situação terrificante. Queria morrer e não podia! Meu espírito se precipita no abismo dos remorsos. A minha iniquidade se ergue diante de mim, como fantasma perseguidor, a me proclamar o mais miserável dos pecadores.

8. A alma que durante a sua existência carnal observou as regras éticas e morais encontra, em função dos seus próprios méritos, condições maravilhosas de vida, embora se assemelhem às coisas existentes na vida material.

8.1 As coisas no mundo espiritual parecem da mesma natureza que as que conhecemos na Terra; ainda que também pareçam diferentes, mas de modo difícil de se compreender. Elas são reais, absolutamente reais.

8.2 Embora a natureza deste mundo difira enormemente da Terra, os dois mundos se assemelham, com a diferença, porém, de que o mundo espiritual é infinitamente mais apurado, mais sublime, mais etéreo.

8.3 O espírito tem ainda necessidade de gozar das alegrias quase terrenas; de se achar entre pessoas que lhe eram familiares e caras; de se entregar às suas ocupações favoritas. Tudo isso com uma transformação para melhor, correspondente às condições espirituais em que se encontra. Repito: essa a causa por que, nas esferas espirituais próximas do mundo dos vivos, os espíritos existem em condições análogas às terrenas.

8.4 O espírito entra no estado de existência que lhe era o único possível, dadas suas condições morais, intelectuais e espirituais. O meio que o recebe é determinado pelo grau de espiritualidade em que ele se acha. Depois da morte, ganha a morada espiritual que preparou para si mesmo. São as suas qualificações espirituais que o fazem gravitar, com uma precisão infalível, para as condições de existência que correspondem matematicamente a seus méritos e deméritos.

9. A alma descobre que a vontade e o pensamento têm um grande poder criador.

9.1 No mundo dos espíritos, há a força do pensamento, por meio do qual se podem criar todas as comodidades desejáveis.

9.2 O nosso mundo é o do pensamento. Tudo o que nele se vê, toca e utiliza é uma criação do pensamento. O nosso corpo espiritual é uma criação substancial do pensamento. Em torno de nós tomam formas as criações do nosso pensamento, que se fundem e harmonizam com as criações dos pensamentos dos outros. As criações provêm da força criadora do pensamento, guiada pela vontade, para determinados fins. Tudo o que fazemos é pelo dinamismo do pensamento.

9.3 No mundo espiritual, o pensamento e a vontade são forças por meio dos quais se pode criar o que se deseje.

9.4 As habitações são construídas por espíritos que se especializaram em modelar, pela força do pensamento, a matéria espiritual.

9.5 Pela força do pensamento, combinada com a vontade, podemos criar todas as coisas de que temos necessidade.

10. A alma se comunica com as outras almas pela transmissão do seu pensamento.

> 10.1 Na vida espiritual, a transmissão do pensamento é a forma normal de conversação entre os espíritos.
>
> 10.2 A nossa conversação se opera diretamente pela transmissão dos pensamentos.
>
> 10.3 Percebemos os pensamentos nos olhos daquele que conversa conosco. O nosso interlocutor, a seu turno, percebe em nossos olhos os pensamentos que nos acodem.

11. A visão da alma é bem mais ampla, aperfeiçoada, poderosa, aguda, dilatada ou abrangente.

> 11.1 Percebia simultaneamente os objetos por todos os seus lados e não unicamente do lado exposto ao meu olhar, como sucede no mundo dos vivos. Esta faculdade de visão amplificada e aperfeiçoada produz efeitos maravilhosos.
>
> 11.2 Aqui vemos o objeto simultaneamente de todos os lados. É realmente maravilhosa a faculdade visual do espírito.

12. A alma consegue se locomover, de modo fácil e rápido, de um local para outro, pela força de sua vontade e de seu pensamento.

> 12.1 Ao pensar em meu filhinho, vi-me logo transportado à minha casa, onde o contemplei a dormir na sua caminha. Distinguia-o tão bem como com os olhos do corpo. Pensei em minha mãe e logo me achei ao seu lado. Vi-a acordada na cama.
>
> 12.2 Era indescritível a beleza da paisagem. A paisagem terrena também é bela. Mas, a celeste é muito mais maravilhosa. Caminhava; entretanto, meus pés não tocavam o solo. Deslizava sobre este, como sucede nos sonhos. Surpreendeu-me a rapidez com que me transportava. Pensava em me achar num dado lugar e no mesmo instante lá me encontrava.

OITO DETALHES SECUNDÁRIOS CONCORDANTES:

1. A alma que cresceu em sabedoria e cultivou as virtudes é sempre bem recebida, acolhida e amparada pelos benfeitores espirituais, durante e após o seu processo de desencarnação.

> 1.1 Quando chegou o instante fatal, o corpo etéreo, que penetra o corpo carnal, começa gradualmente a se libertar deste último, à medida que a vitalidade o vai abandonando. Desde que o corpo etéreo se haja libertado do corpo carnal, outros espíritos intervêm para auxiliar o recém-desencarnado.
>
> 1.2 Todos os espíritos, quase sem exceção, quando saem da crise da morte, são acolhidos pelos guias mais bem indicados para os reconfortar, aconselhar e assistir.

2. O corpo espiritual e a alma se deslocam para acima do seu corpo material que acabou de morrer.

> 2.1 Senti-me levantado acima do meu cadáver, a pequena distância dele, donde eu divisava distintamente as pessoas que me cercavam o corpo. Não saberia dizer por que poder cheguei a me desprender e a me elevar no ar.
>
> 2.2 Percebi estranhas luminosidades, singulares filamentos luminosos. Senti-me em seguida a flutuar no espaço e a minha mentalidade se tornou muito límpida. Os espíritos me informaram de que iam ajudar-me, com seus conselhos, para me facilitarem a ruptura dos filamentos luminosos que ainda me ligavam ao corpo.

3. A alma, tendo entrado no plano espiritual, não percebe, de imediato, qualquer alteração em sua personalidade, mentalidade, qualidades intelectuais e morais, sentimentos e pensamentos. Só aos poucos vão surgindo as novas capacidades e possibilidades.

> 3.1 Se bem me haja conservado, substancialmente, a mesma personagem, vi desenvolverem-se em mim faculdades e potencialidades,

que me abriram novo campo, imenso, de atividades nunca antes imaginadas.

3.2 Varre da mente a ideia de que me encontro muito longe do meio onde vivi. Eu estarei sempre em relação com vós todos. O amado companheiro de minha vida e meus filhos constituem o laço único que me prende ainda ao mundo dos vivos.

4. A alma tem a força da vontade e do pensamento para transformar a matéria sutil que ela encontra ao seu dispor no plano espiritual, podendo criar com ela o que necessita no seu cotidiano.

4.1 Podemos transformar certas coisas que vemos em torno de nós, unicamente pelo desejarmos que elas se transformem. Porém, não o podemos fazer senão com objetos de pouca importância. Podemos transformar coisas pequeninas, quando isso a ninguém aborreça, a ninguém prejudique.

4.2 Quanto ao meio ambiente, em geral, somos sempre nós que contribuímos para a sua criação; cada um traz para ali uma pequena parte do todo.

5. A alma viciosa conserva, por tempo bastante variável, os seus maus hábitos e suas más paixões. Então, permanece ligada, por um período de tempo mais ou menos longo, ao meio ambiente em que viveu no mundo material; sentindo a ilusão de que o seu corpo carnal ainda continua vivo; e tentando, muitas vezes, influenciar e atuar sobre as pessoas vivas.

5.1 Muitos espíritos recém-chegados não resistem ao abalo mental que lhes causou a mudança que se produziu. Então, passam o tempo a frequentar, ou, antes, a assombrar, o meio onde viveram e ao qual se veem psiquicamente presos. O que há de pior é que essas almas podem permanecer ligadas ao mundo durante anos e mesmo durante séculos.

6. A alma que não se esforçou para conquistar o progresso moral experimenta limitações em sua visão espiritual. Assim, não consegue enxergar os espíritos que lhe são superiores, porque estabeleceu grande densidade no padrão vibratório do seu corpo espiritual.

> 6.1 Algumas vezes, os espíritos desencarnados, ao se acharem sós num meio desconhecido, são tomados de grande pavor; mas isso só se dá com os que em vida foram profundamente egoístas e nunca dirigiram seu pensamento a Deus. Contudo, em chegando o momento, esses espíritos são ajudados e animados, a sua vez, por seus espíritos-guias. Mas preciso lhes é, primeiro, adquirirem uma espiritualidade suficiente para se acharem em condições de perceber os espíritos-guias.
>
> 6.2 A voz ressoa muito perto de meu ouvido; entretanto, meus olhos não a veem e meus sentidos não lhe percebem a presença.
>
> 6.3 Meu pai e minha mãe se nos tornaram invisíveis, por terem seus corpos espirituais atingido o grau máximo de purificação, conciliável com as condições da nossa esfera de existência.

7. A alma que entrou num estado de perturbação mental muito grande, durante a crise da morte, não consegue, de imediato, estabelecer relação com os seus espíritos familiares.

> 7.1 Os acessos de soluços, a asma e os outros sintomas bronquiais, que me haviam atormentado no momento da morte, continuavam a afligir-me, quando abri os olhos para a vida espiritual. Mas, enquanto me senti oprimido pelos sintomas em questão, impossível me era acreditar na minha morte.

8. A alma que engrandeceu as suas condições morais e mentais recebe, logo após o momento da morte, a ajuda dos benfeitores espirituais.

> 8.1 Desde que me convenci de estar morto, as coisas mudaram. Vi-me cercado de espíritos que pareciam desejosos de me assistirem.

Três ocorrências concordantes importantes

1. A alma sente-se abalada com a forma negativa com que os seus familiares encaram a morte do seu corpo material. Isso lhe causa prejuízo, dificultando a sua adaptação à vida espiritual.

> 1.1 Via minha filha acabrunhada de dor. Esse estado d'alma parecia deslizar uma nuvem escura, entre ela e mim. Desejo saibam que as crises excessivas de dor, junto dos leitos mortuários, constituem imensa barreira entre os vivos, que delas se deixam tomar, e o espírito do defunto por quem eles choram. Trata-se de uma barreira real e intransponível. Mais ainda, as exageradas crises de dor retêm presos ao meio terrestre os espíritos desencarnados, retardando sua entrada no mundo espiritual. Concito os vivos que se mostrem fortes, abafando toda manifestação de mágoa e apresentando-se de aspecto calmo nos funerais.

2. A alma, depois que se adaptou às novas condições de vida existentes no plano espiritual, escolhe as suas novas ocupações e atividades, tornando-se útil aos outros.

> 2.1 Acho-me aqui ativamente ocupado. O mesmo se dá com todos.

3. A alma, uma vez adaptada às condições de vida que mereceu, recupera as suas antigas memórias, podendo se recordar, inclusive, das suas reencarnações anteriores.

> 3.1 Os meus companheiros espirituais me informaram que eu recuperaria gradualmente a lembrança de acontecimentos pessoais que se estendem muito para além da minha última existência terrestre, abrangendo recordações de um tempo em que habitei o mundo espiritual, que é a nossa verdadeira morada. Começo, com efeito, a lembrar-me. Eles me informaram que se lembravam claramente de todas as existências que viveram no planeta Terra. Eu mesma principio a recordar-me das fases de existências encarnadas, anteriormente à que acabei ultimamente.

- 9 -
A GRANDE EXPANSÃO DO ESPIRITISMO NO BRASIL

No Brasil, o movimento espírita começou com as reuniões realizadas na intimidade dos lares, para os familiares estudarem os princípios do espiritismo e praticarem os ensinamentos contidos nos livros de Allan Kardec. Somente com o crescimento do número dessas reuniões, passaram a ser formados os primeiros grupos organizados, para o estudo, divulgação, defesa e prática dos princípios espíritas, bem como para a realização das sessões para o desenvolvimento da mediunidade.

Os livros de Allan Kardec chegaram ao país logo após os lançamentos, devido às fortes influências políticas, econômicas, culturais, religiosas e artísticas que os países europeus, notadamente a França, exerciam sobre os habitantes dos principais municípios brasileiros. Assim, poucos anos depois de 1857, os primeiros livros da Codificação Kardequiana chegaram no Brasil.

Primeiro livro de Kardec publicado no Brasil

Em 1862, foi publicada, em português, a brochura de Allan Kardec intitulada *O espiritismo na sua expressão mais simples*. Foi traduzida do francês por Alexandre Canu, disponibilizando para os brasileiros de todas as classes sociais os conhecimentos dos princípios espíritas, que eram conhecidos apenas pelas pessoas das classes mais altas e esclarecidas, que conheciam a língua francesa.

SALVADOR, BAHIA

Na cidade de Salvador, o movimento espírita começou a ser melhor estruturado a partir da constituição do Grupo Familiar do Espiritismo, em 17 de setembro de 1865, sob a liderança de Luís Olímpio Teles de Menezes.

Esse grupo tinha por objetivo principal propagar os princípios da doutrina espírita e incentivar a criação de outras sociedades semelhantes em todas as partes do país.

A partir desse primeiro núcleo bem organizado, houve o contínuo engrandecimento do movimento espírita em muitos municípios do Estado da Bahia, com repercussões em outras localidades dos Estados brasileiros.

Com a fundação do Grêmio dos Estudos Espiríticos, por iniciativa do próprio Luís Olímpio, ocorreu, em julho de 1869, o lançamento do jornal *Eco d'Além-Túmulo*, para a propagação da doutrina espírita para todas as regiões do Brasil.

Esse primeiro periódico espírita ganhou popularidade, estimulando Teles de Menezes a escrever, em setembro de 1874:

> Levando a ideia espirítica a todos os pontos do Brasil, hoje ela já se agita em todas as províncias, e já nalgumas se têm formado grupos e sociedades, como no Pará, Maranhão, Pernambuco e no Rio de Janeiro, onde as ideias espiríticas mais extensamente têm progredido, graças aos esforços de dois fervorosos adeptos, o professor M. Casimir Lieutau e a senhora viúva Perret Collard, médium psicógrafo.

RIO DE JANEIRO, CAPITAL DO PAÍS

Na cidade do Rio de Janeiro, ocorreu a fundação, em 2 de agosto de 1873, da Sociedade de Estudos Espiríticos - Grupo Confúcio. Ela passou a aglutinar os espíritas, graças aos empenhos de Francisco de Siqueira Dias Sobrinho, Antônio da Silva Neto e Francisco Leite de Bittencourt Sampaio.

O Grupo Confúcio tinha por objetivo o estudo, prática e propagação da doutrina espírita, além do exercício da caridade por parte dos espíritas.

Mas, foi com a publicação, em 1875, de *O Livro dos Espíritos*, de Allan Kardec, pela Casa Garnier, do livreiro B. L. Garnier, traduzido para a língua portuguesa pelo doutor Joaquim Carlos Travassos, que a população brasileira passou a ter acesso fácil ao conhecimento dos princípios do espiritismo. O sucesso desse livro foi tal, que Travassos se dedicou à tradução para o português das demais obras de Allan Kardec, para serem lançadas pela Editora Garnier.

Em decorrência do contínuo aumento no número de pessoas espíritas, ocorreram: a fundação, em 23 de março de 1876, da Sociedade de Estudos Espíritas Deus, Cristo e Caridade, sob a orientação de Bittencourt Sampaio; o surgimento, em 20 de maio de 1877, da Congregação Anjo Ismael; a constituição, em 8 de junho de 1878, do Grupo Espírita Caridade; a fundação, em 21 de março de 1880, do Grupo Espírita Fraternidade, e, em 8 de junho de 1881, do Grupo Espírita Humildade e Fraternidade, ambos com a colaboração de Bittencourt Sampaio; a criação do Centro da União Espírita do Brasil, em 3 de outubro de 1881, graças aos empenhos de Afonso Angeli Torteroli, Carlos Joaquim de Lima e Cirne, Augusto Elias da Silva, Siqueira Dias e Antônio Pinheiro Guedes; o lançamento, em 21 de janeiro de 1883, da revista *O Reformador*, por Augusto Elias da Silva; a organização, a partir de 27 de janeiro de 1884, da Federação Espírita Brasileira (FEB), com a eleição para presidente do major Francisco Raimundo Ewerton Quadros, que persistiu no objetivo de unificar o movimento espírita e propagar o espiritismo, através da publicação de livros. Porém, somente após a eleição para presidente, em 3 de agosto de 1895, do respeitável dr. Adolfo Bezerra de Menezes Cavalcanti, que a FEB assentou as suas atividades na prática dos princípios cristãos contidos em *O Evangelho segundo o Espiritismo*, conquistando projeção nacional e internacional.

São Paulo, capital do Estado

Na cidade de São Paulo, em setembro de 1886, surgiu o jornal *Espiritualismo Experimental*, lançado por Francisco dos Santos Cruz Júnior, servindo de importante veículo de difusão dos princípios espíritas nas mais diversas localidades do Brasil. Mas, foi com o persistente empenho de Antônio Gonçalves da Silva - conhecido pelo apelido Batuíra -, a partir de 1890, que o movimento espírita floresceu na capital paulista e se estendeu para muitos outros municípios do Estado de São Paulo. Batuíra percebeu o crescente interesse da população em conhecer os princípios espíritas e lançou o veículo quinzenal de difusão e defesa do espiritismo, intitulado *Verdade e Luz*. Este jornal chegou a uma tiragem de até 15 mil exemplares, difundindo artigos e mensagens de espíritas famosos para muitas localidades brasileiras.

Matão, Estado de São Paulo

Na cidade de Matão, no interior do Estado de São Paulo, Cairbar Schutel aderiu ao movimento espírita, tornando-se o fundador, em 15 de julho de 1905, do Centro Espírita Amantes da Pobreza. Em 15 de agosto de 1905, ele lançou o jornal *O Clarim*, cujo sucesso serviu de estímulo para o lançamento de diversos livros espíritas, a partir de 1911. Em 15 de fevereiro de 1925, ele lançou a *Revista Internacional de Espiritismo*, para a publicação de artigos de muitos espíritas ilustres, inclusive da Europa, o que fortaleceu ainda mais a expansão do espiritismo no Brasil.

Sacramento, Estado de Minas Gerais

Na cidade de Sacramento, em 1905, Eurípedes Barsanulfo tornou-se adepto do espiritismo, em decorrência da sua participação em reuniões no Centro Espírita Fé e Amor, dirigido por seus parentes do povoado de Santa Maria.

Com base em seus estudos das obras de Allan Kardec, ele decidiu fundar, nessa sua cidade natal, o Grupo Espírita Esperança e

Caridade, onde ele próprio desenvolveu diversos tipos de mediunidade. Com seu espírito empreendedor, inaugurou um colégio, com o nome do codificador da doutrina espírita, para oferecer educação gratuita aos pobres e órfãos da localidade. Organizou ainda uma farmácia, para socorrer as pessoas doentes, aflitas e sofredoras, chamando a atenção para a prática da caridade, que é a bandeira hasteada pelo espiritismo.

Pedro Leopoldo, Estado de Minas Gerais

Em época de plena expansão do movimento espírita em diversos municípios do Brasil, possibilitando a estruturação de muitos novos centros espíritas e o aumento considerável do número de espíritas e médiuns atuantes, de todas as classes sociais, mesmo enfrentando as polêmicas que eram lançadas pelos opositores e líderes das instituições religiosas predominantes, ocorreu a inesperada adesão ao espiritismo, em maio de 1927, de Francisco Cândido Xavier, com apenas 17 anos de idade, na cidade de Pedro Leopoldo.

Repercussões da Primeira Grande Guerra no movimento espírita

A Primeira Guerra Mundial, de 1914 a 1918, abalou profundamente apenas as grandes potências econômicas, militares e imperialistas, com as enormes destruições ocorridas principalmente na França, Inglaterra e Itália. Nesses países, o movimento espírita já tinha se desenvolvido bastante, quando passaram a ser implantados os regimes autoritários, que inibiram os movimentos que pregavam a prática da fraternidade, solidariedade e caridade entre os povos do mundo.

Com isso, o movimento espírita passou por grande abalo e desestruturação nos principais países da Europa. Em seguida, vieram a ocorrer os falecimentos de notáveis personalidades espíritas, como William Fletcher Barrett, em abril de 1925; Camille Flammarion, em junho de 1925; Gabriel Delanne, em fevereiro de 1926; Léon Denis, em abril de 1927, e de Arthur Conan Doyle, em 1930.

Repercussões da depressão econômica de 1929

Para continuar comprometendo bastante as tentativas de reconstrução e recuperação econômica iniciadas na Europa, no pós-guerra mundial, estourou a grande depressão econômica de 1929. Então, isso afetou principalmente os Estados Unidos, com reflexos danosos nos principais países europeus, que continuaram suportando crises nas economias mundiais, nos primeiros anos da década de 1930.

Impactos suaves no movimento espírita brasileiro

Embora os principais países do mundo tivessem experimentado grandes abalos, crises e desestruturações no período de 1910 a 1935, o Brasil foi muito pouco atingido, porque deu início ao seu processo de industrialização.

As importantes vendas externas de café foram bastante afetadas, mas, em boa parte, compensadas com os benefícios econômicos decorrentes da industrialização e dos regimes políticos desenvolvimentistas. Com isso, as repercussões negativas foram suaves, inclusive no movimento espírita dedicado à divulgação e prática dos princípios espíritas, baseados na existência de Deus, imortalidade da alma, reencarnação e prática das virtudes cristãs: amor, fé, oração, caridade, humildade, perdão e fraternidade.

Portanto, num mundo em grandes transformações políticas, econômicas e sociais, no início do século XX, o movimento espírita no Brasil continuou com o seu crescimento natural, fortalecido cada vez mais com a adesão de novos adeptos e médiuns de todas as classes sociais, o que estimulou a formação de muitos novos grupos espíritas, que se estenderam para a maioria dos municípios brasileiros.

Novos abalos decorrentes da Segunda Grande Guerra

A Segunda Guerra Mundial, de 1939 a 1945, foi mais devastadora para as grandes potências do mundo, que colocaram as suas capacidades econômica, industrial, científica e tecnológica a serviço das vitórias nas batalhas ferrenhas, com surpreendente poder bélico.

Com isso, o movimento espírita, que havia florescido nos principais países da Europa, veio a fenecer, inclusive com o falecimento, na Itália, de Ernesto Bozzano, em junho de 1943.

Mas, no Brasil, felizmente, as repercussões da Segunda Grande Guerra foram pequenas, porque o país se tornou um aliado militar dos Estados Unidos, que foram o maior beneficiado com essa nova grande guerra, tornando-se a nação mais rica do que qualquer outra nação do mundo.

Em decorrência disso, a população brasileira muito pouco sentiu dos reflexos danosos dos conflitos armados, principalmente na Europa, continuando a experimentar os benefícios do desenvolvimento econômico, alicerçado em seu processo de industrialização.

Portanto, o movimento espírita no Brasil teve um crescimento sustentado desde o seu surgimento, o qual se fortaleceu ainda mais com a crescente urbanização no país e, principalmente, com os trabalhos voluntários que passaram a ser desenvolvidos pelos novos e valorosos espíritas e médiuns.

- 10 -
FRANCISCO CÂNDIDO XAVIER E A ALMA DEPOIS DA MORTE

EM 21 DE JUNHO de 1927, o casal José Hermínio Perácio e Carmem Pena Perácio fundou, na cidade de Pedro Leopoldo, MG, contando com a participação de diversos companheiros espíritas da localidade, o Centro Espírita Luiz Gonzaga. Nesse local, o jovem Francisco Cândido Xavier, com apenas 17 anos de idade, desenvolveu de modo seguro a sua mediunidade, que lhe permitiu produzir centenas de livros psicografados, que vieram a engrandecer de modo surpreendente o movimento espírita.

A Federação Espírita Brasileira (FEB) publicou, em julho de 1932, o seu primeiro livro psicografado, intitulado *Parnaso de Além-Túmulo*. As boas repercussões da publicação desse livro contendo poemas extrapolaram o meio espírita, alcançando o já sólido meio literário brasileiro.

Depois do sucesso desse primeiro livro, Chico Xavier produziu e passou a publicar anualmente muitos outros novos livros, psicografados por inúmeros espíritos autores, nos mais variados estilos literários. Com isso, chegou a publicar um total de 412 obras inusitadas, até a data de seu falecimento, que ocorreu em 30 de junho de 2002.

A ALMA DURANTE E APÓS A MORTE DO SEU CORPO MATERIAL

Especificamente com relação às condições de vida que a alma encontra no plano espiritual, durante e após a morte do seu corpo material, Chico Xavier publicou principalmente os seguintes livros: *Cartas de uma morta*, do espírito de sua própria mãe, Maria João de Deus; *Justiça Divina*, do espírito Emmanuel; a série de livros do espírito André Luiz; *Voltei*, do espírito Irmão Jacob. Além dessas obras, foram ainda publicadas centenas de cartas consoladoras, que muitos espíritos enviaram aos seus familiares e entes queridos, narrando o que lhes sucedeu, quando a alma entrou em processo de desencarnação.

Os vinte itens, a seguir apresentados, permitem a confirmação das fases que a alma passa, durante e após a morte do seu corpo material, estabelecidas desde Allan Kardec. Eles contêm frases selecionadas, extraídas das obras acima citadas, para a corroboração dos elementos já catalogados nos capítulos anteriores:

1. A alma entra num período de perturbação, quando tem início o seu processo de desencarnação. Então, cai num estado de inconsciência, desmaio, torpor ou sono:

> 1.1 Achei-me sob indefinível sentimento de medo, que me aniquilou a totalidade das fibras emotivas. Um choque de dor brusca dominou-me a alma e eu perdi a consciência de mim mesma.
> 1.2 Um torpor invencível veio a mim e desmaiei.
> 1.3 Veio um sono grande a que me entreguei vencido.

2. Antes que entre num sono, a alma pode escutar o médico declarar que ocorreu a morte do seu corpo material:

> 2.1 Quando o médico pronunciou a notícia que o óbito se fizera, ainda estava com os ouvidos funcionando entre as duas vidas.

3. Depois que desperta do sono reparador, a alma vê-se em regiões, lugares e ambientes muito variados do plano espiritual, dependendo das suas condições mentais e morais, que determinaram principalmente o grau de sutileza e leveza do seu corpo espiritual:

> 3.1 Acordei num quarto de hospital, arejado e reconfortante.
> 3.2 Me achava numa instituição de tratamento.
> 3.3 Despertei sonolento em casa.
> 3.4 Vi que estava em nossa casa.
> 3.5 Estava em meu próprio leito, refazendo as energias.

4. A alma que não se esforçou em praticar as virtudes e fazer o bem acorda em regiões escuras do plano espiritual:

> 4.1 Depois do grande sono, foi o despertar na paisagem úmida e escura e a grande caminhada que parecia sem-fim.

5. A alma que cometeu suicídio geralmente desperta perturbada em regiões escuras e em condições de vida aflitivas, em decorrência do seu estado mental e íntimo e das condições densas do seu corpo espiritual:

> 5.1 Eu caí numa tremenda escuridão. O que se passou, não tenho vocábulos para contar. Quanto tempo me arrastei naquelas sombras densas, arrependido e infeliz, não sei dizer.
>
> 5.2 Tenho o coração doente e a cabeça ainda bastante desorientada. Não tenho palavras para descrever o meu arrependimento... Apenas ignoro como conseguirei rearticular o meu organismo, agora dilapidado.

6. Os espíritos benfeitores, familiares e amigos socorrem a alma que está em processo de desprendimento do seu corpo material:

> 6.1 Hoje sei que naqueles angustiosos momentos muitos seres se conservavam, embora intangíveis, ao meu lado, amparando-me com seus braços tutelares e compassivos; porém, não os distinguia.

7. O enfraquecimento do corpo material possibilita, algumas vezes, que a alma já enxergue e ouça o que se passa no lado espiritual da vida:

> 7.1 O agonizante inspirava dó. Abriram-se para ele certos centros psíquicos, no avançado abatimento do corpo, e o infeliz passou a enxergar os desencarnados que ali se encontravam, não longe dele, na mesma esfera evolutiva. Não nos identificava, ainda, a presença, como seria de desejar, mas observava, estarrecido, a paisagem interior.

8. A alma em processo de desencarnação pode sentir o seu corpo espiritual deslocar-se do seu corpo material e ir para uma região de luz, através de um túnel muito escuro ou tubo extenso:

> 8.1 Observei que uma força vigorosa me deslocava para fora de mim mesmo, e orei... O resto foi uma espécie de impulso externo para um túnel muito escuro que varei, de improviso, reconhecendo-me em plena luz, do outro lado. O espaço a que me vi arremessado parecia igualmente um tubo extenso, através do qual pude ver o meu corpo imóvel.

9. Os benfeitores espirituais participam do complexo processo de desencarnação, separando a alma (com o seu corpo espiritual) do seu corpo material, que faleceu:

> 9.1 Aproveitou a serenidade ambiente e começou a retirar o corpo espiritual de Fernando, desligando-o dos despojos, reparando eu que iniciara a operação pelos calcanhares, terminando na cabeça, à qual, por fim, parecia estar preso o moribundo por extenso cordão, tal como se dá com os nascituros terrenos. Aniceto cortou-o com esforço.
>
> 9.2 Iluminada entidade que evidenciava grande interesse pelo agonizante, acercou-se do Assistente, indagando se o decesso fora marcado para aquele dia. - Sim - esclareceu o interpelado —, a resistência orgânica terminou. Estamos autorizados a aliviá-lo, o que faremos hoje, alijando-lhe o fardo pesado de matéria densa.
>
> 9.3 Há três regiões orgânicas fundamentais que demandam extremo cuidado nos serviços de liberação da alma: o centro vegetativo, ligado ao ventre, como sede das manifestações fisiológicas; o centro emocional, zona dos sentimentos e desejos, sediado no tórax; e o centro mental, mais importante por excelência, situado no cérebro.
>
> 9.4 Depois da ação desenvolvida sobre o plexo solar, o coração e o cérebro, desatado o nó vital, Fábio fora completamente afastado do corpo físico. Por fim, brilhava o cordão fluídico-prateado, com formosa luz. Uma hora depois da desencarnação, Jerônimo cortou o apêndice luminoso.

9.5 Efetivamente, só no derradeiro minuto interveio Jerônimo para desatar o apêndice prateado. A agonizante estava livre, enfim!

10. Durante o processo de desencarnação, a alma, com o seu corpo espiritual, pode deslocar-se para uma posição acima do seu corpo material:

10.1 Dimas-desencarnado elevou-se alguns palmos acima de Dimas-cadáver, apenas ligado ao corpo através de leve cordão prateado, semelhante a sutil elástico, entre o cérebro de matéria densa, abandonado, e o cérebro de matéria rarefeita do organismo liberto.

10.2 Dona Elisa projetou-se, por fim, em nosso meio, mantendo-se, porém, ainda ligada ao veículo físico por um laço de prateada substância. Abatida e atormentada, flutuou sobre o leito, ligada aos despojos pelo tênue fio a que nos referimos.

10.3 Vira-se flutuar sobre o próprio corpo adormecido... Logo após, o sono invencível.

11. A alma que permaneceu com a consciência alerta, durante o seu particular processo de desencarnação, pode ver o seu próprio corpo material que morreu:

11.1 Alcebíades Neto me enlaçou e mostrou-me o corpo que me servira tanto.

11.2 Perplexo, vi meu corpo repousando, à maneira de uma escultura de células.

11.3 Dizer à senhora o que senti quando me vi em duplicata, não posso nem tentar.

11.4 Tentava debalde retomar o meu corpo sem vida.

12. A alma, quase sempre, durante ou depois da desencarnação, passa pela revisão dos fatos que ocorreram durante a sua existência no corpo material, podendo avaliar se foram boas ou más as suas atitudes e ações:

12.1 Como se a memória fosse possuída de um admirável poder retrospectivo, comecei a ver todos os quadros da minha infância e juventude, relembrando um a um os mínimos fatos da minha existência relativamente breve.

12.2 Reviu apressadamente o passado. Todas as cenas da infância, da mocidade e da madureza reapareceram de inesperado no templo da memória, como que a convidá-la a escrupuloso exame de consciência.

12.3 Recapitulara, não sabia como, todas as fases de sua curta vida. Voltara no tempo. Reconstituíra todos os dias já vividos.

12.4 Tive uma série de sonhos que recapitulavam os mínimos fatos de minha existência.

12.5 Tive um sono pesado em que as lembranças do passado me renasciam na memória.

13. A alma sente-se tão viva que, geralmente, precisa de algum período de tempo, breve ou longo, para perceber, ser alertada e ficar consciente de que o seu corpo material morreu:

13.1 Ouvi que o oferecimento das preces era feito em intenção de minha alma. Senti-me só, ativa, ágil, como se despertasse naquele instante... Ah! Eu morrera...

13.2 Tenho a obrigação de assegurar-lhe que não mais pisamos a Terra que nos era comum e sim num departamento da vida espiritual.

13.3 A lucidez não me abandonara. Tia Carminha não era mais nossa. Partira para Deus. Foi a tia Carminha quem se ergueu e veio a mim.

13.4 Custei, mas custei muito a reconhecer que estávamos separadas.

14. A alma descobre que tem um corpo espiritual, em tudo semelhante ao corpo material que morreu:

14.1 Acordara num corpo em tudo semelhante àquele que perdera.

14.2 Me via num corpo em tudo semelhante àquele que me havia servido.

14.3 Observando o corpo diferente, mas igual ao que usara no mundo físico, fiz várias perguntas à minha avó.

14.4 Não tenho mais a pele ferida e os meus cabelos estão como no retrato melhor.

14.5 Tanto a nossa Egle, fulminada pelo acidente vertiginoso, quanto eu mesma, portadora de uma doença longa, estamos íntegras em nossa forma, sem qualquer constrangimento ou alteração.

14.6 Meu corpo adquiriu a harmonia que eu sonhava, meus pés estão perfeitos, meus braços bem postos e minha voz está fácil, tão fácil, como não poderia imaginar acontecesse.

15. A alma reencontra os seus familiares e entes queridos já falecidos, após a sua entrada na vida espiritual:

15.1 Vi minha mãe a contemplar-me com a melhor das expressões de ternura e amor.

15.2 Vi minha mãe entrar de braços estendidos. Não posso dizer o que se passou então.

16. A alma recém-desencarnada descobre, com o passar do tempo, o poder enorme da vontade e do pensamento:

16.1 Na vida livre, o pensamento é quase tudo. Tudo se subordina aos ditames de uma vontade potente.

17. A alma se comunica com os outros espíritos através da transmissão do seu pensamento:

17.1 Nem todos precisam de aparelhos de comunicação para conversar a distância, por se manterem entre si, num plano de perfeita sintonia de pensamentos. Os que se encontram afinados desse modo, podem dispor, à vontade, do processo de conversação mental, apesar da distância.

17.2 Permutavam impressões, telepaticamente, reconhecendo com mais clareza que lhes era possível conversar pelo idioma do pensamento, de modo espontâneo. Guardavam a convicção de ler na alma, como num livro aberto.

18. A alma, com o passar do tempo, adquire a capacidade de se deslocar rapidamente, podendo inclusive visitar o seu antigo lar e rever os seus familiares e entes queridos que permaneceram no mundo material:

> 18.1. Sentia-me na posse das faculdades volitivas, que obtivera com o meu desprendimento da vida carnal, e, numa fração infinitésima de tempo, estava ao vosso lado. Ah! Como vos abracei a todos, emocionada e recolhida!
>
> 18.2. Aqui os habitantes mais elevados da colônia dispõem do poder de volitação.
>
> 18.3. Nesse dia, voltei a Nosso Lar em companhia de Narcisa e, pela primeira vez, experimentei a capacidade de volitação. Num momento, ganhávamos grandes distâncias.
>
> 18.4. Solicitei permissão para transportar-me até o nosso ambiente e lá me fui. Pude ir em casa, em nossa casa mesmo. Revi todos.
>
> 18.5. Já fui à nossa casa, muitas vezes, e agradeço as preces de todos.

19. A alma encontra na vida espiritual as condições de vida aperfeiçoadas, mas que ainda se assemelham em muito com as existentes na vida carnal:

> 19.1 Imagina a Terra, cheia de suas belezas naturais, porém, moralmente mais aperfeiçoada e terás a imagem dessa segunda esfera que me serve de habitação. Temos casas, pássaros, animais, reuniões, institutos como os das famílias terrenas, onde se agrupam os espíritos através das mais santas afinidades. A arte aqui é mais linda e mais perfeita e, como o culto a Deus, faz parte integrante de todas as coisas de nossa nova vida, há muita alegria entre nós.
>
> 19.2 Impressionavam-me, sobretudo, os aspectos da Natureza. Quase tudo, melhorada cópia da Terra. Cores mais harmônicas, substâncias mais delicadas. Forrava-se o solo de vegetação. Grandes árvores, pomares fartos e jardins deliciosos.

20. A alma, depois que se adaptou às novas condições de vida que mereceu encontrar no plano espiritual, precisa escolher as suas ocupações e atividades preferidas, para ser útil aos outros e continuar o seu processo evolutivo, em termos intelectuais e morais:

> 20.1 Um ano se passou em trabalhos construtivos, com imensa alegria para mim. Aprendera a ser útil, encontrara o prazer do serviço experimentando crescente júbilo e confiança.
>
> 20.2 Trabalhei intensamente. Consagrei-me ao estudo sério, ao melhoramento moral de mim mesma, busquei ajudar a todos, sem distinção, em nosso antigo lar terrestre.

Grandioso legado de Chico Xavier, bem como de muitos outros espíritas e médiuns

O espiritismo se tornou muito sólido em seus princípios, fundamentos e práticas, graças às contribuições de muitos espíritas e médiuns notáveis. Suas obras e realizações valiosas corroboraram, complementaram e ampliaram os conhecimentos das relações existentes entre as vidas espiritual e material, inclusive elucidando claramente as realidades e condições de vida que a alma encontra após o seu retorno ao plano espiritual.

Chico Xavier, com suas nobres qualidades pessoais e suas 412 obras psicografadas, legou-nos exemplos de trabalhos perseverantes e lições para a prática das virtudes. Além disso, muitos outros espíritas e médiuns também concretizaram no movimento espírita grandiosas realizações. Entre estes estão, principalmente, os médiuns Divaldo Pereira Franco, Yvonne do Amaral Pereira, Carlos Baccelli, Vera Lúcia Marinzeck de Carvalho, sem qualquer desmerecimento às contribuições valiosas prestadas por muitos outros.

Com isso, o espiritismo fortaleceu-se enormemente ao longo do tempo, engrandecendo os milenares princípios, conhecimentos e práticas espiritualistas.

PARTE DOIS

Casos detalhados de desencarnação, psicografados por diferentes médiuns, desde Allan Kardec

Os resumos dos casos apresentados nos capítulos seguintes foram extraídos de diversos livros espíritas, relacionados na bibliografia desta obra.

Eles contêm detalhes impressionantes e valiosíssimos sobre as ocorrências para a alma que aporta no plano espiritual, após a morte do seu corpo material, encontrando condições de vida bem variadas, em consequência das boas ou más obras que tenha realizado durante a sua vida material.

Os resumos dos textos falam por si mesmos, dispensando quaisquer comentários adicionais. Porém, o leitor deve sempre ter em mente que:

> A desencarnação não é igual para todos; não há cópias, porque também, cada um, por seu livre-arbítrio, planta o que quer na existência encarnada. E cada um tem o lugar a que faz jus, que, por suas vibrações, merece.
>
> Espírito Antônio Carlos, na "Introdução" do livro *O que encontrei do outro lado da vida.*

-1-

OCORRÊNCIAS DURANTE E APÓS O PERÍODO DE PERTURBAÇÃO PARA A ALMA

Os textos abaixo apresentados mostram que a alma enfrenta um período de perturbação, com tempo de duração muito variável, que a leva, quase sempre, à perda temporária da consciência. Nesse período de tempo ocorre o desligamento do seu corpo espiritual do seu corpo material, contando, geralmente, com a ajuda de benfeitores espirituais e de espíritos familiares e amigos. Depois disso, a alma retoma, aos poucos, a lucidez na consciência e se reconhece na vida espiritual.

Caso 1 - A alma experimenta uma alteração no seu estado de lucidez:

> Senti um escurecimento; depois não sei o que se passou. Minhas ideias não ficaram claras senão muito tempo depois. Ainda não me sinto completamente esclarecida.
>
> Espírito Viúva de Malabar, na *Revista Espírita,* de dezembro de 1858.

Caso 2 - A alma tem dificuldade em perceber que já entrou na vida espiritual:

> Perdi o conhecimento... Quando recuperei a razão, se eu erguia a voz, não era escutado; fingiam não me ver. Sento-me, levanto-me, esbarro nos visitantes, detenho os criados. Parece que nada sentem. Contudo, tenho vigor. Creio que é de propósito; sem dúvida, querem tornar-me louco, para se livrarem de mim. Vejo, falo, respiro,

ando, subo as escadas. Não é possível que eu estou morto! Não se morre assim, sem o perceber.

Um espírito que se julga proprietário, na *Revista Espírita*, de fevereiro de 1869.

Caso 3 - Depois da perda temporária da consciência, geralmente a alma se vê amparada por espíritos amigos que a ajudam no processo de desencarnação:

A perda de toda consciência começou na agonia. Durou cerca de 15 a 18 de vossas horas. Deus, que é bom para todas as suas criaturas, quer poupar ao espírito as angústias desse momento. Por isso lhe tira toda lembrança e toda sensação. Depois, fiquei uns instantes num estado de semiconsciência; e, pouco a pouco, eu me reconheci. Quase não tinha consciência de mim mesma. Encontrei-me com espíritos que me rodeavam e ajudavam a sair da perturbação. Se soubésseis como é agradável reencontrar os amigos neste mundo!

Espírito senhora Duret, na *Revista Espírita*, de junho de 1860.

Caso 4 - A alma que experimenta uma perturbação muito prolongada, devido as suas condições morais e espirituais, pode despertar no cemitério:

Fiquei perturbada seis de vossas semanas. Estava junto ao meu corpo. Vi o cemitério e compreendi.

Espírito senhorita Pauline M..., na *Revista Espírita*, de março de 1861.

Caso 5 - A perturbação demorada experimentada pela alma, pode ser amenizada pelas orações dos seus amigos:

Fiquei muito tempo em perturbação, da qual só saí para abençoar a piedade dos que não me esqueciam e oravam por mim.

Espírito Marquês de Saint-Paul, na *Revista Espírita*, de junho de 1861.

Caso 6 - Um sono pesado ou torpor perturbador pode acompanhar a alma em sua viagem para o outro plano da vida:

> A morte emprestara à minha alma esse pesado sono a que se chama letargia; porém, o meu pensamento velava. Sacudi o torpor funesto da perturbação consequente à morte, levantei-me e, de um salto, fiz a viagem.
>
> Espírito Demeure, no livro *O Céu e o Inferno*.

Caso 7 - A confusão mental experimentada pela alma durante a sua transição para a vida espiritual pode ser amenizada pelo conhecimento prévio da continuidade da sua vida em outra dimensão: Eu fiquei numa confusão de ideias muito original.

> Eu não era um espírito perfeito; não obstante, pude dar-me conta e dou graças a Deus por me haver esclarecido antes de morrer.
>
> Espírito capitão Nivrac, na *Revista Espírita*, de maio de 1862.

Caso 8 - O abalo na lucidez experimentado pela alma cria dificuldade na compreensão da sua nova situação:

> A transição da vida terrena à vida dos espíritos a princípio me havia deixado tudo incompreensível, porque, às vezes, levamos dias para recuperar a lucidez.
>
> Espírito senhor Sanson, na *Revista Espírita*, de maio de 1862.

Caso 9 - O sono profundo experimentado pela alma do homem justo termina com o despertar num plano de vida maravilhoso:

> Todas as impressões se extinguiram para me acordar no nosso domínio, dos espíritos. A viagem é um sono para o justo; a ruptura é natural; mas, ao primeiro despertar, que admiração! Como tudo é novo, esplêndido, maravilhoso.
>
> Espírito senhor Philibert Viennois, na *Revista Espírita*, de maio de 1863.

Caso 10 - A alma que se esforçou para obter o progresso moral passa por uma perturbação ligeira ou um sono profundo, mas o seu despertar é muito agradável:

> Houve um instante de perturbação, quase que inapreciável para mim. A sensação que a gente experimenta ao despertar é de um sono profundo. Esse despertar é mais ou menos lento e difícil, em razão direta da situação moral do espírito, e nunca deixa de ser fortemente influenciado pelas circunstâncias que acompanham a morte.
>
> Espírito senhor J..., na *Revista Espírita*, de setembro de 1859.

Caso 11 - Depois da perda temporária da consciência, devido a um longo sono ou desmaio, a alma que observou as Leis de Deus desperta amparada por espíritos amigos:

> Encontrei-me, após o supremo suspiro, como em síncope, sem consciência de meu estado, não pensando em nada, e numa vaga sonolência, que nem era sono do corpo, nem despertar da alma. Fiquei assim bastante tempo; depois, como se saísse de um longo desmaio, despertei pouco a pouco entre irmãos que não conhecia. Eles me prodigalizavam cuidados e carícias.
>
> Espírito viúva Foulon, na *Revista Espírita*, de março de 1865.

Caso 12 - A alma que desperta no local do falecimento do seu corpo material, após um período de inconsciência ou sono prolongado, geralmente, ao ver o estado do seu envoltório carnal, logo se reconhece no outro lado da vida:

> Suponho ter passado um período bastante longo em estado de inconsciência, ou de sono (o que, aliás acontece frequentemente, se bem que isso não se dê em todos os casos); deduzo-o do fato de que, quando tornei a ver o meu cadáver, estava ele em estado de adiantada decomposição.
>
> Espírito doutor Horace Abraham Ackley, no livro *A crise da morte*.

Caso 13 - Cada alma experimenta um modo de sono ou abalo no seu corpo espiritual, em decorrência da causa para a morte do seu corpo material:

> Estive mergulhado no sono durante cerca de uma semana, porque tendo sido súbita a minha morte, meu corpo fluídico fora bruscamente arrancado do corpo somático, com um contragolpe sensível sobre o primeiro.
>
> Espírito Tiny, no livro *A crise da morte.*

Caso 14 - Cada alma experimenta uma determinada duração no sono imposto pela grande transição, principalmente em função das suas condições morais e espirituais e da causa para o falecimento do seu corpo material:

> Caí, afinal, adormecido. Durante o sono, transformações notáveis se produzem; mas, ainda não estou em condições de te esclarecer a este respeito. Os que desencarnam com a convicção da existência de uma vida de além-túmulo não necessitam dormir, a menos que cheguem ao mundo espiritual esgotados por longa enfermidade, ou deprimidos por uma vida de tribulações. Na prática, poucos há que não necessitem de um período mais ou menos longo de sono. Os espíritos muito inferiores, que permanecem ligados à Terra, não gozam do benefício do sono reparador; por conseguinte, perseveram na ilusão de estarem ainda vivos e presas de estranho sonho.
>
> Espírito de um jovem soldado, no livro *A crise da morte.*

- 2 -

DESLOCAMENTO DA ALMA PARA ACIMA DO SEU CORPO MATERIAL

Os resumos dos textos nos casos a seguir apresentados são raros, mas mostram que a alma consegue se ver flutuando acima do seu corpo material, permitindo-lhe perceber ou ver o seu corpo que morreu:

Caso 1 - A alma, sentindo bem-estar, percebe o seu corpo espiritual flutuando acima do seu corpo material morto, podendo observar as ocorrências no ambiente:

> No momento em que a morte me feriu, recebi como que uma cacetada na cabeça; um peso esmagador me derrubou. De repente senti-me livre, aliviado. Planei acima de meus despojos; considerei com espanto as lágrimas dos meus e, enfim, me dei conta do que me tinha acontecido. Reconheci-me prontamente.
>
> Espírito senhor Leclerc, na *Revista Espírita*, de janeiro de 1867.

Caso 2 - A alma que é amparada por espírito familiar, durante o seu processo de desencarnação, pode ver o seu deslocamento para acima do seu corpo carnal:

> Vi uma luz suave e, no meio dela, minha mãe. Tive medo. Minha mãe desencarnara fazia algum tempo. Sorrindo muito, linda, ela insistiu:
>
> - Zezinho, vem comigo! Deixa teu corpo... Este irá morrer. Fecha os olhos. Vem, filhinho!

Senti minha mãe soltando-me, tirando-me do leito. Fiquei cerca de 50 centímetros acima da cama. Tonto, olhei para baixo e me vi. Estava feio, branco, magérrimo. Olhei para minha mãe... Ela me desligava da matéria.

Depois, mamãe abraçou-me apertado; quis chorar de emoção.

Ela disse:

- Abrace-me e confie.

Adormeci. Acordei em outra enfermaria.

Espírito José, no livro *O que encontrei do outro lado da vida.*

- 3 -
DEMORA ALGUM TEMPO ATÉ QUE A ALMA PERCEBA A SUA DESENCARNAÇÃO

Os casos a seguir apresentados são muito diferentes entre si, porque cada caso de desencarnação tem características e particularidades próprias; mas mostram as ocorrências que levam a alma, depois de algum tempo, mais ou menos longo, a convencer-se de que, de fato, o seu corpo físico morreu:

Caso 1 - A alma que merece reencontrar logo os espíritos queridos tem mais facilidade para recuperar a lucidez e compreender que houve a sua entrada no plano espiritual:

> O fato de me ver cercado de pessoas caras, de há muito falecidas, e ainda de outras que à primeira vista não podia reconhecer, fortalecia em mim essa ideia de um sonho. Pouco a pouco as minhas ideias adquiriram mais lucidez; a luz que entrevia, por denso nevoeiro, fez-se brilhante; e eu comecei a compreender-me, a reconhecer-me, compreendendo e reconhecendo que não mais pertencia a esse mundo. Certamente, se eu não conhecesse o espiritismo, a ilusão perduraria por muito mais tempo.
>
> Espírito Samuel Filipe, no livro *O Céu e o Inferno*.

Caso 2 - A alma que adotou as crenças materialistas geralmente encontra mais dificuldade para entender a continuidade da sua vida no plano espiritual:

Vi homens a me carregar e disse de mim para mim: mas, eu não estou morto! Então esses médicos imbecis não veem que eu vivo, respiro, ando, olho-os, sigo-os, a eles que vêm ao meu enterro!... Que é então o que enterram? Não sou eu... Philippeau não morre assim; não estou morto!

Não me escutavam, não me viam. Assim se passaram três dias; eu estava desaparecido do mundo, e eu me sentia mais vivo que nunca.

Espírito doutor Philippeau, na *Revista Espírita,* de maio de 1868.

Caso 3 - Algumas almas precisam ser esclarecidas com muito tato acerca da continuidade da sua existência na dimensão espiritual da vida:

Todos, naturalmente, não possuem o mesmo grau de desenvolvimento espiritual. Muitos não se capacitam, imediatamente, de que estão, como se diz, mortos, porque se sentem vivos e com um corpo, não sendo tão facilmente postas de lado suas anteriores e vagas noções do estado depois da morte.

A primeira coisa a fazer, pois, com tais criaturas, é convencê-las de que não mais se acham na vida terrena. Procuramos fazer que vejam um amigo ou parente que já está morto; apresentando-se vivo, logo os convence de que também já passaram para a outra vida. Outras são levadas para ver um familiar que deixou na Terra, apontando-lhes a diferença de estado entre um e outro. Outras são levadas à época em que adormeceram; e, então, procuramos fazer a ligação entre aquele momento e a hora do seu despertar aqui. Aquelas que são mais esclarecidas compreendem de pronto que passaram para o mundo dos espíritos e, então, a nossa tarefa é fácil.

Espírito senhora Vale Owen, na mensagem de 3 de outubro de 1913, do livro *A vida além do véu.*

Caso 4 - A alma que se preparou em termos espiritual e moral para a continuidade da sua vida após a morte do seu corpo carnal geralmente consegue ficar isenta do sono profundo e reparador. Então, logo vê o seu corpo físico falecido, sentindo bem-estar, e recebe a ajuda de um espírito amigo, no próprio local da desencarnação:

Tão logo senti o estímulo para levantar-me, percebi que já o tinha realizado. Descobri, então, que todos os que me rodeavam não se apercebiam de nada, pois não procuraram auxiliar-me, nem tentaram impedir-me que me levantasse. Voltei-me e passei a observar o que sucedia. Meu corpo material jazia sem vida, mas ali estava eu, o eu real, vivo e bem vivo. Via claramente o quarto ao meu redor, não obstante a névoa que o envolvia totalmente. Grande foi minha surpresa ao notar que vestia as roupas habituais, exatamente as mesmas que usava quando me movimentava livremente pela casa em boa saúde. O conhecimento do mundo espiritual, como me fora possível apreender através de minhas próprias experiências, veio imediatamente em meu auxílio. Soube logo da mudança que se operara em minha condição; por outras palavras, fiquei sabendo que havia morrido. Contudo, sabia ao mesmo tempo que estava vivo, isto é, que me havia libertado da moléstia e me achava de pé, olhando ao redor. Sentia-me na posse de todas as minhas faculdades mentais e realmente num estado físico nunca antes experimentado.

No meu caso particular, a linha de demarcação era muito tênue entre a minha vida terrena e o começo da vida espiritual, porque eu estava em pleno poder dos meus sentidos e consciente. A própria transição de um mundo para outro era perceptível. Houve um momento em que as sensações físicas de minha última doença me deixaram subitamente, e em lugar delas me envolvi numa deliciosa sensação de calma corporal e paz de espírito. Senti vontade de respirar profundamente e o fiz. O impulso de erguer-me do leito e o desaparecimento de todas as sensações físicas marcaram o instante da morte física e o nascimento para a vida espiritual.

Eu ainda estava em meu quarto na Terra, e, portanto, parte, pelo menos, do mundo espiritual teve de interpenetrar o mundo terrestre. O evento seguinte da minha transição foi a chegada de meu bom amigo Edwin e o nosso encontro depois de um bom número de anos.

Espírito monsenhor Robert Hugh Benson, falecido em 1914, no livro *A vida nos mundos invisíveis.*

Caso 5 - As almas recém-desencarnadas geralmente contam com o amparo dos espíritos especializados no esclarecimento e encaminhamento para as novas condições de vida que elas merecem desfrutar no plano espiritual:

> Uma falange de espíritos missionários acabava de voltar de sua missão periódica às regiões limítrofes da esfera terrestre. Trabalhavam aí junto a espíritos recém-chegados, que não haviam ainda compreendido terem atravessado já a linha divisória entre a Terra e o mundo dos espíritos. Muitos foram esclarecidos e trazidos para aquele ponto, a fim de se poderem reunir a nós e fazerem um voto de agradecimento, antes de irem para as casas que lhes eram destinadas. Tinham diversas idades, pois os velhos ainda não haviam progredido o suficiente para se tornarem novamente moços e vigorosos, e os moços não tinham ainda podido alcançar completo desenvolvimento.
>
> Espírito senhora Vale Owen, na mensagem de 27 de setembro de 1913, do livro *A vida além do véu*.

Caso 6 - O reencontro com espírito muito querido propicia à alma o rápido entendimento de que ocorreu a morte do seu corpo físico:

> Desperto do sono, vi-me estendido, calmo e imóvel, no meu leito, circunstância que me encheu de espanto, longe que estava de supor que morrera. Após algum tempo, cada vez mais desperto, percebi que minha falecida mulher se achava ao meu lado, a me sorrir, com uma expressão radiante de ventura. Esse nosso encontro se dava depois de longa separação. Foi ela quem me comunicou a terrificante notícia de que eu estava morto e me encontrava também no meio espiritual.
>
> Espírito de personagem americana, no livro *A crise da morte*.

Caso 7 - A alma que não se preparou para a continuidade da sua vida no plano espiritual, após a morte, encontra dificuldade em se afastar logo do seu corpo carnal:

Senti-me sair de dentro do casulo carnal, que então pude ver. Encontrava-me deitada, no esquife mortuário, e de pé, ao seu lado, simultaneamente. Apalpei-me apressada e senti-me fisicamente. Andei um pouco vacilante e, de súbito, na minha mente brilhou inesperada ideia: eu não estaria morta, porventura?! Atirei-me apressadamente ao corpo, tentando erguê-lo para fugir a esse pensamento "tenebroso" e libertar-me das aflições.

"Não, não é possível", afirmava intimamente, tentando aquietar-me. Tudo aquilo não passava certamente de um sonho fantástico ou de um desdobramento mediúnico, no Reino da Morte. Não era crível que eu tivesse morrido. Sentia-me viva, não obstante as dores que me cruciavam. Encontrava-me lúcida, raciocinava, sofria... Não podia estar morta.

Espírito Otília Gonçalves, em cartas dirigidas à sua filha, no período de março de 1958 a agosto de 1959, e contidas no livro *Além da morte*.

Caso 8 – A alma, muitas vezes, é esclarecida sobre a sua desencarnação, após o seu despertar do sono profundo, num instituto de recuperação existente no plano espiritual:

– Calma, Pablo! Venha comigo!

Um senhor abraçou-me. Sua voz era tão suave que não tive medo e dormi.

Foi um socorrista que me auxiliou, me adormeceu e terminou o processo do meu desligamento, porque meu espírito saiu rápido do corpo atingido. Depois me levou para um posto de socorro. Continuei adormecido e fui transportado para a colônia do plano espiritual da cidade em que morava.

Acordei e lembrei-me de tudo; procurei meu ferimento, sem sinal. Esperei paciente que viesse alguém perto de mim.

Uma senhora, que deveria trabalhar ali, indagou-me:

– Olá, Pablo! Já acordou? Está bem? Lembra que foi ferido? Você logo irá entender o que se passou. Foi ferido e seu corpinho morreu. Você, espírito eterno, agora irá ficar conosco. Tenho a certeza de que irá gostar. Não se acanhe se não entender o que falo. Vai compreender isso logo e muito mais.

Espírito Pablo, no livro *Deficiente mental. Por que fui um?*

Caso 9 - A alma que permaneceu retida no local em que o seu corpo material faleceu pode ser levada para ser esclarecida numa sessão espírita:

> Na sessão espírita, pediram para que olhasse para uma tela à minha frente. Espantado, vi a fazenda, minha casa e me vi, deitado no meu leito a sentir dor. Lembrei-me daquela madrugada em que passei mal. Depois daquele dia nunca mais fui o mesmo. Vi-me duplicado: um dormindo - senti que este não era realmente eu; e o outro acordado, no leito. Dois dias após, vi meus companheiros chamando-me. Arrombaram a porta e viram meu corpo; levaram-no e enterraram-no. Ali fiquei a dormir, me vi acordando, andando, carpindo etc.
>
> Entendi que morrera e não sabia. Levaram-me para um local muito bonito, ao qual logo me acostumei. Aprendi a orar e entendi mais sobre meu estado de desencarnado. Vivia agora num outro corpo, o perispírito, e sentia-me muito bem. A morte chega sem avisar e passa-se de encarnado a desencarnado num piscar de olhos. Felizes aqueles que no corpo físico entendem e aceitam a morte como uma simples mudança.

Espírito Tonico, no livro *O que encontrei do outro lado da vida.*

Caso 10 - A alma que perdeu o seu corpo físico inesperadamente num acidente grave, e não cai de imediato num sono profundo, se não tem entendimento sobre a sua vida espiritual encontra grande dificuldade em entender a sua nova condição de vida:

> Quando silenciou, e o carro parou, vi-me fora do carro, ao lado dele. Estava confusa e pus-me a olhá-lo. Aí, lembrei-me do meu esposo e gritei por ele. Corri para o outro lado, vi-o todo sangrando, quieto. Tentei sacudi-lo, não consegui.

Escutava as pessoas falarem, queria dizer que estava viva, mas não conseguia. Não sentia dores, estava somente atordoada. Fiquei ali de pé olhando as pessoas observarem o acidente, alguns a examinar o corpo do meu esposo e outros a mexer no carro. Vi o corpo do meu esposo e um outro corpo; senti-me gelar, parecia o meu corpo! Colocaram os corpos na ambulância, entrei também.

No hospital, médicos e enfermeiros falavam ao examinar os corpos:

– Estão mortos... Morreram na hora!

Abraçada ao corpo do meu esposo, que estava todo sujo de sangue, chorei desesperada. Fiquei ali horas, agoniada, veio à minha mente que poderia ter realmente morrido. Senti-me gelar, perdi as forças, não vi mais nada, tudo escureceu e caí. Acordei num leito, numa enfermaria com muitas pessoas.

Espírito Marta, no livro *O que encontrei do outro lado da vida.*

Caso 11 – A alma que acumulou em si o mérito espiritual e moral, logo que desperta do sono decorrente do falecimento do seu corpo carnal, é amparada e esclarecida por um espírito familiar e adapta-se rapidamente à continuidade da sua vida no plano espiritual:

– Meu filho, o seu corpo morreu. Vivo está em espírito. Aqui é um pouco diferente do Céu que esperava... Ou o purgatório. Está numa das casas de Deus. Logo estará bem e, como eu, poderá ajudar os que sofrem.

Sorri. Não tive mais dores. Logo estava a andar, voltara a ser forte, sadio, como era antes de adoecer, com aparência dos meus 34 anos. Em pouco tempo saí do hospital. Fui para uma escola aprender a viver no plano espiritual. A colônia era o lugar mais lindo e encantador que já vira. Sentia-me muito bem.

Espírito José, no livro *O que encontrei do outro lado da vida.*

- 4 -

LIBERTAÇÃO DIFÍCIL DA ALMA DO SEU CORPO MATERIAL

Os casos abaixo apresentados são surpreendentes, porque mostram particularidades da grande dificuldade que a alma pode encontrar para se libertar do seu corpo material morto, por falta de méritos morais, o que a leva a não aceitar ou acreditar que já está vivendo no plano espiritual.

Caso 1 – A alma só se liberta do seu corpo material morto, quando nenhum tipo de laço material ainda a retém nele:

> Errante em volta do meu leito, via-me estendida, transfigurada e não podia afastar-me, retida que era, ou pelo menos ao que me parecia, por um último laço àquele invólucro corporal, que tanto me havia feito sofrer.
>
> Espírito senhora Bertrand, na *Revista Espírita,* de março de 1861.

Caso 2 – A alma que não se enobreceu com os méritos espirituais e morais fica retida ao seu corpo material falecido, até que haja a eliminação dos fortes cordões fluídicos:

> Surpreendi-me novamente fora do corpo, apesar de a ele estar atada por fortes cordões que não impediam que me distanciasse. Passei, então, a experimentar alívio novo e ouvi, emocionada, o murmúrio de preces intercessórias.
>
> Espírito Otília Gonçalves, em cartas dirigidas à sua filha, no período de março de 1958 a agosto de 1959, e contidas no livro *Além da morte.*

Caso 3 - Um fio prateado retém a alma ao seu corpo carnal falecido:

> Alongando o raio de meu olhar, verifiquei a existência de prateado fio, ligando-me o novo organismo à cabeça imobilizada.
>
> Aquele grilhão tênue a unir-me com os despojos era bem um fio de forças vivas, jungindo-me à matéria densa, semelhando-se ao cordão umbilical que liga o nascituro ao seio feminino.
>
> Espírito Irmão Jacob, no livro *Voltei.*

Caso 4 - A alma que menosprezou os conhecimentos das realidades espirituais encontra grande dificuldade, mesmo auxiliado por espírito amigo, em se adaptar às novas condições de vida em que se encontra no plano espiritual:

> Saí do leito da enfermaria e volitei rápido, sem entender ou saber o que fazia; senti que era sugado, puxado. Fui impulsionado para junto de minha mãe, que chorava desesperada no cemitério, juntamente com os outros familiares. Chorei junto dela e com ela voltei para casa. Minha mãe chorava e, em desespero, eu chorava também. Fiquei em casa, no meu antigo lar, chorava junto com meus irmãos, com minha noiva, com meus pais, com a outra avó e tias. Passei a entender melhor a minha situação, compreendi que eles choravam pela minha desencarnação e que eu era, para eles, alguém que se separara deles para sempre, que acabara.
>
> Passei a ver a minha avó desencarnada. Fui para o posto de socorro abraçado à minha avozinha. Resisti algumas vezes a voltar, mas, numa crise mais forte, regressei ao lar. Os meus familiares revoltavam-se, e eu também. Mas, minha mãe pôs-se a orar mais e comecei a rezar também; nesses instantes, sentia-me melhor. Mamãe começou a sentir-me em casa. Quando dormia, saía do corpo, e nós dois chorávamos muito; ela passou, então, a ajudar-me. Fui deixando a revolta, mas fui levado mais três vezes ao posto de socorro e, nessas ocasiões, voltava ao lar. Até que eu mesmo decidi ficar no plano

espiritual. Anos depois, estava apto a visitá-los sempre, sozinho; passei a trabalhar e a estudar. Ajudo jovens que desencarnaram e que sentem o desenlace. Sou feliz, bem mais feliz que nos meus sonhos poderia ser, como encarnado.

Quero dizer que os postos de socorro, as casas de auxílio a desencarnados são realmente encantadores. São muito limpos, enfeitados com seus jardins floridos, e são simples, embora acolhedores. Para os postos de socorro, vão os necessitados resgatados nos umbrais, na Terra e nos centros espíritas, ou os que são levados por parentes e amigos. Lá ficam por sua espontânea vontade, embora sejam avisados da necessidade de permanência para o próprio bem. Em grande parte dos casos, inclusive no meu, os desencarnados são atraídos por seus entes queridos que choram desesperados, chamando-os. Às vezes, preferem sofrer juntos, querem ficar com os que amam.

Concluí que o despreparo, a falta de informação correta sobre a morte do corpo físico, é a principal causa da não aceitação. Porque a vida continua. Estejamos encarnados ou desencarnados, ambas as condições podem ser belas e aproveitáveis ao espírito que quer progredir.

Espírito Ronaldo, no livro *O que encontrei do outro lado da vida*.

- 5 -

REVENDO ATOS DA PRÓPRIA VIDA

Os casos a seguir apresentados são notáveis, porque detalham a revisão ou recapitulação completa dos acontecimentos ocorridos durante a existência da alma no mundo material. Os fatos levam a alma a profundas reflexões e ao julgamento pela consciência das próprias atitudes e ações realizadas durante a sua experiência carnal:

Caso 1 – A consciência da alma consegue fazer uma avaliação correta das ocorrências durante a sua vida material, podendo afetar o seu equilíbrio mental e íntimo, se praticou algum mal:

> Toda a vida se apresenta espontaneamente, como uma miragem, e a gente tem vontade de retomar todo o passado, a fim de purificar os maus dias; e este pensamento nos acompanha na transição da vida à morte, que não passa de uma outra vida.
>
> Espírito capitão Nivrac, na *Revista Espírita,* de maio de 1862.

Caso 2 – A revisão panorâmica experimentada pela alma recém-desencarnada, contendo todos os acontecimentos ocorridos durante a sua vida material, é surpreendente para ela:

> No momento da morte, revi, como num panorama, os acontecimentos de toda a minha existência. Todas as cenas, todas as ações que eu praticara passaram ante o meu olhar; como se se houvessem gravado na minha mentalidade, em fórmulas luminosas.
>
> Espírito juiz Peckam, no livro *A crise da morte*.

Caso 3 - As visões dos acontecimentos ocorridos durante a vida recém-terminada marcam a passagem da alma para o plano espiritual:

> Logo que voltei a mim, todos os acontecimentos de minha vida me desfilaram sob as vistas, como num panorama; eram visões vivas, muito reais, em dimensões naturais, como o meu passado se houvera tornado presente.
>
> Espírito doutor Horace Abraham Ackley, no livro *A crise da morte.*

Caso 4 - A alma recém-desencarnada relembra, vê e ouve até mesmo as suas falas, pensamentos e realizações durante a sua retrospectiva da vida:

> Lembrei-me subitamente de todos os acontecimentos da minha vida; vi e ouvi tudo que fizera, dissera, pensara, todas as coisas a que estivera associado.
>
> Espírito Jim Nolan, no livro *A crise da morte.*

Caso 5 - Os mínimos detalhes dos acontecimentos durante a vida material da alma, arquivados na sua memória, são recordados e revistos de modo incompreensível pela própria consciência:

> Depois, recordações de meu pai, de minha mãe. Minha infância, a escola, minha bela Itália, minha primeira viagem à América, meu primeiro certificado de nacionalidade. Este fluxo imenso de recordações me abrandava as penas. Os mais insignificantes e mais ridículos acontecimentos de minha existência também se apresentavam muito vivazes em meu cérebro. Loucuras, prazeres, dores, tudo o que fizera no curso da minha vida sobrevinha sem ser chamado, não sei donde, para fazer ato de presença. Tudo isso acabou por me produzir uma vertigem: desmaiei.
>
> Espírito Rodolfo Valentino, no livro *A crise da morte.*

Caso 6 – O ressurgimento das memórias arquivadas com precisão, para a consciência da alma que praticou o bem, transcorre sem afetar o seu equilíbrio mental e íntimo:

> Como se a memória fosse possuída de um admirável poder retrospectivo, comecei a ver todos os quadros da minha infância e juventude, relembrando um a um os mínimos fatos da minha existência relativamente breve. Via-os, esses quadros do pretérito, com naturalidade, sem admiração e sem surpresa.
>
> Espírito Maria João de Deus, no livro *Cartas de uma morta.*

Caso 7 – Os mínimos detalhes dos acontecimentos ressurgem durante a revisão da vida material, constituindo-se em provas das boas ou más atitudes, dos bons ou maus atos, dos méritos ou deméritos da alma:

> Vi-me diante de tudo o que eu havia sonhado, arquitetado e realizado na vida. Insignificantes ideias que emitira, tanto quanto meus atos mínimos, desfilavam, absolutamente precisos, ante meus olhos aflitos, como se me fossem revelados de roldão, por estranho poder, numa câmara ultrarrápida instalada dentro de mim. Transformara-se o próprio pensamento num filme cinematográfico misterioso e inopinadamente desenrolado, a desdobrar-se, com espantosa elasticidade, para seu criador assombrado, que era eu mesmo.
>
> Espírito Irmão Jacob, no livro *Voltei.*

Caso 8 – A revisão detalhada dos acontecimentos durante a vida material coloca a consciência da alma recém-desencarnada na posição de juiz severo que julga inclusive os erros cometidos, com um entendimento dilatado da sua existência imortal:

> Vi-me, de súbito, diante do grande painel, ligado à minha mente, para o qual fui poderosamente atraída. Pude ver, como numa grande tela cinematográfica, o desenrolar dos fatos que representavam a

minha existência, em miraculoso retrospecto, repetindo-se em vertiginosa celeridade, sem omissão de qualquer detalhe.

Revi-me na infância, programando os jogos do futuro no tabuleiro da inocência. Coisas e acontecimentos mortos em minhas lembranças surgiam-me com seus contornos e nitidez impressionantes, gritando-me à memória em brasa os erros e gravames das atitudes nem sempre dignas de antes.

Conservava a impressão de que todos os meus atos eram cuidadosamente anotados por criterioso e vigilante amanuense a quem nada escapara, registrando inclusive as ideias más que, um dia ou outro, me visitaram a tela mental. A perfeição dos escritos era tal que estes tomavam forma, movimentando-se à minha vista, cobrindo-me de vergonha e horror.

Aterrada, cheguei à conclusão de que os pensamentos e atos da criatura se fixam no Além, por processos que me escapavam ao entendimento, permanecendo vivos, mesmo quando deles nos esquecemos.

Espírito Otília Gonçalves, em cartas dirigidas à sua filha, no período de março de 1958 a agosto de 1959, e contidas no livro *Além da morte*.

- 6 -

PERMISSÃO PARA A ALMA PERMANECER NA SUA EXISTÊNCIA MATERIAL

O caso agora apresentado é raríssimo: a alma obteve a permissão para prorrogar a sua permanência na vida material, porque ela julgou que ainda tinha uma missão importante a cumprir:

Caso 1:

> Não senti nada, dor nenhuma, parecia alheio, entretanto, sabia o que ocorria comigo.
>
> A ambulância chegou rápido, o acidente foi perto do hospital. Colocaram-me dentro dela, então as lembranças vieram.
>
> Então vi, percebi, que me transformara em dois; um consciente, pensativo, e "outro", logo abaixo, deitado na mesa cirúrgica. Meu corpo físico estava sendo operado. O "eu" que pensava e sentia não tinha nem um arranhão.
>
> Num impulso, abracei um ser querido; não recordei quem era, só que o amava e que podia confiar nele. Éramos iguais, ou quase. Observando-o, notei que nossa diferença era que eu estava ligado ao meu outro "eu" por um cordão.
>
> Lembrei-me então que reencarnara com uma finalidade, ajudar os meus familiares a voltar à religião, a progredirem espiritualmente. Suspirei! Para mim tudo parecia normal, estava calmíssimo, raciocinando rápido e consciente.
>
> – Se desencarnar agora, meus familiares, com certeza, ficarão revoltados. Se continuar encarnado, mesmo doente, a dor fará com que eles busquem Deus. Deixe-me, Leonel, ficar mais algum tempo.

- Mais uns dez anos? Poderá ficar, mas repito a você, Carlos, que não terá mais o corpo perfeito. E você não precisa passar por isso.

- A dor é sábia companheira, quando aceita - respondi tranquilamente. - Faço tudo isso por amor a eles e não será sacrifício.

Leonel sorriu, concentrou-se, e logo vi outros médicos chegarem; eram três do plano espiritual, desencarnados, que vieram ajudar os outros, os encarnados que me operavam. Senti sono e adormeci.

Acordei, senti dores e gemi.

- Graças a Deus, você acordou! —escutei mamãe dizer e senti sua mão acariciar meu rosto. Sentia dores, me doía o corpo todo e muito a cabeça.

Fiquei dias assim; sentia-me desconfortável acordado, dormia e encontrava com amigos desencarnados, conversava com Leonel, que me animava.

Saía do corpo com facilidade e me via como se fosse dois, eu, o ser pensante, consciente, e o meu corpo, deitado, imóvel. Prestei atenção no meu corpo e vi por que mamãe apiedava-se. Eu estava com a cabeça todinha enfaixada, pernas engessadas, peito todo machucado e a mão esquerda toda com pontos.

Leonel, vendo-me indeciso, explicou:

- Você, Carlos, está vendo tudo, seu corpo físico, porque está espiritualmente afastado dele. Vê com seu corpo perispiritual. Vê esse cordão? É o que liga você ao corpo físico.

Melhorei, sofri as dores com paciência, mas fiquei com o corpo deficiente. Meu cérebro, com traumatismo, também ficou com sequelas.

Espírito Carlos, no livro *Deficiente mental. Por que fui um?*

-7-

COMUNICAÇÃO PELA TRANSMISSÃO DO PENSAMENTO

Os casos abaixo apresentados foram julgados suficientes para mostrar que a alma transmite naturalmente os seus pensamentos para os espíritos que estão ao seu redor, dispensando, muitas vezes, o uso das palavras nas suas comunicações e conversações.

Caso 1 – Os pensamentos são transmitidos naturalmente de espírito para espírito:

> Uma coisa me admirou logo: o compreendermo-nos sem articular uma palavra! Os nossos pensamentos transmitiam-se pelo olhar somente.
>
> Espírito Samuel Filipe, no livro *O Céu e o Inferno*.

Caso 2 – Os pensamentos dos homens também podem ser lidos pelos espíritos:

> Não precisa traduzir sua pergunta em palavras. Podemos lê-la no seu pensamento e conhecíamo-la antes de ser escrita. O pensamento reveste o cérebro quando projetado da sua esfera à nossa. Os bons pensamentos apresentam-se com uma luminosidade que não existe nos de natureza menos pura. Os pensamentos revelam a ação espiritual e são conhecidos pelo efeito que produzem no ambiente do pensador, e não somente são vistos como também sentidos por nós de modo mais pronunciado e intenso do que por vocês.
>
> Espírito senhora Vale Owen, nas mensagens de 6 e 8 de outubro de 1913, do livro *A vida além do véu*.

Caso 3 - A transmissão direta dos pensamentos dispensa o uso das línguas faladas:

> Podemos transmitir nossos pensamentos uns aos outros com a inteira certeza de que eles serão recebidos pela pessoa a quem nos dirigimos mentalmente. Assim, as línguas não constituem barreiras.
>
> Espírito monsenhor Robert Hugh Benson, falecido em 1914, no livro *A vida nos mundos invisíveis*.

- 8 -

REENCONTRO COM ESPÍRITOS DE FAMILIARES E AMIGOS

Os casos abaixo estão entre os mais comuns e muito comoventes: a alma recém-desencarnada reencontra os espíritos dos seus familiares e entes queridos, que já estavam no plano espiritual, podendo restabelecer as suas relações afetivas com eles.

Caso 1 - Os espíritos amigos vêm receber a alma recém-desencarnada:

> Me vi cercado de numerosos, bons e fiéis amigos. Todos os espíritos que nos assistem, rodeavam-me sorrindo; uma alegria sem par irradiava-lhes do semblante.
>
> Espírito J. Sanson, no livro *O Céu e o Inferno*.

Caso 2 - Os espíritos que foram ajudados vêm receber a alma bondosa que os ajudou e só agora desencarnou:

> Tive o prazer de ver aproximar-se inúmeros amigos, notadamente os que tive a satisfação de ajudar, dando-me todos as boas-vindas.
>
> Espírito M. P., médico russo, no livro *O Céu e o Inferno*.

Caso 3 - A alma reencontra os espíritos dos seus familiares e amigos com o corpo espiritual rejuvenescido:

> Vi meu avô, não mais esquálido, alquebrado, porém com aspecto juvenil e loução. E ele estendia-me os braços, estreitando-me efusivamente ao

> coração. Multidão de outras pessoas, de risonhos semblantes, o acompanhavam, acolhendo-me todos com benevolência e doçura. O que eu supunha ser um sonho era a realidade: é que acordara no mundo espiritual.
>
> Espírito Maurício Gontran, no livro *O Céu e o Inferno*.

Caso 4 – A alma materna que perdeu um filho durante a sua vida material reencontra a alma do seu ente querido desfrutando de boas condições de vida no plano espiritual:

> A doente adormeceu, e o fio da vida foi cortado pelos nossos vigilantes amigos; em seguida, delicadamente, despertaram-na e ela encarou, sorrindo, o rosto benévolo que para ela se inclinava. Perguntou onde se achava, e, quando a informaram, um olhar de espanto e de saudade cobriu-lhe o rosto. Pediu, então, que lhe fosse permitido ver as pessoas amigas que tinha deixado. Foi-lhe concedido o que desejava.
>
> Depois que ela ficou um tanto mais forte, levamo-la para um colégio de crianças, onde se achava o seu filhinho. Ao vê-lo, foi tão intensa a sua alegria, que a não podemos descrever.
>
> Ele desencarnara havia algum tempo, e fora colocado nesse colégio, onde vivia desde então. A criança, dentro em pouco, tornou-se o mentor de sua mãe; a cena era belíssima de ver-se. Ele a conduziu pelo colégio, pelos terrenos, mostrou-lhe os diferentes lugares, os seus colegas e, durante todo esse tempo, o seu rosto brilhava de alegria como o de sua genitora. Só conseguimos tirá-la de lá, sob promessa de que voltaria breve e muitas vezes para ver seu filho.
>
> Espírito senhora Vale Owen, na mensagem de 3 de outubro de 1913, do livro *A vida além do véu*.

Caso 5 – O reencontro da alma recém-desencarnada com um grande amigo, que havia perdido na vida terrena, causa-lhe enorme alegria e satisfação:

> Percebi a meu lado um sacerdote ex-colega, cujo passamento se dera alguns anos antes. Cumprimentamo-nos afetuosamente e notei

que se vestia como eu. Expressou seu grande prazer em rever-me, e de minha parte previ a junção de muitos fios do enigma que se haviam rompido com a sua morte.

A nova sensação de bem-estar e libertação das mazelas do corpo era tão agradável, que a compreensão total do fenômeno deveria levar algum tempo. Meu velho amigo pareceu compreender imediatamente que eu já estava ciente da minha morte e que tudo ia bem.

Eu me encontrava vivo e bem vivo, dono de minha verdadeira mente e vestido com as roupas habituais, de pé, diante de um velho amigo que me saudava cordialmente e mostrava tudo quanto se passava no outro lado da vida, exteriorizando o seu prazer em me ver, e ao qual eu retribuía. Ele me acolhia afetuosamente, como dois amigos após longa separação. Ambos estávamos alegres, felizes, despreocupados, naturais.

Espírito monsenhor Robert Hugh Benson, falecido em 1914, no livro *A vida nos mundos invisíveis.*

Caso 6 – O reencontro com o espírito da sua mãe, da sua esposa querida e dos seus amigos já falecidos tornou-se um momento indescritível:

Desprendi-me do corpo quase sem me aperceber disso e, abraçado sempre à minha mulher, segui minha mãe, que viera para me acolher e guiar. Não há palavras que te possam descrever a felicidade que experimentei, quando vi que vinham ao meu encontro ora uma, ora outra das pessoas a quem mais amei na Terra e que todas acudiam a me dar as boas-vindas nas esferas dos imortais.

Espírito juiz Peckam, no livro *A crise da morte.*

Caso 7 – O reencontro da alma recém-desencarnada com o espírito daquela que foi a sua mãe terrena elimina os abalos emocionais decorrentes do processo de desencarnação:

Experimentei sobre os ombros o contato de veludosas mãos. Ergui repentinamente o meu olhar e – oh, maravilha! – vi minha mãe a contemplar-me com a melhor das expressões de ternura e amor. Como me senti recompensada, nesse momento inesquecível, de todos os infortúnios que houvera sofrido!

Espírito Maria João de Deus, no livro *Cartas de uma morta.*

Caso 8 – O reencontro com o espírito de uma filha muito querida provoca grande alívio nas perturbações que, geralmente, surgem durante a morte do corpo físico:

Chorava conturbado, jungido ao corpo desfalecente, quando tênue luz se fez perceptível ao meu olhar. Em meio do suor copioso lobriguei minha filha Marta a estender-me os braços. Estava linda como nunca. Intensa alegria transbordava do seu semblante calmo. Avançou, carinhosa, enlaçou-me o busto e falou-me, terna, aos ouvidos:

- Agora, paizinho, é necessário descansar.

Entreguei-me, confiado, aos seus carinhos, experimentando felicidade impossível de descrever.

Espírito Irmão Jacob, no livro *Voltei.*

Caso 9 – Muitos espíritos amigos, há muito tempo falecidos, ressurgem para receber a alma que praticou o bem:

Como se fosse impressionado por uma paisagem, em cuja realidade não acreditava, vi amigos chegando...

Reconheci antigos companheiros que julguei me visitarem para uma oração de fraternidade e esperança. Eram eles muitos, mas de momento, lembro-me de que estavam junto de nós o Lameira de Andrade e o Américo Montagnini; o Onofre e Gracinda Batista, nossos irmãos de Itapira; o Tio Paco, de Avaré; o Marrone, de Campinas; o Cairbar Schutel e Mariquinha Perche, de Matão; o Romeu do Amaral Camargo, o Vinícius, o Elói Lacerda e tantos outros amigos.

Eles se davam as mãos em torno de mim, como se expressassem desse modo o abraço que me transmitiam. Um suave calor me revigorou as energias e vi o nosso respeitável Bezerra de Menezes ao lado do nosso Batuíra, que, penetrando a roda fraternal, me tocavam no corpo com gentileza, qual se me cortassem algo na pele insensível. Aquela formação de amigos entrou em prece, feita em voz alta, e, tocado por uma alegria misturada de dor, ergui-me do corpo, como quem se levantava do leito com recursos suficientes para saudar os circunstantes. Bezerra de Menezes, com a bondade paternal que lhe conhecemos, tocou de leve em meus ombros e disse sorrindo:

– Juca, você está livre.

Então compreendi tudo e o velho coração rebentou em lágrimas. Mas a mãezinha Albina me reconfortou e me convidou a seguir os amigos, porque não me seria conveniente acompanhar aquele corpo que encontrara finalmente a parada de repouso. Agradeci, chorando, aquele companheiro que seguiria para um destino diferente do meu, recordei tudo quanto me dera em resistência nos dias mais atribulados das nossas tarefas e segui para fora...

Só então consegui adormecer ignorando de que modo. Acordei em outra dimensão da vida, que prossegue sem pausa.

Espírito José Antônio Andrade Júnior, conhecido por Juca Andrade, em carta psicografada por Chico Xavier, em 1º de abril de 1983, e dirigida ao seu filho José Andrade e publicada no livro *Retornaram contando*.

Caso 10 – A alma recém-desencarnada é encaminhada, após o reencontro com espírito muito amado, para viver em uma das colônias existentes nas regiões do plano espiritual:

Sara, minha esposa, havia desencarnado muitos anos antes. Sofri muito com a separação, queríamo-nos muito bem. Sara entrou na enfermaria, sorrindo:

– Dito, meu Dito! Que alegria vê-lo!

Ver Sara foi uma felicidade; abraçamo-nos contentes, conversamos muito. Sara vinha visitar-me três vezes por dia. Recuperei-me logo. Não estranhei o plano espiritual. Encantei-me com tudo. Fui morar na colônia, junto de Sara e amigos, para estudar e trabalhar.

Espírito Benedito, no livro *O que encontrei do outro lado da vida*.

- 9 -

MANUTENÇÃO DAS AFEIÇÕES PELOS FAMILIARES E ENTES QUERIDOS ENCARNADOS

Os casos a seguir apresentados comprovam que a alma leva consigo e conserva seus bons sentimentos e as suas afeições pelos familiares e amigos que permaneceram na vida terrena, sentindo o desejo de vir visitá-los.

Caso 1 - O amor pelos familiares terrenos permanece na vida espiritual:

> Se a tivesse esquecido (família terrena) seria indigno da felicidade de que gozo.
>
> Espírito Samuel Filipe, no livro *O Céu e o Inferno*.

Caso 2 - A alma recém-desencarnada continua acompanhando os sentimentos dos seus pais que permaneceram na vida material:

> A dor de meus pais aflige-me, porém ela se acalmará quando tiverem a certeza de que não estou perdido para eles.
>
> Espírito Maurício Gontran, no livro *O Céu e o Inferno*.

Caso 3 - A alma de um familiar que permaneceu encarnada consegue visitar, durante o sono, a alma afetuosa do seu ente querido já falecido:

> Quando dormimos, o espírito se retira temporariamente do corpo físico, se bem que permaneça ligado a ele por um fio magnético. Esta

ligação é o fio da vida entre o espírito e o corpo. O espírito, assim liberto, ou permanece nas vizinhanças do corpo ou gravitará para a esfera que seus atos terrenos lhe terão dado direito de frequentar. O espírito passa, portanto, parte da sua existência em terras espirituais. E é nessas visitas que encontramos parentes e amigos que morreram antes de nós; é também nessas visitas que os pais podem encontrar os seus filhos, e assim observar seu crescimento. Então, um pai vê o filho e observa o seu crescimento, da mesma maneira que o teria feito se a criança permanecesse na Terra. O laço de afeição e interesse também existe entre todas as relações humanas no mundo espiritual, seja entre marido e mulher, pai e filho ou entre amigos.

Espírito monsenhor Robert Hugh Benson, falecido em 1914, no livro *A vida nos mundos invisíveis.*

Caso 4 - A alma recém-desencarnada, que ainda se mantém muito apegada aos familiares que ficaram na vida carnal, precisa se preparar espiritualmente, para vir visitá-los, devido às grandes mudanças que geralmente ocorrem na vida familiar:

4.1 -Estou vindo de casa, amigo, não vale a pena regressar ao lar sem o devido preparo. No meu "ex-lar" tudo mudou, foi muito triste, sofri e pedi para voltar para cá. (...)

4.2 - Continuava vivo num corpo perispiritual, como dizia minha avó, e quis voltar. Estava num posto de socorro perto da crosta, falava vovó entusiasmada; para ela tudo ali era lindo, maravilhoso; eu não achava nada de extraordinário. Pensava só no meu possível regresso e decidi ir embora.

Compreendi com tristeza a enorme diferença entre meu corpo perispiritual e aqueles físicos. Ninguém encarnado me via, e fugi dos grupos desencarnados que encontrei. Andando, tentando me esconder, rumei para minha casa. Vovó apareceu e levou-me novamente ao posto de socorro. Recebi o tratamento e passei a ser grato e educado. Vovó trazia notícias de meus filhos. Minha ex-esposa e marido não tiveram a felicidade que sonharam.

Espírito Rogério, no livro *O que encontrei do outro lado da vida.*

- 10 -

A FORMA E A APARÊNCIA DO CORPO ESPIRITUAL

Os casos seguintes detalham, de modo impressionante, como o corpo sutil da alma (perispírito) conserva a mesma forma e aparência que teve o seu corpo carnal já falecido.

Caso 1 – Após a desencarnação, o perispírito conserva a mesma forma e aparência que tinha o seu corpo carnal:

> Não tenho mais o corpo que tanto me fez sofrer; mas tenho a sua aparência.
>
> Espírito Júlia, na *Revista Espírita,* de janeiro de 1858.

Caso 2 – O corpo espiritual mantém a forma masculina ou feminina:

> 2.1 – Estou sob minha última forma feminina.
>
> Espírito senhora Schwabenhaus, na *Revista Espírita,* de setembro de 1858.

> 2.2 – Ver-me-íeis com a aparência do Jobard que se sentava a vossa mesa.
>
> Espírito senhor Jobard, na *Revista Espírita,* de março de 1862.

Caso 3 – O perispírito apresenta-se renovado em sua aparência:

> Os espíritos nos haviam ensinado na Terra que eles conservam no outro mundo a forma transitória que haviam tido no vosso mundo.

> É a verdade. Mas há uma diferença entre a máquina que se arrasta penosamente com o seu cortejo de provas e a maravilhosa fluidez do corpo dos espíritos!
>
> Espírito senhor Sanson, na *Revista Espírita,* de junho de 1862.

Caso 4 - A pessoa que faleceu em idade física avançada, geralmente, experimenta, na vida espiritual, completa renovação no seu corpo espiritual:

> Não sou mais velho, nem enfermo; meu corpo era apenas um disfarce imposto; sou jovem e belo; belo dessa eterna juventude dos espíritos, cujas rugas não mais sulcam o rosto, cujos cabelos não embranquecem sob a ação do tempo. Sou leve como o pássaro que em voo rápido atravessa o horizonte do vosso céu nebuloso.
>
> Espírito doutor Demeure, na *Revista Espírita,* de março de 1865.

Caso 5 - O corpo espiritual retrata com precisão as condições mentais e íntimas da alma:

> Embora não sejam de carne e sangue materiais, os nossos corpos são tão sólidos e reais como os que abandonamos. E bem sabeis que esses corpos do nosso estado atual correspondem muito mais eficientemente ao espírito que os que anteriormente usávamos.
>
> Espírito senhora Vale Owen, na mensagem de 20 de outubro de 1913, do livro *A vida além do véu.*

Caso 6 - Os conceitos humanos de idade do corpo material não têm sentido para o corpo espiritual:

> Nossas percepções são de ordem mental e o nosso corpo espiritual é impenetrável a tudo quanto seja destrutivo. Sentimos através da mente e não de qualquer órgão físico dos sentidos; nossas reações estão diretamente ligadas aos pensamentos.

Tentar predizer as idades das pessoas deste mundo seria tarefa difícil e até mesmo perigosa. À medida que progredimos espiritualmente, vamos nos desfazendo daquela aparência idosa conhecida na Terra. Tornamo-nos mais jovens à medida que adquirimos mais experiência em sabedoria, conhecimento e espiritualidade.

A mente humana é limitada em seu raio de ação pelo cérebro físico. No mundo espiritual, não o temos a prejudicar-nos, e nossas mentes são inteira e completamente capazes de reter todo conhecimento que nos vem.

O corpo espiritual é, geralmente falando, a réplica do corpo terreno. Quando chegamos aqui, somos reconhecidamente nós mesmos. Mas deixamos para trás todas as nossas incapacidades físicas. Temos membros, vista e audição, e todos os outros sentidos funcionando perfeitamente. Na verdade, os cinco sentidos, como os chamamos na Terra, tornam-se vários graus mais agudos quando desencarnamos. Os idosos, ao passarem a espírito, voltarão à flor da idade. Os jovens se adiantam até essa idade. As almas dos que morreram crianças ou dos que morreram ao nascer crescem como o fariam na Terra, com um tratamento e cuidado que nunca seria possível na Terra. O reino destas crianças chama-se o berçário do céu. O crescimento mental e físico da criança no mundo espiritual é mais rápido do que no mundo terrestre. O reino das crianças fornece tudo para o bem-estar, conforto, educação, prazer e felicidade de seus jovens habitantes.

Se a vida foi espiritualmente feia, o corpo espiritual será torcido e deformado. Mas se a vida terrena foi sã, o corpo espiritual será correspondentemente são. Há muitas belas almas habitando um corpo terreno disforme, assim como há almas más dentro de corpos bem formados. Mas no mundo espiritual se revela a verdade a respeito de todos. Temos músculos, nervos, ossos, mas não são da Terra, são puramente do espírito. Aqui a saúde é sempre perfeita, porque temos um grau de vibração tão elevado que germens causadores de doença não podem entrar. Mas, existe certamente a subnutrição espiritual, isto é, da alma.

Espírito monsenhor Robert Hugh Benson, falecido em 1914, no livro *A vida nos mundos invisíveis*.

Caso 7 - Os padrões dos bons ou maus pensamentos determinam as condições da forma e aparência do corpo etéreo:

> Pela força do meu pensamento, eu poderia modelar à vontade os meus traços na forma humana. Não é maravilhoso? Entretanto, os pensamentos e as ações realizados no curso da existência contribuem para a criação da natureza íntima do nosso corpo etéreo.
>
> Espírito miss Felicia Scatcherd, no livro *A crise da morte.*

Caso 8 - O perispírito conserva órgãos semelhantes aos que existiam no corpo carnal, o que dificulta a alma recém-desencarnada fazer a distinção entre eles:

> 8.1 - Um dos meus primeiros pensamentos de estranheza foi o de compreender que havia morrido e, ao mesmo tempo, conservar o meu corpo, o qual, segundo o bom-senso, fora entregue à Terra. Constatei que os meus pulmões respiravam e o meu coração pulsava com absoluta normalidade.
>
> Espírito Maria João de Deus, no livro *Cartas de uma morta.*
>
> 8.2 - Guardava a ideia de haver rejuvenescido. Toquei meu veículo novo. Eu era o mesmo, dos pés à cabeça. Coração e pulmões funcionavam regulares. Tão grande leveza caracterizava agora o meu organismo. Francamente, a morte do corpo fora milagroso banho de rejuvenescimento. Sentia-me alegre, robusto e feliz.
>
> Espírito Irmão Jacob, no livro *Voltei.*
>
> 8.3 - Eu me sentia em um corpo gêmeo àquele que caminhava para a putrefação e, em tudo, idêntico a ele, inclusive no vestuário.
>
> Espírito Otília Gonçalves, em cartas dirigidas à sua filha, no período de março de 1958 a agosto de 1959, e contidas no livro *Além da morte.*
>
> 8.4 - Uma enfermeira bondosamente esclareceu-me as dúvidas: eu havia realmente desencarnado.

- Meu pé? - quis saber. Vi-o, mexi com ele. — Parece-me bem, não o cortaram?

- Cortaram o pé do seu corpo físico. A senhora não deve pensar que não o tem. Seu perispírito é perfeito e continuará sendo se assim o quiser ou pensar.

Espírito Aparecida, no livro *O que encontrei do outro lado da vida.*

Caso 9 - O corpo espiritual é muito diferente para cada alma, porque retrata, com precisão, as suas conquistas, qualidades e méritos intelectuais, morais e espirituais:

Entendi que o meu corpo material já não existia. Então, recebi a visita de Rebeca, uma amiguinha que, com 6 anos, desencarnara num acidente. Éramos da mesma idade, lembrei-me dela ao vê-la; não tive medo; ela estava tão linda, feliz; abraçamo-nos comovidas. Aos poucos, entendi que a vida continua; mas com outro corpo mais leve, sutil, o perispírito.

Antes dos 7 anos, os que desencarnam podem voltar a ter a aparência que tinham antes de encarnar; estes não ficam no educandário. Os que desencarnam acima da idade de 15 anos vão para uma parte do educandário destinada aos adolescentes.

As crianças e jovens que estiveram encarnados com deficiências mentais são tratados em hospitais especiais. Recuperados, podem, se necessário, estudar no educandário.

Os que se suicidam também ficam em locais próprios para o socorro e aprendizado.

Muitas crianças e jovens que desencarnaram de forma violenta passam um determinado tempo em salas especiais.

Todas as colônias do Brasil e quase todas pela Terra têm uma parte especial para receber os que desencarnam na infância e na adolescência.

A colônia onde estou se localiza no plano espiritual da cidade onde morei encarnada. A morte do corpo não deve amedrontar, deve-se viver o bem, quando encarnado, e deixar o corpo com a consciência do dever bem cumprido e de que a mudança virá com a desencarnação.

Espírito Soninha, no livro *O que encontrei do outro lado da vida.*

- 11 -

CAPACIDADE DA ALMA DE "VOAR"

Os casos selecionados mostram a capacidade de volitar que a alma adquire no plano espiritual. Com isso, consegue se deslocar ou se locomover com muita facilidade e rapidez pelo espaço do plano espiritual, para chegar aonde deseja ou precisa estar para cumprir missões, tarefas ou visitas.

Caso 1 - A alma transporta-se com facilidade pelo espaço:

> Eu próprio, sentindo-me bem e forte, podia sem esforço transportar-me no espaço.

Espírito senhor Sanson, na *Revista Espírita,* de junho de 1862.

Caso 2 - A locomoção do espírito é impulsionada pela força da vontade e dos pensamentos:

> Aqui a atmosfera é clara e as distâncias têm um aspecto diferente das da Terra. Se alguém desejasse deixar o cume de uma elevação em que se achasse, e transportar-se para qualquer ponto do horizonte, ou mesmo para além, fá-lo-ia por meio de sua vontade; e dependeria da intensidade e natureza dessa vontade o transportar-se com mais ou menos rapidez; e, também, poderia penetrar profundamente nessas regiões que ficam além das várias cadeias de montanhas.

Espírito senhora Vale Owen, na mensagem de 2 de outubro de 1913, no livro *A vida além do véu.*

Caso 3 – São muito diversificados os meios que o espírito dispõe para se locomover nas regiões do mundo espiritual:

> No mundo espiritual somos livres, e as ações mentais mostram um instantâneo e direto resultado, seja para nos movermos com a rapidez do pensamento, seja para nos abstrairmos de qualquer aspecto ou som que não desejamos experimentar.
>
> Até então eu tinha usado minhas pernas, como sempre, na nossa forma comum de andar. Mas, disse o meu amigo que melhor seria não usarmos esse habitual meio de locomoção, isto é, as pernas, e que eu segurasse com firmeza a sua mão e não temesse o que quer que fosse. Poderia ou não fechar os olhos, mas de qualquer modo melhor seria para mim que os fechasse. Segurei sua mão e deixei que ele fizesse o resto.
>
> Imediatamente experimentei a sensação de flutuar, assim como acontece nos sonhos dos vivos, se bem que flutuasse de uma forma real e sem cuidados de segurança pessoal. A velocidade parecia aumentar à medida que o tempo passava, e eu ainda mantinha os olhos firmemente fechados.
>
> Após algum tempo nossa velocidade pareceu afrouxar um pouco, e eu podia sentir algo sólido sob os pés. Fui convidado a abrir os olhos. Assim o fiz.
>
> Meu guia aconselhou-me a descansar, que ele ia retirar-se. Quando me sentisse inteiramente repousado, bastava dirigir-lhe os meus pensamentos e ele voltaria imediatamente. Pouco a pouco um suave torpor invadiu-me, e quando despertei foi com aquela disposição de saúde que na Terra chamamos de higidez.
>
> Lembrei-me a seguir das palavras do guia e dirigi-lhe meu pensamento. Em poucos segundos (no tempo terrestre), entrava ele pela porta. Explicou-me que na verdade tudo era muito simples. O mundo espiritual é um mundo de pensamentos: pensar é agir, e o pensamento é instantâneo. Se nos imaginarmos num determinado lugar, para lá viajaremos com a velocidade desse pensamento. Eu logo veria ser esse o meio usual de locomoção e breve seria capaz de utilizá-lo.

> O meu corpo espiritual - e esse é o único que possuo! - pode viajar através do espaço com a rapidez do pensamento, e isso equivale a ser instantâneo. Aqui podemos caminhar vagarosamente a pé ou transportarmo-nos instantaneamente pelo pensamento.
>
> Há aqui imensas distâncias a percorrer e às vezes precisamos cobri-las rapidamente, e o fazemos pelo poder do pensamento. Uma vez determinada a viagem para um certo lugar, pomos nossos pensamentos em função e eles, por sua vez, põem nossos corpos espirituais em movimento.
>
> Espírito monsenhor Robert Hugh Benson, falecido em 1914, no livro *A vida nos mundos invisíveis.*

Caso 4 - Os espíritos, usando suas faculdades volitivas, vencem rapidamente as enormes distâncias existentes no plano espiritual:

> Podem os espíritos locomoverem-se como o faziam na Terra, lenta e pesadamente; mas não há necessidade de que assim se proceda.
>
> Graças às nossas faculdades volitivas, vencemos as maiores distâncias com rapidez inimaginável, podendo estacionar em qualquer ponto até a zona que nos é possível atingir em nossas condições de relativo desenvolvimento espiritual.
>
> Espírito Maria João de Deus, no livro *Cartas de uma morta.*

Caso 5 - É muito agradável para o espírito a sua capacidade de volitar:

> Voltei a Nosso Lar em companhia de Narcisa e, pela primeira vez, experimentei a capacidade de volitação. Num momento, ganhávamos grandes distâncias. A bandeira da alegria desfraldava em meu íntimo.
>
> Espírito André Luiz, no livro *Nosso Lar.*

- 12 -

MELHORA NO MODO DE VER E AGIR NA VIDA

Os casos a seguir apresentados revelam que a alma, uma vez esclarecida sobre as realidades que encontrou na vida no plano espiritual, e adaptada às novas condições da continuidade da sua vida, dilata o seu entendimento sobre Deus e a finalidade da sua existência. Ela altera até mesmo a sua interpretação e compreensão de como deveria ter aproveitado melhor o tempo, embora as dificuldades, adversidades, sofrimentos e dores inerentes à existência temporária que teve no seu corpo carnal. Mas, a sua grande transformação mental e íntima decorre, principalmente, dos julgamentos que faz das lembranças ou memórias da sua última existência corporal, ou mesmo das suas reencarnações anteriores.

Caso 1 - Os sofrimentos que desequilibram os mundos mental e emocional das pessoas, passam a ser vistos como necessários para o seu processo evolutivo, em termos intelectuais e morais:

> O meu sofrimento, dez vezes bendito, deu-me um lugar bem merecido.
>
> Espírito J. Sanson, no livro *O Céu e o Inferno*.

Caso 2 - O corpo material passa a ser visto pela alma como instrumento muito valioso para o seu progresso espiritual. Por isso, o tempo deve ser muito bem aproveitado:

Vi meus pobres despojos mortais e os bendisse pelos bons e leais serviços. Porque, dócil à minha vontade, em minha vida não tive lutas sérias a sustentar entre o meu espírito e a minha matéria. Foi, pois, com prazer que acompanhei ao campo de repouso o meu pobre corpo.

Espírito Dr. Caillex, na *Revista Espírita,* de maio de 1866.

Caso 3 - A recuperação das lembranças das reencarnações passadas muda a forma do espírito ver a sua existência na Obra de Deus:

3.1 - Lembro-me de minhas existências anteriores e acho que estou melhorado.

Espírito senhor Jobard, na *Revista Espírita,* de março de 1862.

3.2 - Jamais me faltou coragem na adversidade, graças a Deus! E hoje, felicito-me! Não tenho que recomeçar novamente as provações. Para apagar os últimos traços das faltas anteriores, era-me preciso sofrer as últimas provas que voluntariamente aceitei. Hoje, abençoo essas provações, pois a elas devo o ter rompido com o passado.

Espírito Samuel Filipe, no livro *O Céu e o Inferno.*

3.3 - Quanto à moléstia e aos padecimentos decorrentes, eram expiação do passado - uma dívida a mais, que paguei.

Espírito Anna Belleville, no livro *O Céu e o Inferno.*

Caso 4 - Alguns espíritos precisam passar por processos complexos, administrados por espíritos guias, para que se recordem das suas existências materiais anteriores:

Nesse sono magnético-espiritual, vi os diferentes corpos que meu espírito animou, desde um certo número de encarnações, e todos trabalharam na ciência médica, sem jamais se afastar dos princípios que o primeiro havia elaborado. Esta última encarnação não era para aumentar o saber, mas simplesmente para praticar o que ensinava a minha teoria.

Espírito doutor Cailleux, na *Revista Espírita,* de junho de 1866.

Caso 5 - A recuperação de todas as memórias arquivadas na mente do espírito ocasiona uma grande transformação no seu modo de julgar a sua existência e de avaliar com exatidão as suas boas ou más realizações durante a sua existência:

> Descobri que minha mente era um verdadeiro depósito de fatos referentes à minha vida passada. Cada ação que eu realizara e cada palavra emitida, cada impressão recebida, cada fato sobre que eu lesse, cada incidente testemunhado, tudo isso descobri estar indelevelmente registrado em meu subconsciente. E isso é comum a toda pessoa espiritual que já teve vida encarnada.
>
> Nossas mentes são como uma biografia completa da vida terrena, onde está anotado cada pormenor referente a nós mesmos, arrumado em ordem e onde não se omite coisa alguma.
>
> Essa memória enciclopédica de que somos dotados não é difícil de compreender. O subconsciente nunca esquece e assim nosso passado se torna censura ou não, de acordo com a nossa vida terrena. As anotações sobre as placas da verdadeira mente não podem ser apagadas. Nessas anotações estão também as boas ações, os bons pensamentos e tudo de que possamos justamente nos orgulhar.
>
> No mundo espiritual, aprendemos facilmente e rapidamente, porque estamos livres das limitações que o corpo físico impõe à mente. Nossos corpos espirituais respondem aos impulsos de nossas mentes, imediata e exatamente. A mente tem ilimitados recursos para expansão intelectual e melhoria, por mais atrasados que possamos ser quando aqui chegamos.
>
> Espírito monsenhor Robert Hugh Benson, no livro *A vida nos mundos invisíveis*.

Caso 6 - As lembranças das vidas passadas ressurgem paulatinamente na mente dos espíritos, exigindo mudanças no seu modo de ver a sua existência e de agir na vida imortal:

Nos planos da erraticidade, onde me encontrava, poucos eram os seres cuja mente, em toda a intensidade das suas vibrações, já havia desabrochado o domínio das lembranças relativas às existências passadas.

Na vida, quase cópia da existência da personalidade terrena, conheci inúmeros companheiros que duvidavam dos ensinamentos dos mestres, quando se referiam aos pretéritos longínquos; e alguns deles me asseveravam não poderem admitir a multiplicidade das existências da alma.

Naquele ambiente, misturavam-se os protestantes, os católicos, os professos de outras seitas, inclusive espíritos que militam nas hostes do materialismo mais avançado na superfície da Terra, e se aquelas falanges de almas não eram más, também não eram perfeitas.

Entretanto, todos os mentores espirituais, que nos dirigiam, discorriam sobre o nosso pretérito longínquo... Falavam dos compromissos a resgatar, das dívidas penosas, das lutas necessárias ao nosso desenvolvimento.

Certa vez, coloquei-me sob o império da excitação vibratória provocada pela bondade do meu guia com os seus poderosos fluidos – e posso dizer-vos de uma cena tocante, eternamente gravada em meu espírito. Experimentei nessas sensações de volta ao passado o vácuo de meu coração envenenado pela atração dos gozos mundanos, antes de retornar ao orbe para minha derradeira encarnação.

Aproximei-me, depois de longa ausência, daquela que me serviu de mãe, a quem conhecestes. Acerquei-me daquela jovem de faces maceradas nos trabalhos. Perdi a consciência de mim mesma. É que dava o primeiro passo para o meu renascimento na Terra e, segundo os meus desejos, aquela mulher me recebia em seu seio para, igual a ela, sorver o fel da provação redentora e, imitando-a, fui também mãe para sofrer e me redimir.

Espírito Maria João de Deus, no livro *Cartas de uma morta.*

Caso 7 – Os espíritos que recuperam as lembranças das suas vidas passadas alteram profundamente o seu modo de ver as coisas inerentes à vida carnal:

Depois de longo período de meditação para esclarecimento próprio, e, com surpresas indescritíveis, fomos submetidos a determinadas operações psíquicas, a fim de penetrar os domínios emocionais das recordações.

Os espíritos técnicos no assunto nos aplicaram passes no cérebro, despertando certas energias adormecidas... Ricardo e eu ficamos, então, senhores de 300 anos de memória integral. Compreendemos, então, quão grande é ainda o nosso débito para com as organizações do planeta!...

Em vista dessas nossas observações referentes ao passado, combinamos novo encontro nas esferas da crosta. Temos trabalho, muito trabalho, na Terra. Desse modo, Ricardo partiu há três anos. Quanto a mim, seguirei dentro de breves dias.

Espírito André Luiz, no livro *Nosso Lar*.

Caso 8 - O espírito que cometeu um erro muito grave em vida passada, pode ficar sujeito a reencarnar em um corpo material com deficiência mental e física:

8.1 - Seu filho teve o cérebro lesado por influência de seu perispírito doente, doença provocada por ele mesmo, numa vida anterior, pela embriaguez. Nesta existência tem ele, na humildade e na aceitação, a purificação do seu perispírito. Vi meu filho em outro corpo, embriagado, destruindo o corpo perfeito que Deus havia lhe dado. Vi também que eu fora uma das causas de sua perdição.

Espírito Aparecida, no livro *O que encontrei do outro lado da vida.*

8.2 - Sofremos pelos nossos erros, pelos da atual encarnação e pelos das anteriores, já que desequilibramos as leis. Todo erro gera sofrimento. Grande parte, ao encarnar, pensa em quitar seus débitos; poucos, fazem pelo amor, e muitos só o conseguem pela dor.

É o sofrimento que nos faz crescer, que nos fortalece espiritualmente. Os que atravessam a vida pela porta estreita encontram no plano espiritual a felicidade merecida.

Espírito Benedito, no livro *O que encontrei no outro lado da vida.*

- 13 -

CONSEQUÊNCIAS INEVITÁVEIS DO MAU-CARÁTER, VÍCIOS, FUTILIDADES E CRIMINALIDADE

Os casos a seguir apresentados foram selecionados com o objetivo de evidenciar as consequências danosas para a alma que praticou atitudes condenáveis. Ela, ao ter transgredido as leis divinas da prática do bem, prejudicou os seus semelhantes e a si mesma. Então, pela lei de causa e efeito, que "dá a cada alma segundo as suas próprias obras", ela se encontra em condições de sofrimento e infelicidade nas regiões inferiores do plano espiritual. Mas, em função da justiça de Deus, que atua junto com a misericórdia divina, a alma obtém uma reencarnação expiatória.

Caso 1 – A consciência da alma revê e julga todas as suas faltas cometidas em suas existências corporais, descobrindo a perfeição da justiça de Deus:

> A consciência do meu estado e a revelação das faltas cometidas, em todas as minhas encarnações, feriram-me subitamente, enquanto uma luz implacável me iluminava os mais secretos âmagos da alma, que se sentia desnudada e logo possuída de vergonha acabrunhante.
>
> Procurava fugir a essa influência, interessando-me pelos objetos que me cercavam, novos, mas que, no entanto, já conhecia; os espíritos luminosos, flutuando no éter, davam-me a ideia de uma ventura a que eu não podia aspirar.
>
> Espírito Novel, no livro *O Céu e o Inferno*.

Caso 2 - As consequências das atitudes más e ações perniciosas, em função da lei de causa e efeito, marcam as condições de vida da alma que encerrou a sua vida em seu corpo material:

> 2.1 - Sofro piores torturas que as da mais cruel enfermidade, pois é minha alma que as padece. Tendo sempre em mente a iniquidade de uma vida, que foi, para muitos, motivo de escândalos, meu sofrimento é tão grande. Bem sei que sou um miserável, indigno de piedade. Mas sofro tanto que necessito me ajudem a sair deste estado miserável.
>
> Espírito François Riquier, na *Revista Espírita*, de agosto de 1862.
>
> 2.2 - Ajudai-me: eu fiz tanto mal! Oh! Quanto sofro! Quanto sofro! Eu me alegrava com o mal praticado. Oh! Orai por mim.
>
> Espírito Adèle, na *Revista Espírita*, de abril de 1861.

Caso 3 - A alma que praticou o mal durante a sua existência carnal, em função das suas péssimas condições morais, encontra-se nas regiões escuras e de sofrimento do plano espiritual:

> Malditas sejam as horas de egoísmo e inércia, nas quais, esquecida de toda a caridade, de todo o afeto, eu só pensava no meu bem-estar! Malditos interesses humanos, preocupações materiais que me cegaram e perderam! Agora o remorso do tempo perdido!
>
> Sofro!... Nada vejo em volta de mim, senão sombras silenciosas e indiferentes... Sofro! Quanto vos maldigo, horas culpadas e de esquecimento de toda caridade e todo devotamento.
>
> Eu posso responder à pergunta relativa às trevas, porque vaguei e sofri por muito tempo nesses limbos onde tudo são soluços e misérias. Sim. Existem as trevas visíveis de que fala a Escritura, e os infelizes que, tendo terminado as suas provações terrenas, deixam a vida ignorantes ou culpados, são imersos na região morta, sem conhecimento de si mesmos ou de seu destino. Acreditam na eternidade de sua situação, balbuciam ainda palavras daquela vida que os seduzira, surpreendem-se e assustam-se com sua imensa solidão.

São trevas essa região vazia e povoada, espaços onde, coléricos e gemendo, pálidos espíritos vagueiam sem consolo, sem afeições, sem socorro algum.

A quem se dirigir?... Sentem a eternidade pesar sobre eles. Tremem e lamentam os mesquinhos interesses que consumiam as suas horas... Deploram a perda da noite que, sucedendo-se ao dia, muitas vezes desfazia os seus pesares com um sonho feliz. As trevas são para os espíritos a ignorância, o vazio, o horror do desconhecido... Não posso continuar!

Espírito Clara, no capítulo "Espíritos sofredores", do livro *O Céu e o Inferno* e na *Revista Espírita* de dezembro de 1860.

Caso 4 - A alma descobre que existe uma separação entre as regiões belas e as regiões escuras do plano espiritual:

Uma ponte sobre o abismo, entre as esferas de luz e de trevas, foi construída. A parte mais afastada está envolta em trevas e, ao emergir gradualmente em direção à região de luz, toma uma cor cada vez mais brilhante. Sim, por certo há uma ponte sobre o abismo. Do contrário, como poderiam passar aqueles que lutaram para subir através das trevas?

É verdade, esquecia-me dizê-lo, alguns há que atravessam a terrível região das trevas e vêm para este lado do abismo. As regiões são muito extensas e a ponte é mais um trecho de terreno do que uma ponte, e esta é a melhor comparação que me ocorre. Através do precipício ou ponte, caminham os que procuram luz, e esta caminhada é lenta.

Não penetrei muito nessas regiões escuras, porém o pouco que vi foi o bastante para satisfazer-me por algum tempo. Informaram-me, porém, de que os gritos, imprecações e uivos, assim como as chamas, são produzidos pelos que lá ficam. Não devo ir mais longe por enquanto.

Os que atravessam, com segurança, a ponte, são recebidos por aqueles que se acham na encosta, onde crescem a grama e as árvores;

e ficam estonteados de alegria, apesar de terem sido preparados aos poucos. Não estavam aparelhados para o amor e para a doçura, em virtude das práticas aí adquiridas.

Espírito senhora Vale Owen, na mensagem de 26 de setembro de 1913, no livro *A vida além do véu*.

Caso 5 - As regiões escuras e de sofrimentos existentes no plano espiritual são habitadas pelas almas que precisam passar por processo de purgação e expiação dos erros cometidos durante a sua existência física:

Nos reinos da obscuridade e semiobscuridade, onde tudo é árido e triste, habitam as almas que podem se elevar acima das trevas, se assim o desejarem e lutarem. Existem muitos que passam sua eternidade visitando essas obscuras regiões, para tentar arrancar esses infelizes à sua miséria e pô-los no caminho da luz e do progresso espiritual.

Espírito monsenhor Robert Hugh Benson, no livro *A vida nos mundos invisíveis*.

Caso 6 - Os sofrimentos experimentados nas regiões escuras do plano espiritual, invariavelmente, levam as almas que praticaram os vícios, o mal e os crimes, a reverem as suas crenças, valores e hábitos perniciosos:

6.1 - Vi-me, de um golpe, mergulhado nas mais profundas trevas. Procurei, tateando, caminhar através da obscuridade. Nenhuma luz via; ao redor mortal silêncio: era uma situação terrificante. Esgotado, caí ao chão, numa crise espantosa e indescritível de depressão moral. Queria morrer e não podia! Meu espírito se precipita no abismo dos remorsos. A minha iniquidade se ergue diante de mim, como fantasma perseguidor, a me proclamar o mais miserável dos pecadores.

Espírito pecador, no livro *A crise da morte*.

6.2 - Nas paragens da erraticidade, nem todos os lugares são estâncias de repouso, de aprendizagem ou bem-estar. Há regiões obscuras, atopetadas de amargores, formadas pelas consciências polutas que as povoam. Confrangente é a situação das almas sofredoras, que a esses ambientes se destinam, porque viverão com o fruto amargo das sementes que espalharam nos dias de sua temporária vida.

Vivem ali os que se apegaram em excesso às futilidades terrestres, sentindo-lhes desconsoladamente a ausência; os que colocaram acima de tudo as preocupações do egoísmo e da avareza, criando com suas ideias fixas todo um mundo de moedas e de valores fictícios, obsedados pela visão do ouro.

Espírito Maria João de Deus, no livro *Cartas de uma morta.*

Caso 7 - Os bons espíritos visitam as regiões escuras e de sofrimentos existentes no mundo espiritual para socorrerem os espíritos que já passaram pela revisão de suas vidas e conseguiram renovar suas crenças nefastas e valores materialistas, suportando difíceis condições de vida:

Estava vendo o umbral pela primeira vez. Partimos da colônia, onde já havíamos tido aulas teóricas sobre a zona inferior da crosta terrestre.

O umbral existe no plano espiritual de toda a Terra; conheceríamos o pedacinho que fica no espaço espiritual em que os postos de socorro e os trabalhadores estão sob a direção da colônia onde residimos.

Nosso posto de socorro está localizado na zona menos densa: há vários postos de socorro pela região e inúmeros pelo Brasil e por toda a Terra. O Sol é visto entre névoas. À noite, a escuridão é completa. O ar é fétido. A vegetação é pouca. Vimos muitas pedras. Pequenos filetes de água correrem lentamente. Assustamo-nos com os animais; eles, porém, são muito úteis. Vimos algumas aves de perto. Há muitos desencarnados que sofrem no umbral; outros se adaptam e dizem gostar dali. Afinam-se. Muitos dos que se dizem moradores dessas regiões transitam pelo umbral e pela Terra, entre encarnados, principalmente os habitantes das cidades dos umbrais. Vimos grupos de arruaceiros. Há os que sofrem. Não existe na Terra sofrimento que se possa comparar ao que se sofre ali. A maioria desses irmãos parece enlouquecida. Ninguém sofre injustiças; são reações das más ações. Ali se sofre de tudo: doença, fome, sede, frio, dores, com a sujeira e com a humilhação dos bandos. Muitos são presos e há outros que servem como escravos. Sofrem pelos erros, por não terem aproveitado as oportunidades de aprender pelo amor. A maioria sente remorso destrutivo e acha merecido o sofrimento.

Vimos, para estudo, o que pensavam esses infelizes. A maioria vê seus erros sem parar. Não podemos levar os que não querem socorro. Um espírito rebelde, num posto de socorro, traria inúmeros problemas aos trabalhadores do bem.

Há muito que se falar do Inferno. Podemos tirar nossas conclusões pelo que vimos no umbral.

Espírito Amaziles, no livro *O que encontrei do outro lado da vida*.

- 14 -

CONSEQUÊNCIAS DANOSAS DO SUICÍDIO

Os casos a seguir apresentados demonstram claramente que a alma que desequilibrou o seu mundo mental e íntimo e cometeu o suicídio entra em condições de vida cheias de sofrimento, arrependimento, remorso e infelicidade, em regiões conturbadas existentes no mundo espiritual. Ela sente inclusive as repercussões e consequências da agressão no corpo material, porque este repassou, por leis naturais, para o seu corpo espiritual, os resultados do seu ato violento praticado. Mas, pela misericórdia de Deus, nenhum filho está desamparado.

Caso 1 – São bastante desagradáveis as condições de vida que a alma suicida encontra nas regiões de sofrimento existentes no plano espiritual:

> Agora, só tenho necessidade de preces; orai, principalmente para que me veja livre desses hórridos companheiros que aqui estão junto de mim, obsidiando-me com gritos, sorrisos e infernais motejos. Eles chamam-me covarde, e com razão, porque é covardia renunciar à vida.
>
> Espírito Feliciano, no livro *O Céu e o Inferno*.

Caso 2 – A alma suicida geralmente encontra grande dificuldade na separação do seu corpo espiritual do seu corpo material:

> Eu sufoco no caixão... Estou em meu corpo... Não sabeis quanto sofro!... Eu sufoco!... Mas a minha vida não se extinguiu... Minha alma está ligada ao corpo... Não morri... Entretanto sinto que os vermes me roem.
>
> Espírito O Suicida da Samaritana, na *Revista Espírita,* de junho de 1858.

Caso 3 - A alma suicida sofre bastante, até o momento em que possa ser socorrida por benfeitores espirituais, que a ajudam na programação de uma reencarnação expiatória:

> Estava com câncer. Ateia, resolvi morrer antes da doença me matar. Suicidei-me com uma dose forte de veneno. Que engano cruel! Continuei viva e junto ao corpo em decomposição; depois fui levada ao Vale dos Suicidas. Sofri horrores. Sofreria bem menos, mas muito menos mesmo, com o câncer.
>
> Por nada se deve matar o corpo, mesmo que este seja deficiente ou doente. Tudo passa, mas a dor, o remorso do suicida parece não passar. Sofri muito e por muito tempo, até que fui socorrida; entendi então que perdi muitas oportunidades com minha tola ilusão de querer ser inteligente. Pedi e me foi dada uma outra oportunidade de aprendizado. Sou grata! Compreendi que Deus é Pai Amoroso e que nos dá sempre novos ensejos. Bendigo a reencarnação!
>
> Espírito Maria Cecília, no livro *Deficiente mental. Por que fui um?*

Caso 4: São muito variadas e complexas as causas para os desequilíbrios mentais, íntimos e espirituais que podem levar uma pessoa a cometer o suicídio; bem como são muito complexos os tratamentos necessários para a recuperação da alma e do seu corpo espiritual, em instituições especializadas existentes no plano espiritual:

> Continuei a ver meus perseguidores (depois do fracasso na tentativa de suicídio). Me falavam de acontecimentos do passado, de outra encarnação em que os havia prejudicado e exigiam cobrança. Aplaudiram minhas ideias de suicídio, incentivando-me. Porém não me forçaram e não o poderiam. Suicidar-me, ou não, cabia a mim, ao meu livre-arbítrio: fui responsável por meu ato. E sofri muito por isso. Arrependi-me sinceramente de meu ato tresloucado, pedi inúmeras vezes perdão a Deus e aos meus perseguidores, que foram diminuindo até que os três últimos, mais rancorosos, perdoaram-me e foram embora.

Num hospital desencarnei. Nada vi do meu desligamento, senti-me dormir. Acordei sentindo-me melhor, num hospital de socorro a suicidas. O tratamento foi longo. O remorso dói terrivelmente.

No hospital onde fui socorrida vi e tenho visto muito sofrimento. E quanto sofre o suicida! A maioria dos suicidas conscientes não se arrepende de imediato, tornando seu sofrimento maior. Passam para a vida espiritual e em nada se modificam, continuam infelizes, e seus problemas, em vez de resolvidos, estão agravados. Muitos se perturbam tanto que enlouquecem de dor e desespero. Em outros, o ato infeliz fica gravado na mente; assim, veem e sentem seu fim, sem descanso. Alguns ficam no corpo, sentindo os vermes a comer-lhes as vísceras, num desespero alucinante, às vezes por anos, até que pouco ou nada reste do corpo carnal. Muitos vagam sem consolo, sofrendo dores atrozes nos vales, nas furnas do baixo umbral. Mesmo obsidiado, só se suicidará quem se afinar com a ideia. Não há injustiça na espiritualidade. Muitos dos que sofrem por muito tempo não o fazem somente pelo crime do suicídio, mas também por outros erros, por outras más ações.

Não reencarnarei logo, quero preparar-me, porque não será fácil minha vida de encarnado. Só com a bênção da reencarnação podemos esquecer nosso erro, ter paz e força para recomeçar. Acredito que, ao destruir o corpo carnal por livre escolha, ferimos profundamente o perispírito que, mesmo socorrido, poderá marcar o novo corpo em encarnação futura. Felizes os que voltam ao plano espiritual acompanhados de boas ações e no tempo previsto.

Espírito Simone, no livro *O que encontrei do outro lado da vida.*

- 15 -
MÁS CONSEQUÊNCIAS ESPIRITUAIS PELO MENOSPREZO ÀS CONQUISTAS MORAIS

Os TRÊS CASOS ABAIXO resumidos são suficientes para mostrar a situação sofredora e infeliz encontrada pela alma, no ambiente espiritual da crosta da Terra ou nas regiões inferiores existentes no plano espiritual, por ela não ter se esforçado para conquistar as qualidades e os méritos morais.

Caso 1 - A falta de esforços para a conquista dos progressos morais retém naturalmente a alma no ambiente espiritual da crosta terrena, pelas condições da densidade do seu corpo espiritual:

> 1.1 - Não tenho outra ocupação senão divertir-me ou informar-me dos acontecimentos que podem ter influência sobre o meu destino. Vejo muito. Passo parte do tempo em casa de amigos, no teatro... Por vezes, surpreendo coisas engraçadas... Se as pessoas soubessem que têm testemunhas quando pensam estar sós!... Enfim, procedo de maneira que o tempo me seja o menos pesado possível.
>
> Espírito Pierre Le Flamand, na *Revista Espírita,* de maio de 1859.
>
> 1.2 - Ainda estou muito preso à Terra e é difícil arrepender-me... Minha única ideia estava ligada às riquezas; visando acumulá-las, jamais pensei em separar-me delas.
>
> Espírito Pai Crépin, na *Revista Espírita,* de outubro de 1859.

Caso 2 - A alma que menosprezou a acumulação dos valores espiritualistas e dos tesouros morais e espirituais encontra-se em regiões grosseiras existentes no mundo espiritual:

> Os que para aqui vêm, depois de terem vivido na Terra uma vida sem progresso, encontram-se em esferas tão grosseiras, que não as distinguem da própria Terra. Este é um dos motivos por que não se convencem de que mudaram de estado. À proporção que progridem através das esferas inferiores para as superiores, essa materialidade pouco a pouco cede lugar a condições mais delicadas e, quanto mais alto se chega, mais elevado se torna o ambiente.
>
> Espírito senhora Vale Owen, na mensagem de 20 de outubro de 1913, do livro *A vida além do véu.*

Caso 3 - As almas que relegaram a um segundo plano a conquista dos progressos morais e espirituais e concentraram os seus esforços apenas na conquista dos progressos intelectuais e materiais, se encontram nas regiões escuras e de sofrimento existentes no plano espiritual:

> Achamo-nos nas fronteiras dos reinos inferiores. A lei era que não chamássemos a atençãc em lugares estranhos, nem levássemos a luz do nosso reino para aqueles planos obscuros, onde poderia cegar os seus habitantes.
>
> Caminhávamos ao longo de terreno árido. A terra era dura e o verde das árvores desaparecera. O céu era sombrio e plúmbeo, e a temperatura tinha caído consideravelmente. Víamos apenas uma grande massa de neblina, que se adensava cada vez mais à medida que avançávamos, até que nos sentimos envolvidos por ela. Depois, o nevoeiro começou a clarear um pouco e por fim desvaneceu-se. Podíamos agora ver claramente nosso novo ambiente.
>
> A paisagem era extremamente árida, com apenas uma habitação aqui e acolá, e assim mesmo de ínfima categoria. Entramos numa pobre espécie de moradia. Encontramos seu único ocupante sentado numa cadeira. Era um homem de meia-idade. Quando falou,

foi para esbravejar conosco incoerentemente. Julgava-se vítima de injustiça. Edwin disse-lhe cruamente que era tolice, porque não há injustiça no mundo do espírito. Mantendo com Edwin uma conversa particular, disse que iria pensar no assunto. Fora um homem bem-sucedido nos negócios e impiedoso com os outros. Em sua casa tudo e todos eram-lhe subservientes. Nunca tinha praticado uma ação decente e desinteressada em toda a sua vida. Recusava-se a reconhecer que ele próprio se condenara. Esperando uma alta recompensa, tinha sido lançado às profundezas. Não tinha feito verdadeiros amigos. Estava ainda relutante em admitir que a culpa era sua.

Este foi o nosso primeiro contato com os desafortunados das esferas inferiores. Retornamos à nossa jornada, sob um céu pesado e negro. Parecíamos vagar num outro mundo. O terreno era agora de rochas e nada mais, e viam-se aqui e acolá pessoas sentadas, de cabeça baixa, aparentemente inanimadas, mas na realidade mergulhadas em desespero e tristeza.

As habitações não passavam de cortiços. Eram os frutos da vida dos homens sobre a Terra. Os habitantes não tinham noção de tempo, e sua existência era uma interminável continuidade de escuridão, e por sua própria culpa. Não demonstravam uma centelha de luz em sua mente, nem desejo de dar um passo à frente na estrada espiritual. A vida terrena foi espiritualmente horrível. Viveram uma existência apenas de exibição de bondade e santidade. Aqui se mostravam como realmente eram. Nunca tinham feito o bem a um único mortal sobre a Terra. Viveram inteiramente para si, sem pensar nos outros. Os moradores destes planos inferiores tinham edificado as condições atrozes de sua vida espiritual.

Mas, aqui temos grandes organizações, destinadas a ajudar essas almas que os habitam a se erguerem até a luz. As altas esferas do céu estão ao alcance de toda alma. Mas, depende dela se mover para a frente espiritualmente.

Aqui nestes sombrios reinos tudo é triste e desolado. Alguns infelizes que passavam por nós eram inequivocamente maus, mostrando a vida de vício que haviam levado sobre a Terra; alguns revelavam o avarento, o miserável, a besta humana. Nos disseram que ficaríamos estupefatos com a lista de nomes, bem conhecidos na História, de pessoas que estavam enfurnadas nessas pestilentas regiões. Ficariam até que, por vontade e esforço próprios, eles se movessem, por pouco que fosse, na direção da luz do progresso espiritual.

Podíamos ver, ao caminharmos, bandos inteiros de almas aparentemente enlouquecidas, a caminho de intentos maléficos. Seus corpos apresentavam externamente as mais horripilantes e repulsivas deformidades, o absoluto reflexo de suas mentes malsãs.

Mas, sempre havia uma alma corajosa que lá se achava na sua tarefa de ajudar aqueles aflitos. Podia ver-nos na escuridão e nós a ela, mas éramos todos invisíveis para os demais.

Não é minha intenção entrar em pormenores a respeito dessas esferas sombrias. Pelo menos por enquanto. Preferimos nos deter nas belezas do mundo espiritual e tentar mostrar algo das glórias que esperam cada alma que termina sua vida na Terra.

Mas me foi aconselhado que se devem apresentar os fatos, não com intenção de assustar as pessoas - não é esse o método nem o alvo do mundo espiritual - mas para mostrar que tais lugares existem unicamente pela virtude de uma lei inexorável, a lei da causa e efeito, a colheita espiritual que procede da sementeira terrena; para mostrar que escapar à justiça do mundo é o mesmo que achar justiça estrita e impiedosa no mundo espiritual.

Não podíamos crer que fossem seres humanos; mas Edwin nos assegurou que um dia foram homens na Terra, andando, respirando e caminhando como nós. Mas viveram uma vida de impureza espiritual, e, pela morte física, haviam passado à sua verdadeira habitação, de acordo com seu estado de espírito.

Espírito monsenhor Robert Hugh Benson, falecido em 1914, no livro *A vida nos mundos invisíveis*.

- 16 -

FELICIDADE DESFRUTADA PELAS ALMAS BEM-AVENTURADAS

Os casos a seguir apresentados exemplificam claramente as valiosas recompensas espirituais recebidas pela alma que se esforçou em se tornar sábia e virtuosa; que observou as Leis de Deus; e realizou muitas boas obras.

Caso 1 - A alma que se esforçou para conquistar a nobreza intelectual, moral e espiritual e praticou o bem encontra-se num mundo onde pode desfrutar da alegria e felicidade:

> 1.1 - Arrastado por não sei que poder, encontra-se a gente num mundo de alegria e grandeza! Uma felicidade inefável me extasiava de gozo, livre do peso das dores.
>
> Espírito J. Sanson, no livro *O Céu e o Inferno.*
>
> 1.2 - Que vida nova, meu amigo, nova, brilhante e cheia de ventura!
>
> Espírito Van Durst, no livro *O Céu e o Inferno.*
>
> 1.3 - Aqui, tudo ressumbra amor, confiança, sinceridade: por toda parte corações amantes, amigos por toda parte! É este o mundo em que me encontro e ao qual chegareis infalivelmente, se seguirdes o reto caminho da vida.
>
> Espírito Condessa Paula, no livro *O Céu e o Inferno.*
>
> 1.4 - Estou feliz, muito feliz, porque tenho consciência de ter bem vivido!
>
> Espírito Joseph Méry, na *Revista Espírita,* de julho de 1866.

1.5 - O belo, o infinito, o impalpável, todos os mais puros sentimentos, eis o apanágio dos que desprezam os tesouros humanos, querendo marchar na via santa do bem, da caridade e do dever. Tenho minha recompensa e sou muito feliz. Sou alegre, contente, cheia de vivacidade.

Espírito Ernestine Dozon, na *Revista Espírita,* de outubro de 1867.

Caso 2 - Durante a sua existência no mundo material, a alma que cultivou os valores intelectuais, morais e espirituais ressurge na vida espiritual com os méritos que a permitem desfrutar das bem-aventuranças:

Seja cuidadoso e pese bem tudo o que fizer e tudo o que disser; não tenha impaciência e de preferência cultive o hábito de fazer o bem; procure sempre e em toda parte irradiar a bondade do seu coração, porquanto, no Reino, isto não é de pouca importância, porque concorre para fazer os vestuários brilhantes e radiantes os corpos. Aqui, tudo é bom para quem ama o bem.

O plano espiritual é a Terra aperfeiçoada. Nós temos montes, rios, belas florestas e muitas casas; tudo foi preparado pelos que nos precederam.

A nossa casa é muito luminosa e bela, e os nossos amigos das esferas superiores vêm, continuamente, a nós, a fim de animar-nos em nossa jornada ascendente.

A Terra é o Céu em embrião; e o Céu não é mais do que a Terra purificada. O reino de Deus, nosso Pai, é mais grandioso do que o podeis imaginar.

Aqui há espaçosos jardins e bosques, alguns deles de milhas de extensão, com bela fauna e flora. Há grandes casas exclusivamente destinadas à manufatura da música e de instrumentos musicais.

Penso que muitos de vós, quando para esta Terra aperfeiçoada vierdes, ficareis surpreendidos por ver como tudo aqui é tão natural, embora mais bonito que na Terra. As coisas, aqui, assim que chegamos, parecem-nos diferentes das da Terra, da nossa antiga vida, porém não tão diversas a ponto de ficarmos atônitos pela sua singularidade. Com essa semelhança com a bela Terra criada por Deus, sabemos que a Terra não é mais que uma manifestação remota das nossas próprias esferas.

Espírito senhora Vale Owen, nas mensagens de 23, 29 e 30 de setembro e de 20 e 22 de outubro de 1913, do livro *A vida além do véu*.

Caso 3 - As excelentes condições de vida que a alma sábia e virtuosa encontra para desfrutar nas esferas superiores do plano da matéria em estado sutil foram preparadas por ela mesma, durante a sua boa e justa existência material, em função das suas conquistas intelectuais, morais e espirituais:

> Foram os jardins que mais me atraíram a atenção. Eram maravilhosamente cultivados e conservados. Era a mais bela profusão de flores dispostas de maneira a mostrar uma perfeição absoluta. Os perfumes celestiais emanados eram de tal magnitude que nenhuma alma quando materializada jamais os havia sentido. Soberbas árvores podiam ser divisadas, mas sem as deformações das que existem na Terra, e não havia uniformidade nas espécies. A paisagem era banhada por um belíssimo resplendor celestial, e eu podia notar inúmeras casas de vários tipos, pitorescamente localizadas, como a minha, entre árvores e jardim. Do solo, sobre o qual caminhamos, se erguem nossas casas e edifícios. Temos largas ruas em nossas cidades.

Espírito monsenhor Robert Hugh Benson, falecido em 1914, no livro *A vida nos mundos invisíveis*.

Casos 4 - A alma que praticou a sabedoria, amor, justiça e caridade encontra, na morada espiritual a que foi conduzida pelos benfeitores espirituais, a sua vida verdadeira, podendo desfrutar, como recompensa, o bem-estar, alegria e felicidade:

> 4.1 - Sobreveio para mim a hora gloriosa do despertar e, recuperando a consciência, tive a benfazeja certeza de haver efetivamente passado da morte no meio terrestre à vida em a morada espiritual:

"a uma vida que é realmente vida", como diz a Bíblia. E a alegria, a paz, a calma me invadiram e proporcionaram um estado de que nunca suspeitara, a suprema felicidade.

Espírito Daddy, no livro *A crise da morte.*

4.2 - No paraíso, onde me acho, reinam o perfeito amor e a harmonia universal a se manifestarem numa glória de luz radiosa, vibrante de energias vitais, que enchem a alma de sentimentos agradáveis e de suprema alegria. O mundo espiritual é infinitamente mais apurado, mais sublime, mais etéreo: eis tudo.

Espírito da esposa para o marido, no livro *A crise da morte.*

Caso 5 - A alma sábia e virtuosa tem como recompensa as boas condições de vida existentes nas sociedades moralmente aperfeiçoadas do plano espiritual:

Imagina a Terra, cheia de suas belezas naturais, porém, moralmente mais aperfeiçoada e terá a imagem dessa segunda esfera que me serve de habitação.

Os saxões, os latinos, os árabes, os orientais, os africanos, formam aqui grandes falanges, à parte, e em locais diferentes uns dos outros. Nos núcleos de suas atividades, conservam os costumes que os caracterizavam e é profundamente interessante observarmos de perto como essas imensas colônias espirituais diferem uma das outras, apesar de se encontrarem ligadas pelos mais santos laços da fraternidade e do amor.

Espírito Maria João de Deus, no livro *Cartas de uma morta.*

Caso 6 - A alma que mereceu ser conduzida às regiões mais elevadas do plano espiritual sente-se surpreendida com a maravilhosa Natureza, formada com a matéria em estado sutil:

6.1 - Impressionavam-me, sobretudo, os aspectos da Natureza. Quase tudo, melhorada cópia da Terra. Cores mais harmônicas, substâncias mais delicadas. Forrava-se o solo de vegetação. Grandes árvores, pomares fartos e jardins deliciosos. Desenhavam-se montes coroados de luz, em continuidade à planície onde a colônia repousava. Todos os departamentos apareciam cultivados com esmero. A pequena distância, alteavam-se graciosos edifícios. Alinhavam-se a espaços regulares, exibindo formas diversas. Nenhum sem flores à entrada, destacando-se algumas casinhas encantadoras, cercadas por muros de hera, onde rosas diferentes desabrochavam, aqui e ali, adornando o verde de cambiantes variados. Aves de plumagens policromadas cruzavam os ares e, de quando em quando, pousavam agrupadas nas torres muito alvas, a se erguerem retilíneas, lembrando lírios gigantescos, rumo ao céu.

Das janelas largas, observava, curioso, o movimento do parque. Extremamente surpreendido, identificava animais domésticos, entre as árvores frondosas, enfileiradas ao fundo.

Espírito André Luiz, no livro *Nosso Lar*.

6.2 - Atravessávamos extensas e formosas avenidas marginadas por vegetação caprichosa e linda, quando tive o contentamento de ver alguns pássaros marcados por peregrina beleza. Cantavam extáticos, qual se fossem minúsculos seres conscientes, glorificando a Divindade. A plumagem luminosa impunha-me assombro. Trinavam junto de nós, sem temer-nos.

Espírito Irmão Jacob, no livro *Voltei*.

Caso 7 - Mesmo a alma que foi conduzida e despertou em instituição de acolhimento existente no plano espiritual, geralmente, precisa de algum tempo para se adaptar às novas e diferentes condições de vida que encontrou:

7.1 - Fui levada, ao desencarnar, para o hospital do Educandário. Lá fiquei por dias, sendo tratada com muito carinho.

Hospitais no plano espiritual são diferentes; lá só há melhoras, somos tratados com bondade, alegria e sem dores.

Tinha horários para orar, escutar música e palestras pelo fone de ouvido. Os que lá trabalham têm o prazer de nos explicar qualquer indagação.

Ia muito ao jardim e nos reuníamos em grupos para conversar, trocar ideias.

Quando melhorei, fui morar com vovó, que residia com outros parentes numa casa linda na colônia.

Interessei-me muito na colônia pelos animais, que normalmente são pequenos, dóceis e não nos temem, porque todos os respeitam.

Gostei, amei e amo a colônia onde moro e, logo que me adaptei a ela, passei a trabalhar e a estudar para conhecer melhor o mundo em que fui chamada a viver com a morte do meu corpo.

Espírito Laura, no livro *Deficiente mental, por que fui um?*

7.2 - A colônia onde estou é grande, bonita, limpa e organizada. Chama-se Educandário A Caminho da Paz; o espaço lá é enorme, muito verde, com muitos animaizinhos dóceis, muitos pássaros e borboletas que voam tranquilos, sem receio, porque não são maltratados. Há um pequeno bosque com lindas árvores e muitas flores, onde estão os esquilos, coelhos, lindos bichinhos que, ao nosso chamado, vêm ao colo. Gosto muito do bosque, dos animais e do pequeno lago de águas cristalinas. O educandário é circundado por jardins com flores coloridas e perfumadas. Nos prédios ficam os alojamentos, salas de aula, biblioteca, salões de música e palestra. Há jogos, todos sem violência, aprende-se esporte com educação. Tudo é feito para que as crianças não estranhem a morte. Ela é uma mudança, mas não deve ser uma mudança brusca. Os orientadores, mestres, tudo fazem para que aqui seja um lugar de felicidade.

Espírito Soninha, no livro *O que encontrei do outro lado da vida.*

- 17 -

NECESSIDADE DA DEDICAÇÃO AOS TRABALHOS E ESTUDOS ENOBRECEDORES, OCUPAÇÕES ÚTEIS E ATIVIDADES INCESSANTES NOS CAMPOS DO BEM

OS CASOS ABAIXO RESUMIDOS revelam com precisão que a alma, depois de adaptada ao plano espiritual, precisa se envolver em trabalhos, ocupações, estudos e atividades incessantes. Ao continuar sendo útil para a alegria e felicidade dos seus semelhantes, progride e obtém os méritos que a permitem ser promovida para habitar as regiões das esferas mais elevadas existentes no universo espiritual.

Caso 1 – A alma, mesmo já desfrutando das bem-aventuranças, precisa continuar se instruindo, crescendo em conhecimentos, praticando o bem, mantendo ocupações e atividades nobres. Com isso, acelera o seu progresso intelectual e moral, para ampliar, cada vez mais, a sua própria alegria e felicidade:

> Procuro instruir-me e para isso frequento a sociedade dos que são melhores do que eu; para descansar, faço o bem. Minha vida se passa na esperança de atingir uma felicidade maior. Não temos necessidades materiais a satisfazer e, consequentemente, toda a nossa atividade visa ao nosso progresso moral.
>
> Espírito senhora Reynaud, na *Revista Espírita*, de março de 1859.

Caso 2 – As ocupações e atividades existentes no plano espiritual são tão diversificadas e abundantes que qualquer alma encontra a que lhe possibilita expandir os seus progressos:

2.1 - O mundo espiritual é um mundo de atividade, não de indolência, um mundo de utilidade, e não um mundo inútil. Há miríades de tarefas a serem executadas - e miríades de almas para executá-las. O mundo espiritual é um mundo sólido e substancial, com pessoas reais e vivas. Esta não é a terra do descanso eterno.

No mundo espiritual, todos trabalham pela pura alegria de fazer algo de útil aos outros.

Milhões de pessoas na Terra amam os jardins e o seu trato. Que poderia haver de melhor do que continuar aqui com o seu trabalho, fora das exigências físicas, livres e despreocupadas, e com os inesgotáveis recursos do mundo espiritual às suas ordens?

Aqui temos as atividades do templo da música. No salão da música, por exemplo, achamos muitos estudantes absorvidos pelos estudos, outros em pesquisas musicais, rebuscando antigos livros, outros arranjando músicas para concertos, consultando obras e discutindo-as com os compositores.

A obra de arquitetos e construtores, com seus vários assistentes técnicos, está entre uma das mais importantes do mundo espiritual.

Temos bibliotecas onde os alunos se ocupam em seus estudos. Temos os estudantes de tecidos aprendendo a tecer os mais encantadores tecidos. As milhares de coisas que uma pessoa pode fazer aqui formam grande campo de atividades.

Os médicos aqui continuam sua obra e investigam as causas das doenças e moléstias na Terra, e podem ajudar a aliviá-las. Muito médico espiritual já guiou a mão de um cirurgião na Terra enquanto este realiza uma operação. Nas mansões de repouso há enfermeiras e médicos para tratar daqueles cuja última enfermidade na Terra foi longa e dolorosa, ou cujo passamento foi violento e repentino. Temos escolas especiais para aqueles que desejam se aperfeiçoar no tratamento científico do corpo em si e da mente espiritual.

Vivemos num mundo prático onde nos ocupamos em tarefas úteis e individuais.

Há outros serviços que abrangem os dois mundos juntos, o nosso e o vosso. Tal como, por exemplo, a chegada ou próxima chegada de uma alma a estas paragens. As inúmeras almas que chegam aqui precisam ser ajudadas e sua perplexidade cuidada. Esse é o tipo de trabalho em que Edwin, Rute e eu estamos ocupados.

Os cientistas também continuam suas pesquisas ao chegar aqui. Tudo o que temos em nossas galerias, em nossas casas, em nossos edifícios e jardins tem de ser feito, ser modelado, ou criado - e isso exige alguém que o faça.

Nas esferas científicas, o trabalho constituído de pesquisas, investigações, descobertas e invenções absorve muita gente. Todas as maiores descobertas são obras do mundo espiritual. A inspiração devotada a boas causas vem do mundo do espírito. O mundo espiritual trabalha constantemente para fazer sua presença, força e poder sentidos no mundo inteiro, não só a respeito de questões pessoais, mas para o bem de nações e da política internacional.

Os mais altos seres do mundo espiritual têm visão, sabedoria, compreensão e conhecimentos vastos, cuja ajuda, conselho e experiência podem solver qualquer problema sobre a Terra. Os sábios dos reinos superiores estão de posse de todo o conhecimento que transpira a respeito da Terra. Se retirássemos toda a nossa influência, a Terra ficaria em pouco tempo reduzida a um completo estado de caos e barbarismo. O homem ainda necessita ajuda para conduzir seus problemas.

Há inter-relação entre o mundo terreno e o espiritual. Os dois mundos estão em constante e direta comunicação. A toda alma que nasceu ou está para nascer sobre a Terra foi concedido um guia espiritual, escolhido para cada indivíduo, de conformidade com um plano fixo. Grande número dos que praticam a comunicação com o mundo espiritual já encontraram seus guias espirituais.

Temos ainda grandes celebrações e festivais, durante os quais somos honrados pela presença de visitantes de outras esferas superiores.

No mundo espiritual, o trabalho não cessa; trabalhar é ser profundamente feliz. A celebridade espiritual se consegue unicamente de uma maneira —em serviço a outros. Assim, os espíritos lutam pelo progresso e desenvolvimento espiritual.

Espírito monsenhor Robert Hugh Benson, falecido em 1914, no livro *A vida nos mundos invisíveis.*

2.2 - É imenso consolo pensar que a morte não interrompe o trabalho sadio e edificante. Os ideais nobres possuem suas verdadeiras raízes na vida espiritual e, além do túmulo, podemos continuar o serviço que se afina com as nossas tendências e esperanças.

Espírito Irmão Jacob, no livro *Voltei.*

2.3 - A morte não me ceifara a felicidade de trabalhar. Ao contrário, desdobrara-me as possibilidades de produzir.

A vida que não cessa é acionada pelo trabalho que não para. Em toda parte o trabalho é a alavanca básica de movimentação mantenedora do equilíbrio. Patrimônio legado pela Divindade, o trabalho representa honra e glória para o espírito sedento de evolução e aprimoramento.

No mundo do espírito, descobrimos surpresas, que o mister, longe de ser uma imposição, é, em realidade, uma oportunidade abençoada, porquanto, tudo girando em torno da construção incessante, a alma se sente honrada com o prêmio de cooperar na sublimação de todas as coisas.

A evolução é fruto de lutas que não cessam e felicidade é resultado do dever bem cumprido.

Espírito Otília Gonçalves, em cartas dirigidas à sua filha, no período de março de 1958 a agosto de 1959, e contidas no livro *Além da morte.*

Convite: No encerramento desta segunda parte do trabalho, convido o prezado leitor a procurar, no imenso acervo literário espírita, outros livros e materiais que contenham mais revelações detalhadas dos espíritos acerca de sua entrada e suas condições de vida no plano espiritual, feitas através de diferentes médiuns autênticos e idôneos. A recompensa, certamente, será a contínua ampliação e o fortalecimento dos conhecimentos que melhoram as condições atuais de vida e preparam a alma para a continuidade da sua existência imortal no plano espiritual.

PARTE TRÊS

Origem e popularização, em nível mundial, dos estudos dos casos de experiência de quase morte (EQM)

- 1 -

PRIMEIRO CASO, REGISTRADO EM LIVRO, DE EXPERIÊNCIA DA ALMA FORA DO SEU CORPO MATERIAL

O caso mais antigo de experiência da alma fora do seu corpo carnal está registrado no famoso livro *A República*, de Platão, publicado cerca de 380 anos antes de Jesus. Por sinal, a doutrina religiosa e moral do Cristo também contempla a continuidade da vida da alma no reino dos céus, após a morte do seu corpo material, em condições de vida felizes ou infelizes: Bem-aventurados os puros de coração, porque eles verão a Deus. (Mateus, V:8.). Sucedeu morrer o mendigo, por nome Lázaro, e foi levado pelos anjos ao seio de Abrahão. E morreu também o rico e foi sepultado no inferno. E quando ele estava no tormento, levantando os olhos viu ao longe Abraão e Lázaro no seu seio. (Lucas, XVI:19-31.) Há muitas moradas na casa de meu Pai. Se assim não fosse, eu vô-lo teria dito, pois vou preparar-vos o lugar. Para que lá onde eu estiver, estejais vós também. (João, XIV:1-3.)

Prática do bem para ser feliz, aqui e no Além

Aquele caso bem antigo de experiência da alma fora do seu corpo físico exemplifica a doutrina moral de Platão, que prega a existência de uma Justiça severa, além da vida material, que recompensa as almas virtuosas e pune com sofrimentos as almas pecadoras.

No final da Parte X de seu livro, Platão ressaltou, da seguinte forma, que o homem, mesmo em condições difíceis de vida, precisa praticar a justiça e as demais virtudes, para que mereça recompensas, tanto na vida presente, quanto na vida futura da sua alma, que sobrevive à morte do seu corpo físico:

Precisamos reconhecer que se o homem se vê a braços com a pobreza, a doença ou qualquer dificuldade considerada infortúnio, tudo acabará bem para ele, seja durante a vida, seja depois da morte, pois nunca poderão os deuses descuidar-se de quem se esforça por ser justo e semelhante a eles, dentro das possibilidades humanas, na prática da virtude.

Separação das almas que praticaram o bem das que praticaram o mal, após a morte do corpo carnal

Para exemplificar os prêmios, recompensas e presentes que as almas justas e virtuosas recebem, depois da morte do seu corpo físico, em comparação com os sofrimentos que as almas dos homens injustos e maus merecem, Platão recorreu à narrativa da seguinte experiência ocorrida com a alma de Er, quando ela esteve fora do seu corpo carnal:

> Vou contar a história de um varão de muito merecimento, Er, filho de Armênio, Panfílio de origem. Havendo morrido em combate, no décimo dia, quando recolheram os corpos, já em começo de putrefação, foi o dele encontrado em perfeito estado e levado para casa, a fim de ser sepultado daí a dois dias. Mas, ao ser colocado na pira, reviveu e contou o que vira no outro mundo.
>
> Logo que sua alma saiu do corpo, disse ele, partiu dali em companhia de muitas outras e foram dar a um lugar maravilhoso com duas fendas na terra, contíguas, e outras duas em cima, no céu, igualmente dispostas. Entre essas duplas fendas achavam-se sentados alguns juízes que, depois de enunciarem a sentença, mandavam os justos subirem pelo caminho da direita, no rumo do céu, depois de fixar-lhes na frente um escrito com o teor da sentença; e os injustos pelo caminho da esquerda, ladeira abaixo, os quais, também, levavam nas costas o relato de quanto haviam praticado.
>
> Ao aproximar-se dos juízes, estes lhe disseram que ele fora escolhido como mensageiro para os homens e lhe recomendaram ouvir e observar tudo o que se passasse à sua volta. Notou, então, que as almas, depois de julgadas, se dirigiam para uma das aberturas do céu ou da terra. (...)
>
> O que, em resumo, ele disse foi o seguinte: por cada falta cometida contra alguém, as almas eram castigadas, por ordem e

individualmente... Por outro lado, os que só espalharam benefícios e viveram justa e santamente, eram recompensados na mesma proporção. Dos que mal chegaram a nascer e tiveram vida curta, o que Er contou não merece ser agora recordado. (...)

Desse modo, o homem, comparando entre si todos esses elementos e tendo sempre em vista a natureza da alma, ficará em condições de discernir entre a vida boa e a má, dando a denominação de má a que contribui para deixar injusta a alma, e de boa, pelo contrário, à que a deixa justa, sem a nada mais atender. Como vimos, tanto em vida como depois da morte é a melhor escolha que alguém pode fazer. (...)

Quanto a Er, não sabia de que maneira e por onde sua alma voltara para o corpo. O certo é que, de súbito, ao abrir os olhos, pela manhã, viu-se estendido sobre a pira.

(Textos traduzidos diretamente do grego por Carlos Alberto Nunes, em obra guardada no cofre de obras raras da Universidade Federal do Pará. Essa tradução do livro está publicada na internet.)

Esse caso interessante ocorrido com Er, e narrado por Platão, deixou evidente que, em circunstâncias especiais, a alma sai temporariamente do seu corpo material e vai para outro mundo. Isso permite que ela observe e ouça o que se passa na dimensão da vida que ela continuou a viver depois da morte do corpo. Er viu os julgamentos que os juízes faziam, aplicando uma justiça severa que separa as almas boas das más, para encaminhá-las, umas no rumo do céu, outras para a ladeira abaixo.

Outro fato que merece destaque foi que os juízes conheciam a situação particular da alma de Er, pois, antecipadamente, determinaram que ela observasse e ouvisse tudo, antes de voltar para a vida material, para servir de mensageira entre os homens. Depois disso, ela despertou em seu corpo material, encerrando o longo tempo em que o seu corpo esteve em estado de morte aparente; mas não conseguiu explicar a maneira como havia sido levada perante os juízes, nem como havia conseguido voltar para o seu corpo físico, para narrar aos homens os fatos observados e escutados.

- 2 -

CASO DO HOMEM QUE VISITOU O TERCEIRO CÉU, REGISTRADO NA *BÍBLIA*

No item 12, da Segunda Epístola do apóstolo Paulo aos Coríntios, estão registradas as seguintes visões e revelações do Senhor, para o homem que foi arrebatado ao terceiro céu ou paraíso:

> Se é necessário que me glorie, ainda que não convenha, passarei às visões e revelações do Senhor.
>
> Conheço um homem em Cristo que, há catorze anos, foi arrebatado até o terceiro céu; se no corpo ou fora do corpo, não sei, Deus o sabe.
>
> E sei que o tal homem, se no corpo ou fora do corpo, não sei, Deus o sabe, foi arrebatado ao paraíso e ouviu palavras inefáveis, as quais não é lícito ao homem referir.
>
> De tal cousa me gloriarei; não, porém de mim mesmo, salvo nas minhas fraquezas.

Ficou evidente no texto acima que o apóstolo Paulo conheceu o caso da alma de um homem que foi arrebatada ao paraíso ou terceiro céu e ouviu coisas inefáveis; mas, não sabia de que modo, nem entrou nos detalhes do que ela viu e escutou, naquele local. Porém, revelou acima a sua convicção de que a alma do homem tinha visitado outra dimensão, onde ouviu coisas de grandeza, poder, encanto e beleza de difícil descrição.

- 3 -

CASOS DE EXPERIÊNCIA DA CONSCIÊNCIA FORA DO SEU CORPO MATERIAL (EFC), OCORRIDOS COM ALGUNS MONTANHISTAS E ALPINISTAS, QUE DESPERTARAM GRANDE INTERESSE PELO ESTUDO DO ASSUNTO

EM 1896, O PSICÓLOGO e epistemologista francês Victor Émile Egger (1848-1909) decidiu participar das análises e discussões sobre as histórias que alguns montanhistas e escaladores narravam, pois tinham experimentado sensações muito agradáveis e tido visões panorâmicas dos fatos ocorridos em suas vidas, quando sofreram quedas muito graves, chegando bem perto da morte.

Algumas dessas histórias eram tão detalhadas e interessantes que despertaram no doutor Victor Egger a necessidade de estudar bem o assunto.

A HISTÓRIA DO PROFESSOR ALBERT HELM

O professor Albert Helm, geólogo e alpinista suíço, quando, em 1871, estava escalando os Alpes suíços, chegou à quase morte. Ele sofreu uma queda violenta; mas em vez de, com o choque, perder a consciência, assistiu, surpreso e sentindo bem-estar, a revisão de sua vida, de uma posição mais elevada em relação ao seu corpo material, que viu inerte. Ele percebeu que a sua consciência parecia estar na parte mais alta de um teatro, permitindo-lhe ter uma visão ampla de tudo o que estava ocorrendo no ambiente.

Ainda, durante essa revisão inesperada da sua vida, ele ouviu uma música solene, com acordes poderosos, tocados por um órgão, o que tornou aquele momento mais formidável e glorioso.

Surpreendido com tudo o que lhe aconteceu, ele foi se recuperando aos poucos do acidente e sobreviveu. Então, passou a divulgar as experiências da sua consciência fora do corpo físico. Além disso, decidiu coletar outras histórias semelhantes, ocorridas com outros alpinistas, quando caíram de grandes alturas.

Para o seu espanto, coletou diversas descrições surpreendentes, que tinham ocorrências bastante semelhantes às vivenciadas por ele.

Depois que fez a divulgação das histórias coletadas, surgiu naturalmente, em muitas pessoas, o interesse de encontrar as causas das visões e audições que podem ocorrer com a consciência quando o seu corpo carnal está na iminência de morrer.

A HISTÓRIA DO REVERENDO BERTRAND

Outra história muito interessante, e que se tornou famosa, foi a contada pelo respeitável reverendo Bertrand. Ele teve uma experiência extrassensorial inusitada, quando passou mal durante uma escalada. Então, o seu corpo carnal chegou muito próximo de morrer congelado, porque era intenso o frio na montanha dos Alpes.

Ao invés de sentir a sua consciência apagar, ele constatou que ela havia saído do seu corpo material e começado a flutuar para o alto. Notou que estava ocorrendo esse desprendimento e deslocamento da consciência, sem que ela sentisse qualquer frio ou dor.

Também chamou a sua atenção outro fato, que ficou marcado em sua memória: a sua consciência, mesmo fora do corpo físico que estava congelando, continuava conectada a ele por uma espécie de fio elástico.

Na posição mais alta em que a sua consciência se situava, conseguia observar tudo o que ocorria com os outros alpinistas e o seu guia. Conseguia ver até mesmo os detalhes de tudo o que estava ocorrendo na cidade mais próxima.

Porém, inesperadamente, voltou para o seu corpo material, que já estava sendo socorrido, com massagens muito vigorosas, pelos seus companheiros de aventura. Lamentavelmente, foi o fim das sensações deliciosas que estava experimentando, em situação de plena liberdade e bem-estar.

Interesse do doutor Victor Egger

As histórias narradas pelos alpinistas e escaladores chegaram ao conhecimento do doutor Victor Egger, despertando o seu interesse em estudar as causas das ocorrências estranhas e visões inexplicáveis, que ocorriam quando o corpo material estava bem próximo da morte.

Parecia-lhe inconcebível que a consciência pudesse sair do seu corpo físico, quando este estava bem perto da morte, flutuar, ter visões, percepções e audições muito nítidas, além de experimentar sensações muito agradáveis, notando grande agilidade nos pensamentos.

Tudo isso estava contrário às conhecidas teorias médicas. Por isso, decidiu pesquisar os casos ocorridos e catalogar as ocorrências mais comuns para a consciência, quando ela se vê fora do corpo físico que está prestes a morrer.

Quando ele divulgou os primeiros resultados alcançados, aconteceu algo inesperado: passou a sofrer fortes contestações, por parte de alguns cientistas, médicos e religiosos, que não admitiam que um médico investigasse fenômenos inexplicáveis, que estavam fora das áreas da medicina.

As pressões e repercussões contra ele foram muito grandes. Em tal dimensão, que ele teve que manter oculto, abafado ou escondido os resultados das suas investigações sobre as ocorrências com a consciência, quando ela está ausente do seu corpo carnal. Nem mesmo as pessoas consideradas espiritualistas apresentaram-se para defendê-lo. Então, sem qualquer respaldo para os seus estudos, que buscavam explicações lógicas para os fenômenos reais, venceram aqueles que consideravam os fatos impossíveis de ocorrer.

O doutor Egger, embora aparentando um recuo, continuou expandindo as suas pesquisas e estudos, até que, quando sentiu que lhe era possível, passou a defender abertamente o seu verdadeiro ponto de vista:

> Os fatos que ocorrem diante da morte iminente, até agora pouco estudados, envolvendo aqueles que se viram perto da morte, na cama ou na guerra, na água ou nas montanhas, ou mesmo em um acidente de estrada de ferro, são muitos, valendo a pena coletar e comparar os seus testemunhos.

Desse modo, o doutor Victor Egger tornou-se o pioneiro nos estudos dos casos de experiência da consciência fora do seu corpo material. Inicialmente, ele estudou os casos ocorridos com montanhistas, escaladores e alpinistas. Porém, logo em seguida, estendeu os seus estudos para os casos das pessoas que chegaram à beira da morte, em diversas outras situações: no leito, na guerra, na água ou em acidentes.

- 4 -

DOUTORA ELISABETH KÜBLER-ROSS E A RETOMADA DOS ESTUDOS DOS CASOS DE EXPERIÊNCIA FORA DO CORPO (EFC)

A PARTIR DE 1960, nos Estados Unidos, alguns médicos, psicólogos e psiquiatras tentaram recuperar os antigos casos e catalogar outros novos casos de experiências da consciência fora do seu corpo material, mas sem obterem grande sucesso, nem boas repercussões.

Apenas os meios de comunicação demonstravam algum interesse no assunto, publicando certos casos impressionantes que tinham ocorrido recentemente, tanto na Inglaterra quanto nos Estados Unidos. Esses casos mostravam que certos pacientes terminais experimentavam visões e acontecimentos estranhos, que não estavam sendo considerados, contemplados ou estudados pelas áreas da medicina que os atendiam. Com isso, a ciência estava deixando inexplicáveis certos acontecimentos marcantes.

INICIATIVA PARTICULAR DA DOUTORA ELISABETH

Foi a doutora Elisabeth Kübler-Ross, nascida na Suíça, em 8 de julho de 1926, formada em medicina, em 1957, quem retomou, por iniciativa própria, os estudos dos casos extrassensoriais que ocorrem num leito de morte.

Em 1962, ela havia se mudado para os Estados Unidos, por necessidade do trabalho do seu marido. Então, interessou-se pela psiquiatria e se tornou especialista nessa área.

FAMA ALCANÇADA COM OS ESTUDOS DA VIDA E DA MORTE

A partir de 1969, ela se destacou na medicina e conquistou fama internacional, com o sucesso alcançado pelo seu inusitado livro *A morte e o processo de morrer (On death and dying)*. Nesta obra, ela apresentou os resultados dos estudos realizados com mais de 200 pacientes que foram entrevistados a partir de 1967.

Os depoimentos dos pacientes em fase terminal ou bem próximos da hora da morte permitiram que ela elaborasse e publicasse essa obra surpreendente, que revolucionou os conceitos, tratamentos e cuidados tradicionais que eram oferecidos aos pacientes que estavam morrendo, suportando difíceis crises emocionais.

Crianças que passam também por experiência da consciência fora do corpo material

Com a sua dedicação aos pacientes terminais e o sucesso obtido com a sua obra notável, a doutora Elisabeth decidiu também estudar, no período de 1970 a 1973, as ocorrências com as crianças que se encontravam bem próximas da hora da morte.

As constatações comprovaram que elas também passam por experiências da consciência fora do seu corpo físico, embora não tenham qualquer noção dos princípios religiosos que envolvem a existência e imortalidade da alma.

Foco no amparo aos doentes terminais

Mas, a sua principal preocupação era sempre oferecer, tanto aos profissionais da área da saúde quanto aos familiares que acompanham e assistem os seus entes queridos, orientações corretas e eficientes, nesse período muito difícil, participando de perto dos tratamentos no leito de morte.

Ela tinha constatado a enorme complexidade nos dramas particulares de cada paciente terminal. Isso exigia não só cuidados médicos especiais, mas principalmente que os familiares se envolvessem nos tratamentos, oferecendo aos doentes contatos e modos de convivência e relacionamento agradáveis, que viessem amenizar os terríveis sofrimentos dos enfermos de todas as idades, pois estavam suportando abalos emocionais complicados e severos desequilíbrios mentais, até que chegasse o final da sua existência material.

Ampliação dos trabalhos e realizações

Em decorrência da fama que ela conquistou com os seus trabalhos e estudos, a partir de 1973, a doutora Elisabeth decidiu realizar seminários e palestras, em várias partes do mundo, sobre a vida, a morte e a transição da consciência para o lado espiritual da vida, visando amenizar os medos, preconceitos e tabus. Esses eventos prosseguiram até 1994, com grande sucesso.

Até 24 de agosto de 2004, data do seu falecimento, a doutora Elisabeth permaneceu trabalhando e estudando, agora com o apoio de grande equipe de médicos parceiros, e também com a colaboração de alguns religiosos, que atuavam em capelas de hospitais.

Com isso, estima-se que ela chegou a entrevistar cerca de 20 mil pessoas que estavam bem próximas da morte. Então, propiciou a incontáveis doentes terminais muitos tipos de benefícios, reduzindo neles as crises de falta de esperança, as sensações de agonia, ansiedade, medo e a incerteza quanto à sobrevivência da alma à morte do corpo material.

Por ter inovado os tratamentos médicos e de enfermagem e orientado os familiares e as pessoas religiosas na amenização dos muitos sofrimentos que surgem na hora extrema da partida da alma para a outra dimensão, ela se tornou uma médica muito respeitada e admirada.

Sobrevivência da consciência à morte do corpo material

Especificamente sobre a questão complexa da saída temporária da consciência, com a proximidade da hora final do seu corpo carnal, a doutora Elisabeth constatou e registrou as seguintes ocorrências mais comuns:

1 - Na proximidade da última hora, a consciência flutua para fora do seu corpo carnal.

2 - Então, encontra um anjo da guarda ou um ser familiar já falecido.

3 - Em seguida, sente-se atraída para um túnel, que tem uma luz muito brilhante no seu final.

4 - Quando chega à Fonte Suprema do conhecimento e do amor, está experimentando sentimentos de paz, sensações de bem-estar, percepções mais aguçadas, visão ampliada e audição mais perfeita. Além disso, constata no local a existência de boas condições de vida, antes de ter que voltar ao corpo, sem sentir mais medo da morte.

Críticas intransigentes aos trabalhos e estudos realizados pela doutora Elisabeth

A vida profissional da doutora Elisabeth não foi só cheia de momentos de glória, reconhecimentos e homenagens. Ela teve que enfrentar com sabedoria, paciência e dignidade as duras contestações e rejeições lançadas por alguns médicos, cientistas e religiosos.

Especificamente sobre as suas publicações a respeito da continuidade, em outra dimensão, da vida da consciência, pois ela é independente dos processos fisiológicos que ocorrem no cérebro, surgiram fortes revides, principalmente por parte de certos médicos, materialistas e religiosos tradicionalistas. Então, ela teve de suportar muitas objeções. Muitos críticos afirmavam que uma médica não tinha o direito de entrar na intimidade dos doentes terminais, nem de realizar entrevistas sobre as suas experiências extrassensoriais. A ela, como médica, cabia apenas o emprego dos recursos tradicionais da medicina, ao tratar das enfermidades incuráveis nas criancinhas e nas pessoas jovens, adultas, idosas ou mesmo com AIDS.

A consagração só veio com o passar do tempo

O tempo correu a favor da doutora Elisabeth Kübler-Ross. A sua fama, a nível mundial, os benefícios novos que ofereceu aos doentes terminais, a aceitação das suas recomendações inusitadas por parte de muitos médicos, enfermeiros e familiares, e os notáveis avanços promovidos pelos novos pesquisadores das experiências da consciência fora do seu corpo material vieram consagrar os seus trabalhos, estudos e realizações audaciosas, destemidas e inovadoras, marcando o seu nome para sempre na história da medicina.

- 5 -

DOUTOR RAYMOND A. MOODY JUNIOR E OS SEUS ESTUDOS INUSITADOS DAS EXPERIÊNCIAS DE QUASE MORTE (EQMS)

O doutor Raymond Moody tornou-se, nos Estados Unidos, o pioneiro das modernas investigações e estudos detalhados e aprofundados dos casos de experiência de quase morte (EQM).

Ele sentiu o desejo de coletar as narrativas de muitas pessoas que experimentaram a sua consciência sair do seu corpo material, em circunstâncias muito especiais, e de desenvolver as metodologias inusitadas que permitiram a classificação dos pontos mais comuns ou das principais ocorrências contidas nos casos que denominou de experiências de quase morte.

As pessoas pesquisadas tinham vivenciado experiências surpreendentes em outra dimensão da vida, enquanto se encontravam clinicamente mortas ou bem próximas da morte. Inexplicavelmente, elas guardaram nas memórias tudo o que tinha ocorrido com a sua consciência, enquanto o cérebro do corpo material esteve morto ou fora de atividade.

Depois que a consciência voltou para o corpo na vida material, geralmente de modo inexplicável, as pessoas conseguiram se lembrar e narrar os mínimos detalhes de tudo o que a consciência tinha vivenciado de surpreendente numa nova fase da sua vida.

Conhecimento do primeiro caso de EQM

O doutor Moody tomou conhecimento do primeiro caso de saída da consciência para fora do seu corpo material, para vivenciar ocorrências imprevistas, quando ele fazia o curso de filosofia, na Universidade da Virgínia.

O psiquiatra George Ritchie narrava aos alunos da Universidade os fatos inesperados que a sua consciência vivenciou, em 1943, quando enfrentou uma forte pneumonia, no hospital do Exército, no Texas, o que levou o seu corpo material a ser declarado morto.

Durante o preparo do cadáver para ser levado para o necrotério, pois o médico tinha declarado que o seu corpo tinha falecido, percebeu que a consciência flutuava fora dele. Além disso, deu-se conta de que tinha a espantosa capacidade de se locomover, permitindo-lhe que iniciasse uma viagem para vários locais do país "voando" a baixa altitude e em alta velocidade.

Depois de ter vivenciado essa experiência extraordinária, a consciência[3] voltou para o hospital militar, onde identificou o seu próprio corpo declarado morto, pelo anel de formatura que usava num dedo. Então, misteriosamente, "ressuscitou" naquele mesmo local.

O conhecimento desse primeiro caso impressionou de tal modo o doutor Moody, que, a partir de 1965, ele tomou a iniciativa de buscar outros casos semelhantes. Julgou bem possível que outras pessoas também tivessem tido a mesma experiência de sair do corpo morto e a ele voltar, depois, conservando as lembranças de tudo o que tinha vivenciado.

Essa busca perseverante de novos casos foi longa, mas o doutor Moody conseguiu reunir por meio de entrevistas, de um modo que ninguém tinha pensado antes em fazer, mais de 150 depoimentos convincentes. Isso o estimulou a escrever um livro inédito, a respeito desse assunto tão fascinante.

CASO EM QUE O ESPÍRITO SAI DO SEU CORPO MATERIAL, MAS SEM QUE ESTE ESTIVESSE MORTO OU PRÓXIMO DA MORTE

Em 1972, o doutor Moody tomou conhecimento da narrativa diferente feita por uma pessoa que também tinha passado por uma experiência extrassensorial, com a consciência fora do seu corpo

3 Consciência é um atributo do espírito. Assim como a inteligência. Portanto, em vez de "a consciência voltou para o hospital", seria mais correto dizer: "Eu voltei para o hospital". **Nota do revisor**

material. Uma professora respeitável de medicina, que desfrutava de perfeito estado de saúde, narrava aos seus alunos que a sua mãe tinha sofrido um ataque cardíaco. Enquanto ela tentava ansiosamente ressuscitar a mãe, "percebeu-se fora do seu corpo carnal e pôde ver a si mesma, tentando ressuscitar o corpo da mãe, que estava prestes a morrer".

Mas as tentativas de salvamento fracassaram. Diz a professora que, então, ainda fora do seu corpo físico, observou que a sua mãe, em espírito, recebia a visita de outros seres espirituais, sendo que alguns deles eram também seus conhecidos. Na sequência dos acontecimentos, sua mãe, em espírito, era levada por aqueles que a assistiam para um "túnel", desaparecendo da sua visão. Então, viu-se novamente, inexplicavelmente, no seu corpo físico.

Naquela ocasião, essa narrativa bem diferente, feita por pessoa idônea, mostrou ao doutor Moody que uma pessoa não precisava estar morta ou à beira da morte para que a sua consciência[4] conseguisse sair do seu corpo material e observar o que estava ocorrendo em outra dimensão da vida.

Durante as muitas entrevistas que realizou com pessoas que haviam vivenciado uma EQM, o doutor Moody obteve a confirmação do fato de que a consciência pode deixar o corpo, que está bem de saúde, e vivenciar experiências que são muito semelhantes às que ocorrem com as pessoas que estiveram mortas temporariamente ou muito próximas de morrer.

Todavia, ele não sentiu o impulso de aprofundar os estudos desses relatos particulares, porque os seus interesses estavam concentrados nos casos que caracterizavam a denominada EQM, para extrair deles os diversos pontos comuns que vinha constatando sobre a continuidade da vida da consciência em outra dimensão do Universo.

---

4 Idem. Consciência aqui equivale dizer espírito. **Nota do revisor.**

Inauguração dos estudos modernos dos casos de EQM

Após ter conseguido reunir muitas entrevistas inusitadas e interessantes, o doutor Moody dedicou-se à análise cuidadosa dos detalhes contidos nelas. Assim, extraiu dos depoimentos os pontos comuns que caracterizam uma EQM verdadeira, pois ocorrem com pessoas de todas as idades e classes sociais quando estão temporariamente mortas ou chegam bem próximas da morte, por enfermidades, ferimentos ou acidentes graves.

Sucesso surpreendente

Com base na metodologia consistente que desenvolveu, o doutor Moody publicou, em 1975, os resultados das suas pesquisas e seus estudos no livro *Vida depois da vida (Life after life).*

Para a sua surpresa, a repercussão desse lançamento foi notável e logo conquistou enorme sucesso, alcançando nível internacional, com milhões de exemplares vendidos.

Pontos comuns constatados nas EQMs

Nesse livro, o doutor Moody apresentou os quinze elementos comuns que podem estar contidos numa EQM:

1 - A consciência escuta, sentindo grande inquietação, o médico declarar que o corpo material morreu.

2 - Então, a consciência se vê fora do seu corpo físico, conseguindo enxergar o que está ocorrendo com o seu próprio corpo físico e até mesmo na vizinhança próxima do ambiente onde está.

3 - Isso permite que ela assista, num estado de perturbação, às tentativas que os médicos e enfermeiros podem ter feito para obter uma ressuscitação.

4 - A consciência percebe, em seguida, um ruído desagradável, zumbido alto ou toque de campainha, enquanto passa a se mover rapidamente através de um longo túnel.

5 - Nessa estranha locomoção, a consciência percebe que possui um outro corpo, de natureza e com possibilidades diferentes do corpo físico que abandonou.

6 - Percebe ainda que alguns espíritos estão chegando para ajudá-la, e que, entre eles, estão um ente de luz e parentes e amigos que já faleceram.

7 - Para a sua surpresa, a consciência passa a rever e avaliar tudo o que fez durante a sua vida material. Isso lhe parece uma projeção ou retrospectiva panorâmica e instantânea, contendo os acontecimentos vivenciados durante a sua existência física.

8 - Sem que compreenda como, a consciência chega numa espécie de barreira ou fronteira. Percebe que se trata de uma espécie de separação entre a vida terrena e a vida que vai prosseguir na outra dimensão.

9 - Pode também perceber que dali precisa voltar para a sua vida material, porque não chegou ainda o momento da morte do seu corpo carnal.

10 - Mas, as sensações e percepções tornaram-se tão agradáveis, e a consciência está tão encantada com as experiências impressionantes que está vivenciando, que ela nem pensa, nem deseja voltar para a sua vida física.

11 - Por sentir-se inundada em intensas sensações de alegria, amor e paz, quer permanecer onde está e prosseguir descobrindo tudo o que existe na nova realidade a que, de forma inesperada, foi conduzida.

12 - Mas, pressente, de algum modo, que vai ter que voltar para o seu corpo físico, mesmo que seja contra a sua vontade.

13 - Essa volta, geralmente, é-lhe inevitável, porque tem ainda um objetivo a cumprir na sua vida no plano material.

14 - Sem que perceba como, a consciência reassume o seu corpo material. Então, a pessoa tenta relatar para as outras pessoas as lembranças das suas vivências reais e experiências surpreendentes fora do seu corpo material, e percebe que não encontra as palavras adequadas ou os meios exatos para narrar os episódios tão diferentes que vivenciou.

15 - Mas, geralmente, a pessoa sente-se inibida em falar sobre as experiências tão extraordinárias que a sua consciência vivenciou em outra dimensão da vida, porque teme que os interlocutores possam duvidar ou caçoar dela; possam pedir que ela pare de falar a respeito desse assunto tão misterioso; possam lhe dar uma explicação material irrealista para as suas vivências tão estranhas. Porém, isso não impede que os fatos reais vivenciados a estimulem a promover mudanças mentais e íntimas profundas; a melhorar os modos de ver e agir na vida; a reduzir o medo da morte, porque as vivências lhe deram a certeza de que a alma vai continuar a existir, depois da morte, em outra dimensão da vida.

Segundo livro do Dr. Moody

As repercussões e o sucesso em nível mundial do primeiro livro foram tão grandes, que o doutor Moody sentiu-se estimulado a aproximar-se de alguns médicos e religiosos que também estavam fazendo pesquisas semelhantes às suas, para confirmar ou rejeitar as suas constatações.

Para a sua satisfação, os resultados que vinham sendo obtidos por eles eram muito semelhantes aos que tinha constatado com as suas investigações independentes. Além disso, passou a sentir-se gratificado, ao descobrir que entre os leitores da sua primeira obra estavam muitas pessoas que haviam também vivenciado uma EQM, mas tinham o temor de revelá-las abertamente, porque temiam ser ridicularizadas.

Então, começaram a aparecer, em abundância, novos casos de EQM, evidenciando que eles eram muito mais comuns do que antes alguém pudesse imaginar.

Isso estimulou o doutor Moody a elaborar e publicar, em 1977, o livro intitulado *Reflexões sobre a vida após a morte (Reflections on life after death),* ampliando ainda mais o seu prestígio no cenário da nova literatura mundial.

Maior admiração conquistada com a sua nova obra

Já no início de sua segunda obra, o doutor Moody reproduziu as palavras de Jesus, em Lucas, 16:29-31, contidas na parábola em que há a negação do pedido de uma alma para voltar para a sua vida material, para alertar os seus familiares a respeito da sua sobrevivência e condições da continuidade da sua vida no reino dos céus: Se não dão ouvidos a Moisés e aos profetas, tampouco se deixarão persuadir, mesmo que um dos mortos ressuscite.

Com isso, o doutor Moody evidenciou que há muito tempo os homens relutam em ouvir qualquer alma que volte à vida material, depois da morte do seu corpo carnal, para narrar a eles as condições de vida que ela encontrou na outra dimensão.

Além disso, o doutor Moody escreveu um preito de gratidão à doutora Elisabeth Kübler-Ross, pelo encorajamento e estímulos que ela lhe ofereceu para prosseguir na sua difícil tarefa de conversar com as pessoas que haviam vivenciado experiências extrassensoriais, quando estiveram mortas ou bem próximas da morte.

Na Introdução do seu segundo livro, ele registrou que a doutora Elisabeth já tinha desenvolvido as suas próprias pesquisas independentes; e que tinha chegado a constatações idênticas às suas. Além disso, que ela tinha escrito ao seu editor, depois de ter lido as provas tipográficas do seu primeiro livro, que ela teria escrito uma obra semelhante, se tivesse tomado por base os resultados a que ele tinha chegado com as suas próprias pesquisas sobre o assunto. Ressaltou ainda que a doutora Elisabeth tinha em mãos centenas de outros relatos; e já estava preparando um novo e extenso livro sobre o fenômeno da vida da alma após a morte.

Complementações aos 15 pontos comuns anteriormente constatados

Nesse seu segundo livro, o doutor Moody abordou de forma bem ampla e complementou os pontos comuns, com os resultados dos seus estudos dos casos completos de EQM.

Agora, os seus estudos já abrangeram mais de trezentas pessoas entrevistadas, levando inclusive à descoberta de alguns novos elementos:

1 - A consciência pode adquirir uma extraordinária ampliação em seus conhecimentos, os quais não persistem após a volta à sua vida terrena:

> 1.1 - Tive a impressão de que, por um segundo, conheci todos os segredos de todas as épocas, todo o significado do universo, das estrelas, da lua... de tudo.
>
> 1.2 - Aquele conhecimento todo-poderoso abriu-se diante de mim.
>
> 1.3 - Aquela sensação de conhecimento total desapareceu quando retornei ao meu corpo.
>
> 1.4 - Não sei como explicar, mas eu possuí o conhecimento... Por um instante, não houve pergunta que não tivesse resposta.
>
> 1.5 - Era como se não existisse nada que não fosse conhecido. Todo o conhecimento estava ali - não apenas um setor, mas tudo.
>
> 1.6 - Trata-se de um lugar em que o próprio lugar é conhecimento. Conhecimento e informação estão prontamente disponíveis - todo o conhecimento... Absorve-se o conhecimento... De repente, conhecemos todas as respostas... O conhecimento flui daquele local para nós, automaticamente.

1.7 - É impossível descrever, mas foi como se eu soubesse tudo... Que qualquer coisa que eu quisesse saber poderia ser sabida.

2 - A consciência constata que existem a Natureza e cidades celestiais, em locais de muita luz:

2.1 - Era um lugar totalmente diverso. Havia uma luz dourada por toda parte. Linda. Não consegui localizar a fonte da luz. E havia música, também. Tive a impressão de estar num panorama, com riachos, prados, árvores e montanhas. Havia uma sensação de perfeita paz e contentamento. De amor. E eu parecia fazer parte daquilo.

2.2 - Emergi numa luz brilhante... Um pouco mais tarde, eu estava com meus avós, meu pai e meu irmão, que já tinham morrido... A luz mais linda e brilhante nos inundava. E o lugar era lindo. Havia cores - cores vivas, simplesmente indescritíveis. E pessoas - pessoas felizes. À distância... pude avistar uma cidade. Prédios... prédios separados uns dos outros. Eram polidos, brilhantes. Água límpida, que refletia a luz. Creio que o melhor meio de descrever seria dizer uma cidade de luz... Esplendorosa. Tudo brilhava, uma maravilha...

2.3 - Era um lugar... realmente lindo, mas impossível de descrever. Não obstante, existe. Seria impossível imaginá-lo. Quando se chega ao outro lado, há um rio. Eu o atravessei. Era tão bonito! Lindo! Não existe modo de descrevê-lo. Tem beleza, com todas as flores e coisas bonitas, mas não há comparação. Lá é tudo tão silencioso, tão tranquilo.

3 - A consciência constata que, por outro lado, existe um reino onde ficam os espíritos confusos e infelizes. Eles parecem estar ainda apegados ao mundo físico e às coisas que pertenceram à sua vida material:

3.1 - Quando eu estava passando, deparei com uma área que parecia embaçada, em contraste com toda aquela luz brilhante. Tinha-se a impressão de que as entidades andavam de cabeça baixa; tinham aparência triste, deprimida. Pareciam não ter consciência nem do mundo físico, nem do espiritual. Pareciam estagnadas em algum ponto entre os dois mundos. Talvez observando alguma coisa que não devessem ter feito ou que deveriam fazer. Eu as vi após ter deixado o hospital. Senti-me flutuar para o alto e foi então que as vi: antes de entrar no tal túnel e antes de chegar ao mundo espiritual, onde existe a tão brilhante luz, que inundava tudo. Tive a impressão de que existia um grande número delas por ali.

3.2 - Aquele espírito era, quando vivo, a mãe do homem, e, ainda incapaz de abrir mão de seu papel terreno, tentava dizer ao filho o que este devia fazer.

3.3 - Ninguém percebia que os espíritos estavam por perto; as pessoas simplesmente os ignoravam... Eles tentavam comunicar-se, não encontravam meios de romper a barreira. As pessoas pareciam completamente alheias a eles.

3.4 - O espírito de uma mulher tentava desesperadamente entrar em contato com as crianças e com uma mulher mais idosa que estavam em casa. Pareceu-me que tentava comunicar-se com elas, querendo aparentemente dizer-lhes para fazerem as coisas de modo diferente do que faziam, para mudarem, para alterarem seu estilo de vida. A mulher tentava levá-las a proceder corretamente, a mudar, de modo que, posteriormente, não ficassem na mesma situação que ela. Dizia: "Não procedam como eu, para que isto não lhes aconteça. Façam coisas em favor dos outros, para que não fiquem nestas condições". Parece que ela tentava redimir-se de algo errado que cometera... Foi uma experiência da qual jamais me esquecerei.

4 - A consciência descobre que certas entidades espirituais protetoras intervêm em certos acontecimentos, para salvar o seu corpo material, que está na iminência de morrer, por acidente, ou acontecimento fatal. Então, ela volta para a sua vida fortalecida em suas crenças religiosas:

4.1 - Naquela altura, compreendia que seria apenas uma questão de minutos para que eu fosse escaldado até morrer. Mantive os olhos fechados durante todo o tempo. Não obstante, tive a impressão de que aquela área estava iluminada por um brilho. A luz era diferente de tudo que eu já tinha visto antes. Era nada mais que uma luz branca brilhante. E escutei: "Estarei sempre a teu lado". O som vinha de uma direção que, em seguida, revelou-se o único caminho de escape. Percebendo a luz, segui em sua direção. A voz que me retirou de lá foi a mesma que me infundiu coragem. Naquela época, eu não vivia tão perto de Deus quanto deveria viver. Isto me aproximou mais d'Ele.

4.2 - Senti muito medo e pensei que seríamos todos mortos. Não vi nada, mas senti uma presença maravilhosa e consoladora a meu lado. Então, uma voz bondosa disse-me: "Estou aqui com você, Reid. Sua vez ainda não chegou". Senti-me tão relaxado e confortável naquela presença. Desde aquele dia, nunca mais senti o menor medo da morte.

4.3 - Todos os médicos tinham me desenganado. Foi então que escutei a voz de Deus falando comigo. Era a voz mais terna e amorosa. Disse-me que, se eu desejasse viver, teria que respirar... e foi o que fiz. Comecei a voltar à vida. E a vida voltou-me ao corpo. Os médicos ficaram atônitos.

5 - A consciência faz o próprio julgamento dos seus sentimentos, pensamentos, atitudes, atos e acontecimentos ocorridos durante a sua vida material, porque os observa numa visão tridimensional, panorâmica, abrangente e colorida, em que todas as coisas boas ou ruins, aparecem ao mesmo tempo, instantaneamente, geralmente, na presença de um ente de luz. Então, nesse momento a consciência que praticou o mal se sente extremamente arrependida, ao ver as suas ações egoístas e más cometidas, mas, por outro lado, a consciência que praticou o amor e a bondade aos seus semelhantes se sente muito feliz, pois a revisão contém os bons acontecimentos, o que torna o julgamento agradável. O Ser de luz, geralmente, acompanha o julgamento, demonstrando amor e aceitação; levando a consciência a perceber, por si mesma, o que deveria ou não deveria ter feito. Então, esse momento do julgamento é belo para a alma que praticou o amor e a bondade e dilatou os seus conhecimentos em busca da sabedoria. Porém, esse julgamento é individual:

5.1 - Ao meu redor, passavam todos os detalhes de minha vida. Para serem passados em revista, por assim dizer. Senti-me realmente muito envergonhado de muitas das coisas que tinha feito. Parecia possuir agora um conhecimento diferente e a Luz me mostrava o que estava errado, o que eu fizera de errado. E foi tudo muito real.

5.2 - Era como se um julgamento estivesse em curso. Quando eu via alguma coisa, quando experimentava um evento passado, era como se o visse através de olhos possuidores de um conhecimento onipotente, que me orientavam, ajudando-me a ver. Isso mostrou-me não só o que eu fizera, mas até mesmo o modo como meus atos haviam afetado outras pessoas. Constatei que nem mesmo os nossos pensamentos se perdem.

5.3 - Quando voltei, senti um desejo avassalador, ardente, consumidor, de fazer alguma coisa em favor das outras pessoas. Envergonhava-me profundamente das coisas que fizera, ou que deixara de fazer, em minha vida.

5.4 - Quando voltei, estava deveras arrependido. Não me sentia satisfeito com a vida que levara até então, de modo que desejava começar a agir melhor.

6 - Nenhuma consciência constatou a existência de um local que se assemelhasse ao suplício do inferno. Possivelmente, porque nenhuma das pessoas entrevistadas tivesse sido um verdadeiro pecador. Todas elas eram consideradas pessoas normais. Evidentemente, tinham cometido algumas pequenas faltas, como é o normal para qualquer criatura humana. Por isso, os estudos das EQMs não eliminam a possibilidade de que exista um local denominado de inferno. Porém, o que já foi constatado com a revisão da vida, na qual a consciência revê todas as consequências dos seus atos contra os seus semelhantes, e entra num estado de profundo e doloroso arrependimento, isso pode ser considerado um inferno verdadeiro, terrível e insuportável.

7 - O suicídio é um ato contrário à Lei de Deus, porque a pessoa que tenta consumar o ato para de cumprir a finalidade de sua vida

material. Os relatos das pessoas que tentaram o suicídio e voltaram para contar as experiências que tiveram na outra dimensão da vida mostram, de modo unânime, que elas não pensam mais em se matar. Que aprenderam, no decurso das experiências desagradáveis, que o suicídio é um ato muito infeliz, porque é passível de punição. Com isso, regressaram da outra vida conscientes de que precisam manter a serenidade e enfrentar as dificuldades que surgem na vida material. Que o suicídio nada resolve, porque os problemas continuam sem solução na outra dimensão. Então, voltaram unânimes em dizer que jamais voltariam a considerar novamente a hipótese de tentar o suicídio:

> 7.1 Enquanto estava lá, tive a sensação de que duas coisas me seriam absolutamente proibidas: matar-me e matar outras pessoas. Se me suicidasse, eu estaria jogando no rosto de Deus o presente que ele me fizera... Matar outra pessoa, por sua vez, seria interferir na finalidade destinada por Deus àquele indivíduo.
>
> 7.2 Lá, tive a impressão de que havia uma penalidade a pagar por atos de suicídio, e que parte desse castigo seria presenciar o sofrimento que tal ação causaria a terceiros.
>
> 7.3 Na ocasião, com a idade que eu tinha, parecia realmente uma solução muito importante... Bem, o que interessa é que o problema ainda persistia, mesmo quando estive morta.
>
> 7.4 Não. Não tornaria a fazer isso. Na próxima vez, morrerei de causas naturais, porque compreendi uma coisa naquela ocasião: nossa vida terrena não passa de um curto intervalo de tempo e há muita coisa que precisamos fazer enquanto estamos aqui.

8 - Alguns líderes religiosos mostram-se contrários aos resultados obtidos com os estudos dos inúmeros casos de EQM, porque consideram que eles são diferentes das suas crenças tradicionais sobre o céu e o inferno. Porém, na realidade, os relatos das pessoas que passaram por vivências na continuidade da vida da consciência na dimensão espiritual, confirmam os princípios que são comuns a todas as religiões. Essas pessoas vivenciaram experiências inusitadas

na vida espiritual, e voltaram confirmando que as crenças religiosas são verdadeiras. Elas voltaram mais convictas de que a alma sobrevive à morte e prossegue a sua existência com faculdades ampliadas, num reino de luz, ao lado de um ser amoroso e bondoso. Elas reafirmaram que existe lá um julgamento para as atitudes e ações boas ou más realizadas durante a vida material; que reencontram vivas as almas dos seus familiares já falecidos, o que as faz sentirem-se felizes e consoladas; que desfrutaram de boas e agradáveis condições de vida, em decorrência do bem que praticaram. Então, voltaram convencidas de que precisam valorizar os princípios éticos, morais e espiritualistas; observar os ensinos religiosos; transmitir às pessoas céticas a certeza da imortalidade da alma; e que precisam se aproximar de Deus. Portanto, voltaram com menos medo da morte; passaram a praticar o bem, amar e ajudar os semelhantes; adquiriram a preocupação de acumular conhecimentos e crescer em sabedoria, tendo crenças religiosas ou convicções espiritualistas.

9 - Os casos de EQM são muito mais antigos do que alguém conseguiu supor. Por exemplo, consta no livro *History of the English Church and People (História da Igreja e do Povo Inglês)*, publicado no ano de 731, o seguinte caso, a seguir apresentado como um breve resumo:

> Caiu enfermo e piorou progressivamente até que sobreveio a crise e ele morreu nas primeiras horas de uma madrugada. Ao raiar do dia, contudo, retornou à vida e sentou-se repentinamente, para grande consternação dos que choravam em redor do corpo, que fugiram a correr. Só sua esposa, que o amava enternecidamente, permaneceu com ele, embora trêmula e amedrontada. Então, o homem tranquilizou-a, dizendo-lhe: escapei das garras da morte e recebi permissão para voltar a viver entre os homens. Um belo homem vestido com um manto brilhante foi o meu guia. Não sei dizer por que meios, vimo-nos no topo de uma tremenda muralha; dentro dela havia uma campina muito larga e agradável... Tamanha era a luz que inundava todo aquele lugar. O meu guia me disse que eu

devia retornar ao meu corpo e voltar a viver entre os homens, mas que eu devia viver de modo virtuoso para ganhar um lugar entre os espíritos felizes que eu via ali. Fiquei muito relutante em retornar ao meu corpo, pois sentia-me encantado pela beleza e amenidade do lugar e da companhia que eu ali via. Não ousei, entretanto, contrariar o meu guia e, então, sem saber como, vi-me repentinamente vivo entre os homens outra vez.

10 - Os estudos dos casos de EQM levaram os homens a conhecer melhor a existência da alma, sua sobrevivência à morte e suas condições de existência na outra dimensão da vida. O rápido aumento dos casos, com as modernas técnicas de "ressuscitamento" na medicina, levou ao estreitamento das relações e conversas entre os pacientes e seus médicos e profissionais das áreas da saúde. Os inúmeros novos casos permitiram que os pacientes se sentissem mais à vontade para contar abertamente as suas experiências fora do corpo material, inclusive para os seus familiares e amigos, porque perderam o receio de serem rejeitados ou de ouvirem contestações, suposições ou julgamentos superficiais. Pelo contrário, os ouvintes passaram a dizer: "Que interessante! Realmente tais experiências ocorrem e já foram relatadas por muitas outras pessoas". Além disso, alguns médicos já passaram por experiências de quase morte. Então, começaram a relatar e a coletar os relatos dos seus pacientes para os seus estudos particulares. Um deles admitiu: "Eu julgava impossível isso acontecer. Mas, realmente acontece". Portanto, muitas pessoas que vivenciaram EQM, perderam o receio das reações negativas dos seus familiares, médicos e amigos e passaram a dizer: "Eu sei que tive experiências". "Não tenho a menor dúvida do que me aconteceu". "Vocês dizem que, cientificamente, é impossível tal fato ter ocorrido. Mas, isso nada muda, nada altera. Eu só posso dizer que eu sei onde eu estive".

11 - Muitas pessoas que estiveram mortas, mas que foram ressuscitadas, em função das novas técnicas da medicina, nenhuma experiência tiveram no outro plano da vida. Elas dizem que

absolutamente nada se recordam do tempo em que estiveram clinicamente mortas. Porém, uma pessoa não recordar absolutamente nada, não invalida os muitos casos reais, bastante variados, detalhados e com muitos pontos coincidentes, que ocorreram com as pessoas que tiveram suas experiências de quase morte e voltaram dizendo os pormenores das suas vivências, visões, percepções, revisão da vida, encontro com um Ser de luz, e reencontro com os seus parentes e amigos já falecidos. Além disso, voltaram preocupadas em alterar profundamente e melhorar as suas crenças, atitudes e ações perante as outras pessoas.

12 - Os estudos dos novos casos de EQM, mais abundantes e completos, complementaram e mesmo reformularam algumas constatações nos primeiros resultados obtidos. Porém, nunca chegaram a qualquer contestação da veracidade dos casos de EQM estudados.

13 - Os estudos dos casos detalhados ou completos de EQM não formam um novo culto sobre a vida da alma depois da morte. Eles apenas servem de estímulos para as pessoas se conduzirem melhor durante a vida material; se esforçarem para praticar o amor e o bem ao próximo; adquirirem os conhecimentos que aumentam a sabedoria; e dilatarem o entendimento sobre a inevitável continuidade da vida da sua alma na outra dimensão do Universo.

Palestras realizadas pelo Dr. Moody em várias partes do mundo

O doutor Moody decidiu ainda realizar incontáveis palestras em muitos países do mundo. Com isso, difundiu pessoalmente, em escala mundial, os resultados dos seus estudos dos casos de EQM, que já estavam disponíveis em seus livros publicados.

Para a sua satisfação, ele constatou as enormes repercussões positivas que os seus trabalhos e estudos tiveram sobre as vidas das pessoas que estavam prestes a morrer, principalmente por parte daquelas que estavam suportando enfermidades incuráveis ou muito graves. Elas passaram a se sentir consoladas, esperançosas, reconhecidas e gratas com as suas constatações, pois mostravam que a vida da alma vai continuar em outra dimensão, após a morte, em melhores condições de vida. Isso reduziu nelas os medos, conflitos e angústias, que geralmente marcam uma morte iminente. Além dessas pessoas terem se sentido fortalecidas, mental e intimamente, passaram a conviver e se relacionar melhor com os seus familiares e amigos e a colaborar com os profissionais das áreas da medicina e saúde, que as estavam assistindo na fase final da vida física.

Terceiro livro

Em 1988, o doutor Moody reafirmou todas as suas constatações e os resultados alcançados com os seus valiosos trabalhos e estudos, com o lançamento do seu terceiro livro intitulado *A luz além (The light beyond).*

Com essa nova obra, ele evidenciou os avanços, em mais de uma década, das investigações e estudos dos casos surpreendentes, detalhados e completos de EQM. Revelou a sua satisfação com a enorme popularização do assunto em nível mundial; com a gratidão das pessoas próximas da morte que se sentiram beneficiadas com os novos conhecimentos estabelecidos; com o enorme prestígio e respeito que os estudos dos casos de EQM passaram a desfrutar nos meios sociais; e com o surgimento dos novos e valorosos pesquisadores, estudiosos e cientistas, que vieram somar esforços e engrandecer o inusitado e novo campo de estudos e trabalhos sobre a vida que continua para a consciência, além do universo material.

- 6 -

DR. KENNETH RING, SUA COMPROVAÇÃO DOS ELEMENTOS CONTIDOS NOS CASOS DE EQM E APLICAÇÃO DAS LIÇÕES E CONHECIMENTOS AO BEM-ESTAR DAS PESSOAS

O DOUTOR KENNETH RING, professor de Psicologia da Universidade de Connecticut, nos Estados Unidos, sentiu-se atraído e passou a se dedicar ao estudo dos casos de EQM, principalmente em função das grandes repercussões alcançadas pelas obras publicadas pela doutora Elisabeth Kübler-Ross e pelo doutor Raymond A. Moody Junior.

Em decorrência disso, publicou, em 1980, *Vida durante a morte (Life at death: A scientific investigation of the near-death experience)*. Com esse livro, divulgou os resultados alcançados com os seus trabalhos e estudos, que começaram em 1976 e decorreram das entrevistas que realizou com cerca de 100 pessoas que haviam sobrevivido ao fenômeno da quase-morte, quando enfrentaram, principalmente, doenças ou acidentes graves.

Esse trabalho do doutor Ring foi elaborado de forma muito consciensiosa. Então, constatou que, efetivamente, a consciência[5] sai do seu corpo material, em circunstâncias muito específicas, passa a flutuar acima dele, com as suas faculdades ampliadas, conseguindo agir em uma nova realidade, sentindo paz, tranquilidade, bem-estar, alegria e felicidade.

5 O termo *consciência*, repetimos, é a denominação dada pelos pesquisadores, livre de qualquer conotação religiosa. **Nota do revisor.**

Fora do seu corpo físico, a consciência vê o seu corpo inerte, mantendo um estado de perfeita lucidez; e percebe ainda tudo o que está acontecendo no ambiente onde se encontra, com sua visão e audição bem aguçadas.

Com isso, o trabalho do doutor Kenneth Ring veio fortalecer as já sólidas evidências de que a consciência é independente do cérebro do corpo carnal, que morreu ou está morrendo, pois ela passa a vivenciar acontecimentos surpreendentes e reais e a desfrutar de sensações agradáveis, que são completamente diferentes de um sonho, fantasia ou alucinação.

Aprofundamento das experiências na outra dimensão da vida

As constatações do Dr. Kenneth Ring evidenciaram ainda que, após a consciência estar flutuando, ela se sente puxada rapidamente para o interior de um túnel ou vácuo, indo parar num local onde encontra uma "presença de luz", com a qual se comunica através da fala ou da transmissão dos pensamentos.

A consciência, surpreendentemente, geralmente, passa pela revisão de todos os acontecimentos que marcaram a sua existência terrena, mantendo o seu senso lógico, racional e de justiça. Após essas experiências da revisão da vida, ela tem de decidir se pretende voltar para a sua vida terrena ou ficar no local maravilhoso a que foi conduzida.

Outra constatação que a consciência geralmente faz é que, na nova dimensão, as suas noções de tempo, espaço e sensações físicas perderam totalmente o significado.

À medida que a consciência aprofunda as suas observações, ela percebe que o "Ser de luz" lhe dirige sentimentos de amor, num ambiente com uma luz dourada brilhante, e com muitas belezas naturais. Além disso, ela reencontra alguns de seus familiares e entes queridos que já tinham falecido, sentindo fortes emoções e sensações muito agradáveis.

A partir desse ponto, a consciência já deve ter tomado a sua decisão de ficar ou deixar aquele local. Mas, muitas vezes, o Ser de luz, que acompanha os acontecimentos, determina que ela volte para o seu corpo material, mesmo sentindo-se constrangida a fazer isso, para terminar de cumprir algum compromisso na sua vida terrena.

Despertar da consciência no corpo material

Sem conseguir entender como reentrou de modo brusco em seu corpo físico, a consciência desperta, causando estupefação nas pessoas que estão ao seu redor. Porém, consegue se lembrar perfeitamente que realizou uma viagem para uma dimensão de luz, onde vivenciou experiências inesperadas e inesquecíveis.

Uma vez desperta, com as memórias ou lembranças em perfeito funcionamento, encontra grande dificuldade em narrar ou transmitir aos médicos, familiares e amigos o que ocorreu com ela, quando desfrutou de um estado de consciência bem dilatado, num plano de vida muito diferente.

Necessidade de melhorar o modo de ser e viver

Depois de ter passado por experiências marcantes, a pessoa não consegue mais ser a mesma, principalmente pelos julgamentos que fez durante a sua revisão e avaliação da sua vida terrena. Então, com as memórias vivas, sente o forte desejo de promover transformações mentais e íntimas que venham a melhorar os seus modos de ser, sentir, pensar, falar e agir perante os semelhantes.

Depoimentos de pessoas que passaram por EQM

Os curtos resumos, a seguir apresentados, compõem 21 exemplos contidos na obra do doutor Kenneth. Embora jamais dispensem a leitura dos depoimentos completos, eles servem para efeito didático, pois conseguem dar uma melhor compreensão das variadas, complexas e grandiosas narrativas que as pessoas fazem dos elementos que vivenciaram em suas EQMs:

1 - Oh, Deus, eu morri, mas estou aqui! Então, comecei a sentir uma imensa gratidão, porque eu ainda existia, e, no entanto, sabia perfeitamente que havia morrido. Eu era pura consciência.

2 - Eu tive uma imersão total em luz, claridade, calor, paz, segurança. Fui para essa luz incrivelmente clara, que é impossível descrever. Era como se eu sempre estivesse lá e sempre fosse estar; e minha existência na Terra fosse só um breve instante.

3 - A meu lado estava um Ser de luz puro, poderoso, amoroso, com uma presença magnífica. Sua radiação de luz acendia tudo a meu redor e falava comigo com uma voz que continha a mais profunda delicadeza imaginável. Diante daquela magnífica presença compreendi tudo. Percebi que a consciência é vida. Que a consciência que sabemos que está por trás de nossa personalidade vai continuar. Que a vida tem sua finalidade. Então, uma nova serenidade adentrou meu ser.

4 - A experiência começou comigo flutuando para dentro do que eu só poderia descrever como um longo túnel de luz. No final, não havia nenhum som de coisas terrestres; só o som da serenidade, de estranhas músicas diferentes de tudo que eu já ouvira. Uma tranquilizadora sinfonia de beleza indescritível.

5 - Lá havia o amor mais caloroso e maravilhoso. O amor me envolvendo completamente... Me sentia leve, boa, alegre, feliz, tranquila.

6 - Um Ser de luz[6] imediatamente se comunica com você... Essa comunicação é o que você poderia chamar de telepática. É absolutamente instantânea e clara.

---

6 A expressão *Ser de luz* equivaleria igualmente a *espírito*. Ao evitar o termo *espírito*, os pesquisadores quiseram, certamente, evitar palavras já usadas pelas religiões. **Nota do revisor**

7 - Eu estava num campo florido celestial. Meus ouvidos se encheram de uma música tão bela que nenhum compositor poderia duplicá-la; ela também não era deste mundo. Eu estava num estado de consciência muito além de qualquer coisa que já houvesse experimentado. Não existem palavras em linguagem alguma para descrever tamanha grandeza.

8 - Eram cidades feitas de luz. Estava na praça de uma cidade bela e brilhante. O edifício em que entrei era uma catedral.

9 - A rua era tão clara. Tinha a aparência do ouro, mas era tão claro, tão transparente... Tudo lá possuía uma pureza e claridade. As flores e botões de flores naquela rua tinham cores vibrantes.

10 - Estava numa planície verde. Eu possuía novamente um corpo. Eu estava consciente do corpo. Na bela campina tinha lindas flores com gloriosa luz radiante. Lá estava o céu, grama, flores com cores que eu nunca vira.

11 - Antes de tomar a decisão de ficar ou não naquelas paragens, tive que rever minha vida. Vi toda a minha vida passar pela minha frente.

12 - Foi como se eu soubesse tudo que estava armazenado em meu cérebro. Foi assustador, porque eu soube que todas as outras pessoas na sala sabiam o que eu sabia e não dava para esconder nada - os bons momentos, maus momentos, tudo. Tive um conhecimento claro e completo de tudo que já havia acontecido em minha vida - até mesmo as pequenas coisas que já havia esquecido. Descobri que a coisa mais importante é o amor e os relacionamentos humanos e não as coisas materiais. Percebi que tudo que você faz em sua vida é gravado.

13 - Olhar para si mesmo, do ponto de vista de quanto amor você espalhou para as outras pessoas, é devastador. Você nunca vai se recuperar. Faz seis anos da minha EQM e ainda não me recuperei.

14 - Eu sei o que aconteceu, eu sei que morri! E o Ser respondeu: - Sim, mas você não vai ficar, porque ainda não é a sua hora.

15 - E agora que estou de volta, tenho certeza absoluta de que não queria voltar... Eu conheço o outro lugar.

16 - Ter visto um lugar tão lindo que não tenho palavras para descrever a beleza das formas, da paz, do amor, das linguagens, da música, do Ser, da muralha, de tudo. E a velocidade, o movimento à vontade, sem as limitações deste corpo! Ganhar esse tipo de conhecimento e, então, é como dar um passo para trás, ter que voltar para essas limitações.

17 - Adoraria ter ficado! Eu dizia para o meu marido: - Eu queria tanto ficar! E ele me olhava com ar magoado. Assim, finalmente, parei de dizer isso, porque não havia como ele entender que não era nada pessoal.

18 - De um homem totalmente perdido, que não possuía outra meta a não ser a riqueza material, transformei-me em alguém com uma motivação profunda, uma finalidade, uma direção definida, e uma poderosa convicção de recompensa no fim da vida. As mudanças em minha vida foram totalmente positivas. Meu interesse por riquezas materiais e ambição foi substituído por uma sede pela compreensão espiritual e um desejo piedoso de ver as condições mundiais melhorarem.

19 - Eu gostava do materialismo e o seguia. Agora o meu ser foi transformado. O verdadeiro valor da existência está na ligação que você tem com todos os outros seres vivos.

20 - Antes eu só vivia para as coisas materiais. Eu era uma pessoa egoísta, vazia, vaidosa, totalmente vaidosa, com medo da vida, de viver, de morrer, de toda e qualquer coisa. Passei a ter um verdadeiro senso de liberdade, uma completa sensação de conhecimento

com Deus. A saber o que é o amor num sentido universal. Agora sinto que Deus é o primeiro na minha vida. A EQM me deu a liberdade de ser eu mesma, de encontrar a mim mesma, de ser o que Deus quer que eu seja.

21 - Se a morte se parece mesmo um pouco com o que eu experimentei, deve ser a coisa mais maravilhosa do mundo para esperar, absolutamente a coisa mais maravilhosa do mundo.

Corroboração dos elementos inerentes às EQMs

O doutor Kenneth, com sua maravilhosa obra, comprovou a veracidade das ocorrências e os fatos ou elementos contidos nos casos de EQM; e ressaltou que eles ocorrem com quaisquer pessoas, independentemente da idade, sexo, raça, classe social, estado civil, nível educacional, profissão, renda, filiação religiosa, cidade onde reside, estado de saúde ou doença ou acidente.

Com isso, houve a validação, além do aprofundamento dos resultados dos trabalhos e estudos realizados e publicados anteriormente, inclusive pelo cardiologista Michael Sabom, que realizou um estudo notável sobre as amplas percepções visuais extrassensoriais que alguns de seus pacientes tiveram, quando foram submetidos a cirurgias ou sofreram ataques cardíacos.

Da teoria para novas ações

O doutor Kenneth Ring decidiu atingir o grande público, participando em programas de rádio e televisão, fazendo palestras e promovendo seminários. Ele queria chegar até as muitas pessoas interessadas em conhecer melhor o assunto tão palpitante e até mesmo às que tinham passado por uma EQM, mas que ainda se sentiam inibidas em narrar abertamente para outras pessoas os fatos extraordinários que tinham vivenciado, porque tinham medo de ser ridicularizadas.

ASSOCIAÇÃO INTERNACIONAL PARA ESTUDOS DE QUASE-MORTE

Em 1981, o doutor Kenneth Ring passou a participar da administração da Associação Internacional para Estudos de Quase-Morte *(International Association for Near-Death Studies)*, que tinha por objetivos aprofundar os trabalhos e estudos sobre as EQMs; estimular a publicação de artigos em periódicos; promover conferências; organizar programas de estudos; divulgar novas informações sobre o assunto; manter correspondências e relações entre os pesquisadores, mesmo de outros países; atender às pessoas que tinham o interesse em contar as suas próprias EQMs; e encontrar as experiências pouco comuns, que contivessem muitos detalhes ou que fossem bem completas e profundas, permitindo aprofundamentos nos estudos.

RUMO AO PONTO ÔMEGA

O doutor Kenneth, em 1984, lançou o seu excelente livro *Rumo ao ponto ômega*, estabelecendo um novo marco no entendimento dos efeitos profundos e das transformações benéficas para as pessoas que passam por uma EQM.

Elas voltaram com conhecimentos dilatados sobre as condições de vida existentes na dimensão espiritual, os quais tiveram efeitos profundos e benéficos em suas personalidades, durante a continuidade de sua existência no mundo material. Elas melhoraram as suas atitudes e ações perante as outras pessoas, obtendo reflexos muito positivos para a vida em sociedade.

REPERCUSSÕES DAS EQMS EM PESSOAS QUE TENTARAM O SUICÍDIO

O doutor Kenneth direcionou os seus trabalhos e estudos inclusive para as narrativas das pessoas que sobreviveram à tentativa de suicídio. Com isso, constatou que, geralmente, em vez de ter experimentado sensações de paz, quietude e bem-estar, a consciência percorreu o túnel em direção a um local em que não estavam nem um Ser de luz sábio e bondoso, nem os seus familiares e amigos já falecidos. A consciência sentiu-se puxada para um lugar escuro, onde experimentou sofrimentos e ocorrências desagradáveis ou até mesmo infernais, principalmente depois de ter avaliado a grandeza dos transtornos que havia causado para os seus familiares e entes queridos que ficaram na vida material.

Com isso, a consciência passou a sentir um grande arrependimento, que só ficou um pouco abafado com a sua volta para a vida carnal, e o desejo de reparar os erros cometidos. Então, ela voltou convencida de que precisava melhorar os seus modos de ver e agir na vida e alertar as outras pessoas a se prevenirem contra os pensamentos e tendências suicidas, porque é impossível matar a consciência[7].

Lições que vieram do reino da luz

Em 1998, o doutor Kenneth Ring publicou outro notável livro intitulado *Lições da luz: o que podemos aprender com as experiências de proximidade da morte*, em coautoria com a pesquisadora Evelyn Elsaesser Valarino, autora do livro *On the other side: exploring the phenomenon of near-death experience*, de 1977.

Essa obra apresentou inclusive alertas para as pessoas que não passaram por uma EQM. Elas não precisam conhecer pessoalmente o que existe na vida na outra dimensão para obterem os seus efeitos benéficos ou positivos. Elas podem obtê-los de imediato, elevando o nível de consciência e melhorando as crenças, convicções, valores e comportamentos; praticando as virtudes e o bem para as outras pessoas; promovendo em si mesmas as transformações mentais e íntimas profundas que melhoram as suas formas de ver e agir na vida material; oferecendo consolação e esperança para as pessoas que estão próximas da morte ou em período de luto; e engrandecendo as convivências e relacionamentos, para chegarem ao bem-estar e à elevação nas condições atuais de vida.

---

7 Informações adicionais e exemplos estão também publicados em: Ring, K. e Franklin, S. *Do suicide survivors report near-death experiences?* **Nota do autor.**

Lições contidas nos casos de EQM de pessoas cegas

Especificamente com relação às pessoas cegas, de nascença ou não, que vivenciaram EQMs, em circunstâncias muito variadas, as experiências não foram diferentes das que ocorrem com as outras pessoas, mesmo as que tinham um grau muito elevado de miopia. A consciência passou a ver com excepcional nitidez e precisão. Isso evidenciou que é a consciência que tem a capacidade visual. Em seguida, a consciência flutuou acima do corpo material, permitindo a visão detalhada dos procedimentos dos médicos e das coisas que estavam no ambiente. Logo, a consciência se elevou, experimentando um delicioso bem-estar, e podendo ver os telhados das casas e dos prédios da cidade. Depois que entrou em um túnel, a consciência foi parar num reino de luz, onde ouviu uma música diferente e fascinante; viu um campo muito iluminado, coberto de grama, flores e árvores; reencontrou seus familiares e amigos já falecidos; desfrutou de um perfeito estado de saúde, alegria e satisfação; esteve em contato com um ser muito luminoso, que externava amor e gentilezas; passou pela revisão panorâmica dos acontecimentos na vida material. Então, inesperada e repentinamente, a consciência foi mandada de volta para o seu corpo material, porque tinha ainda obrigações e responsabilidades a cumprir na vida material[8].

Lições contidas nos casos de EQM de criancinhas

Especificamente com relação às lições que podem ser extraídas dos elementos contidos nos casos de EQM de criancinhas, que não tinham qualquer noção ou sofrido ainda influências religiosas, os autores recorreram aos estudos dos casos reais, por julgarem estes a melhor maneira. Os seguintes breves exemplos, das narrativas

8 EQMs de pessoas cegas de nascença, ou que nunca tiveram qualquer percepção ou impressão visual sobre imagem, luz, cor, sombra, nem mesmo em sonhos, estão também em: *Kenneth Ring e Sharon Cooper, Mindsight: How the blind can see during near-death experiences; e Near-death and out-of-body experiences in the blind: A study of apparent eyeless vision.*

inesperadas e surpreendentes feitas por criancinhas, são valiosos, pela maneira ingênua e espontânea delas:

- Quando a gente morre, tem um túnel de luz branca; e o vovô estava lá com uma luz sobre a cabeça.

1 - Eu estava morta e assustada num túnel escuro, quando apareceu Elizabeth e o túnel ficou brilhante. Ela me levou para um local divertido onde havia muitas flores. Lá eu encontrei os meus avós falecidos, minha tia e duas outras almas que estavam esperando para renascer. Quando eu disse para Elizabeth que queria voltar para os meus pais, eu acordei no hospital.

2 - Eu ouvi os médicos dizerem que o meu coração havia parado; mas eu estava flutuando no teto, vendo e ouvindo tudo. Eu vi a mamãe chorando e perguntei para ela por que estava chorando, mas ela não podia me ver e ouvir. Então, apareceu uma linda mulher que me levou, através de um túnel, para um local que tinha lindas flores. Lá eu vi Deus e Jesus que me disseram que eu precisava voltar para ficar com a mamãe e terminar a minha vida. Então, eu voltei e acordei.

3 - Depois que o carro me atingiu, eu me vi sentada numa árvore vendo tudo lá embaixo. Olhei para cima e vi o meu avô me estendendo a sua mão. Começamos a nos mover muito rápido e chegamos a um lugar inacreditavelmente belo, onde havia flores e castelos. O meu avô me disse que morava naquele lugar, mas que eu não poderia ficar com ele, porque precisava voltar para ajudar a minha mãe e o meu irmãozinho. Acordei no hospital com um braço quebrado e uma concussão.

4 - Eu fui para uma sala com um homem muito bom e sentei com ele. A sala tinha uma grande luz brilhante no teto. O homem perguntou se eu queria ficar lá ou voltar para você. Eu quis ficar com você e voltar para casa.

5 - Eu estava acordado. Não dormindo! Eu estava subindo no ar e vi você e o papai chorando. Alguma coisa veio até mim e disse que eu precisava voltar. Eu me sentia bem, e gostava de todas as pessoas que estava vendo. Elas eram muito brilhantes, mas um homem me abraçou e eu me senti tão bem que queria ficar, mas ele disse não.

6 - Eu estava acima da sala, observando um homem de uniforme escuro com um chapéu escuro, colocando ataduras em mim. Eu me sentia bem onde estava. Eu ainda me lembro da clareza que eu sentia e do brilho ao meu redor - cores, luz, tranquilidade.

7 - Eu flutuei para fora do meu corpo e podia ver os médicos e enfermeiras trabalhando em mim, tentando me trazer de volta à vida. De repente, fui para o teto da sala, passei o telhado e entrei numa outra dimensão no fundo do túnel. Pude ver muita luz. Eu estava apenas deslizando e lá estavam aquelas figuras brancas, que me fizeram sentir calidez e amor e que eu era bem-vindo lá. Depois, eu deslizei para uma estrada dourada, onde encontrei uma pessoa que me perguntou se eu queria voltar. Eu disse que não: aqui em cima é bom, maravilhoso e tranquilo. Eu não quero voltar para a dor e o sofrimento. Ele me disse: "Você tem um propósito na vida, e, quando ele for cumprido, você poderá voltar e me visitar novamente algum dia". Então, eu estava de volta para o meu corpo[9].

9 Muitos outros depoimentos de criancinhas estão em: Pediatra Melvin Morse, em *Closer to the Light; Transformed by the Light; A near-death-experience in a seven-year-old child; Childhood near-death experiences; Near-death experiences in a pediatric population; Near-death experiences and death-related visions in children: Implications for the clinician.* Raymond Moody em *The Light Beyond.* William J. Serdahely em *A comparison of retrospective accounts of childhood NDEs with contemporary pediatric accounts.* Roxanne Sumners em *The Wave of Light.* Psiquiatras Glen O. Gabbard e Stuart W. Twemlow em *With the Eyes of the Mind.* David B. Herzog e John T. Herrin, em *Near-death experiences in the very young.*

LIÇÕES EXTRAÍDAS DAS REVISÕES DOS ACONTECIMENTOS OCORRIDOS DURANTE A VIDA MATERIAL

Os autores deram especial ênfase para as revisões da vida, porque são elas que promovem transformações profundas, duradouras e benéficas para a vida das pessoas que vivenciaram uma EQM.

Os 14 breves resumos das narrativas das pessoas que vivenciaram uma EQM permitem-nos extrair as razões que as levaram a promover grandes transformações para melhor em suas vidas materiais:

> - A revisão da vida era absoluta, positivamente, tudo dos primeiros 33 anos da minha vida, desde o meu nascimento, até o dia do acidente.
>
> 1 - Toda a minha vida estava lá, cada momento dela. Todos e tudo que eu jamais vira e tudo o que me acontecera estava lá.
>
> 2 - Eu tinha um conhecimento total, completo, de tudo o que acontecera em minha vida - mesmo das coisas insignificantes que eu esquecera.
>
> 3 - Cada emoção, todos os momentos felizes, os momentos tristes, os momentos de raiva, o amor, a reconciliação - tudo estava lá. Nada foi esquecido.
>
> 4 - Para mim, foi como reviver cada pensamento que pensei, cada palavra que pronunciei e cada ato que realizei. Nenhum detalhe foi esquecido. Nenhum erro ou ofensa foi esquecido.
>
> 5 - A revisão mostrou que eu passaria por um período prolongado de dor física; mostrou que os membros da minha família sofreriam dores físicas; mostrou que a minha cunhada morreria prematuramente, e isso aconteceu. Eu vi um caminho muito difícil. A Presença de luz me disse: - Você voltará e manterá a sua família unida; você será a sua cola.

6 - Sempre que eu ficava um pouco perturbado, os Seres de luz paravam a revisão por algum tempo e apenas me amavam. Depois a minha revisão de vida apenas continuava, deixando-me arrasado. Era deplorável observar, simplesmente deplorável. Era repugnante. Mas durante todo o tempo havia o amor deles.

7 - A sua vida é mostrada - e você julga. São as pequenas coisas - talvez uma criança machucada que você ajudou, ou apenas quando você parou para dizer olá a uma pessoa doente. Essas são as coisas mais importantes.

8 - Toda a minha vida estava à minha frente e me mostraram ou me fizeram compreender o que importava. O que eu considerei pouco importante na minha vida foi a minha salvação. E o que eu pensei fosse importante, não era nada.

9 - Era uma visão panorâmica, tridimensional, da minha vida, de cada aspecto da minha vida. Tudo o que eu dissera ou fizera, ou mesmo pensara, estava lá, para todos sentirmos. Eu repensei cada pensamento, experimentei outra vez cada sentimento, como tal acontecera, imediatamente. E eu também senti como os meus atos, ou até mesmo os meus pensamentos, afetaram os outros. Numerosos atos ou pensamentos, derivados da minha própria mesquinhez, crueldade ou raiva, me faziam sentir o consequente sofrimento das outras pessoas. Como eu estava numa dimensão diferente, onde o tempo não pode ser medido, da maneira como o conhecemos na Terra, era possível saber tudo isso e sentir tudo ao mesmo tempo, instantaneamente, e com a capacidade para compreender toda essa informação!

10 - A história minuciosa da minha longa carreira criminosa foi revivida, além de todos os pequenos danos que eu infligira inconscientemente com minhas palavras impensadas, meus olhares e omissões. Aparentemente, nada foi omitido nesse pesadelo de injúrias, mas a coisa mais apavorante foi que cada sofrimento que eu causara aos outros era agora sentido por mim.

11 - A revisão não aconteceu para que eu fosse castigado; mas para que eu pudesse ter a oportunidade de aprender as lições que não aprendera com a minha vida.

12 - A meu pedido, os Seres de luz passaram novamente os eventos que haviam acontecido em minha vida. E eu fui o juiz.

13 - O efeito total foi que eu revivi a minha vida com uma atitude muito mais saudável. E isso me curou. E, quando cheguei ao fim, pela primeira vez, senti vontade de viver.

Características elevadas e poderes extraordinários do Ser de luz[10]

Especificamente com relação aos atributos, características nobres e poderes surpreendentes do Ser de luz, que aparece e é agente importante em quase todas as EQMs, os seguintes curtos resumos dos depoimentos das pessoas que vivenciaram uma EQM conseguem mostrar claramente as fortes razões que as levaram a proceder enormes transformações e melhorias em suas vidas materiais:

- Pude ver o quanto todas as pessoas são amadas. Estava totalmente evidente que a Luz amava a todos igualmente sem nenhuma restrição. A Luz era extremamente amorosa e preocupada com todas as pessoas. E a Luz me pedia: - ame as pessoas.

1 - Eu realmente experienciei como sou valiosa e como sou amada por Deus.

2 - A Luz era perfeição; era o amor total, incondicional.

10 Ser de luz, Luz, Presença de Luz. Mais uma vez, os pesquisadores preferem usar expressões desse tipo em vez de espírito ou anjo, para não atrelar suas pesquisas a conceitos e terminologias já adotadas nas religiões tradicionais ou mesmo no espiritismo. **Nota do revisor.**

3 - A minha vida era retribuir de algum modo à Luz, por ela ter vindo a mim e me amado quando eu mais precisava.

4 - Dentro do túnel, eu experimentei uma mudança total, quando fui tocada pela Luz. Quando o amor tremendamente incondicional fluiu para mim e através de mim, cada átomo da minha alma foi banhado e alterado em sua luz. Nada importava, a não ser o amor que eu estava recebendo.

5 - Deus viu toda a minha vida e ainda me amava. Amor puro, autêntico, generoso, incondicional. Primeiro, Deus me disse que só havia duas coisas que podemos levar conosco quando morremos: amor e conhecimento. Portanto, eu devia aprender o máximo que pudesse sobre os dois. Segundo, Deus me disse que eu precisava voltar, eu não podia ficar; havia algo que eu ainda devia realizar.

6 - Lá, diante de mim, estava a presença viva da Luz. Dentro dela, percebi uma inteligência onipresente, sabedoria, compaixão, amor, verdade. Eu, eu mesma, estava encarando Deus. O corpo etéreo com o qual eu viajara pelo túnel parecia não existir mais; havia apenas a minha inteligência confrontando aquela Mente Universal. Fui preenchida com toda a sabedoria do Ser. O Criador me mostrava a plenitude e a beleza de toda a sua Criação. De repente, sem saber como ou por quê, voltei ao meu corpo ferido. Mas, milagrosamente, trouxe comigo o amor e a alegria.

Contribuições para o engrandecimento da vida das pessoas

O doutor Kenneth Ring prestou, como vimos acima, inusitadas contribuições à humanidade, na condição de notável e consciencioso investigador, de profícuo estudioso e competente realizador de trabalhos, livros, entrevistas, cursos e seminários. As suas obras no campo das EQMs completas, profundas e ricas em detalhes, descortinaram, de modo muito abrangente, as condições de vida que a consciência das pessoas vai encontrar na outra dimensão da vida, após a sua passagem pela vida terrena. Com isso o dr. Kenneth tornou-se uma autoridade muito respeitada e admirada a nível mundial.

Graças às publicações das suas constatações e comprovações gigantescas, houve o fortalecimento da veracidade e realidade dos fatos maravilhosos, anteriormente já analisados e comentados. Além disso, os notáveis méritos e prestígios do dr. Kenneth decorrem, certamente, do engrandecimento que promoveu nos conhecimentos acerca das EQMs, com seus trabalhos e estudos persistentes; dos exemplos didáticos que deixou como legado, que falam diretamente ao bom-senso das pessoas que os avaliam; das aplicações valiosas das lições extraídas das EQMs, para o bem-estar das pessoas que se interessam pelo assunto; das elucidações sólidas estabelecidas sobre a continuidade da consciência, na dimensão espiritual, após o fim da sua jornada terrena, em condições de vida boas ou ruins, que ela própria as criou para si mesma, em função dos seus sentimentos, pensamentos, atitudes e obras.

- 7 -

DR. CHARLES BRUCE GREYSON, SUAS NOTÁVEIS CONTRIBUIÇÕES E SEUS AVANÇOS NOS ESTUDOS DOS CASOS DE EQM

O doutor Charles Bruce Greyson, psiquiatra, especialista no tratamento de pessoas com tendências ao suicídio, professor da Universidade de Virgínia, nos Estados Unidos, diretor e pesquisador da Associação Internacional de Estudos de Quase-Morte e colaborador do *Journal of near-death studies of american journal of psychiatry*, tornou-se outro importante investigador e grande estudioso dos casos de EQM, tendo se destacado pelas suas notáveis realizações e contribuições.

Primeiro livro

Ele publicou, em 1981, o seu notável livro *Near-death experiences and attempted suicide. Suicide and life threatening behavior*, abordando especificamente as tentativas de suicídio que tiveram ocorrências de EQM. Assim, aplicou esses casos de EQM à sua área de especialidade médica.

Segundo livro

No ano seguinte, ele publicou o livro *Near-death studies: a review*, principalmente para mostrar as alterações significativas que as EQMs promovem no mundo mental e íntimo das pessoas que as vivenciaram.

Desse modo, o doutor Greyson aclarou os tipos de desenvolvimentos mentais, psíquicos e espirituais que ocorrem com as pessoas que se sentiram submetidas aos elementos inerentes às EQMs. Em decorrência do que elas vivenciaram, passaram a promover inúmeras melhorias em suas personalidades, atitudes e ações, obtendo reflexos positivos inclusive nas vidas dos familiares e das pessoas da sociedade.

Terceiro livro

Em 2007, o doutor Bruce publicou o seu terceiro livro, intitulado *Irreducible mind,* para reafirmar a consistência dos resultados que são obtidos com as longas investigações e os estudos bem elaborados dos casos de EQM.

Quarto livro

Em 2009, ele novamente veio a público reafirmar todas as valiosas constatações que são obtidas com os estudos dos casos de EQM, com a sua participação na elaboração e publicação do livro *The handbook of near-death experiences*.

Participação ativa nos meios de comunicação

O doutor Greyson decidiu ainda atuar na defesa consistente e na divulgação para o público em geral dos resultados que alcançou com as suas investigações, estudos e trabalhos sobre os casos de EQM.

Para isso, participou ativamente em entrevistas em todos os meios de comunicação, conferências, seminários e publicação de diversos artigos em jornais e periódicos.

Desse modo, reafirmou as fortes participações que a consciência tem nas complexas atividades mentais, percepções sensoriais e memórias; mas também que a consciência tem independência dos mecanismos fisiológicos e dos processos complicados que ocorrem durante o funcionamento e as atividades do cérebro do corpo material.

Isso foi constatado com os estudos das vivências, ocorrências, elementos ou pontos comuns que aparecem nos casos de EQM, desafiando as crenças adotadas pelas ciências materialistas.

Quando o cérebro para de operar ou funcionar, durante a morte clínica ou quando ele está na iminência de morrer, a consciência sai do seu corpo material e continua a sua vida em outra dimensão, podendo agir com as suas faculdades e possibilidades ampliadas.

Isso foi constatado em casos de choque anafilático, complicações em anestesia geral, parada cardiorrespiratória, hemorragia cerebral, intoxicação gravíssima, afogamento, tentativa de suicídio, acidente violento etc.

Quando a consciência sai do seu corpo físico, ela continua vendo, ouvindo, sentindo, pensando, falando, locomovendo-se, agindo e registrando na memória todas as ocorrências vivenciadas em outra dimensão da vida.

Escala dos elementos que caracterizam uma EQM

O doutor Bruce Greyson dedicou-se a dar números para as seguintes características marcantes e aspectos mais relevantes que são encontrados nos casos de EQM:

A consciência separa-se do cérebro do seu corpo carnal, quando este perdeu a sua capacidade de adequado funcionamento.

1. Então, ocorrem melhorias significativas nas percepções, após a entrada da consciência em outra dimensão da vida.

2. A consciência percebe que os seus pensamentos estão mais rápidos e coerentes.

3. A consciência passa pela visão retrospectiva de todos os fatos ocorridos durante a sua existência material.

4. A consciência reencontra as almas dos seus familiares e amigos já falecidos.

5. A consciência entra em contato com um *Ser de luz*, que possui notáveis qualidades e poderes.

6. A consciência compreende claramente a complexidade das realidades existentes na outra dimensão da vida, porque está com as suas capacidades ampliadas ou dilatadas.

7. A consciência entra em um estado em que os sentimentos são agradáveis e as sensações são de calma, paz, alegria e bem-estar.

8. A consciência percebe que está integrada num contexto universal, no qual desfruta da possibilidade de ver inclusive certos acontecimentos que ainda estão por ocorrer.

9. A consciência sente que precisa voltar para o seu corpo material. Porém, traz consigo as memórias dos fatos ocorridos e os desenvolvimentos mentais e psíquicos inusitados que conseguiu obter durante a sua permanência na outra dimensão da vida.

Contribuições valiosíssimas propiciadas pela Escala de Greyson

A escala de Bruce Greyson é um questionário prático desenvolvido para quantificar, com notas de 0 a 2, as 16 ocorrências mais comuns encontradas numa EQM: mudança na percepção do tempo; grau de aceleração nos pensamentos; revisão dos eventos ocorridos no passado na vida; grau de entendimento sobre si mesmo, os outros e o universo; sentimento de alívio, tranquilidade, paz ou prazer; sentimentos de alegria e felicidade; sensação de estar em harmonia com o Universo; visão de uma luz brilhante; percepção de que os sentidos estão mais vívidos; percepção extrassensorial de acontecimentos distantes; percepção de cenas do futuro; noção de que a consciência está existindo fora do corpo material; noção de a consciência ter entrado num mundo desconhecido, estranho, místico ou sobrenatural; encontro e audição de um ser ou presença mística; visão de espíritos de falecidos ou de religiosos; chegada a uma fronteira ou ponto de onde precisa retornar à vida por vontade própria ou contra a própria vontade.

Essa Escala de Greyson é o instrumento ou metodologia valiosíssima para quem estuda as ocorrências complexas que a consciência vivencia, quando está fora do cérebro do seu corpo carnal morto ou inerte, podendo agir em outra realidade invisível da vida.

Uma pontuação igual ou superior a 7 considera a EQM adequada, para fins de pesquisa, pela profundidade dos elementos comuns encontrados nas EQMs.

Estudo prático da Escala de Greyson realizado no Brasil

A escala do doutor Greyson, valiosíssima contribuição para a seleção e o estudo dos casos de EQM, foi avaliada de modo prático no Brasil, com a realização do interessantíssimo trabalho Equivalência semântica da versão em português da escala de experiência de quase morte, *(Semantic equivalence of the portuguese version of the near-death experience scale)*. Os autores foram Fernanda Barcellos Serralta; Fernanda Cony; Zelia Cembranel; Bruce Greyson; Cláudia Maciel Szobot; investigadores da Universidade Luterana do Brasil, em Canoas (RS), e da University of Virginia Health System, Virgínia, Estados Unidos.

Essa busca da equivalência semântica entre a versão original na língua inglesa da escala e a versão adaptada ou traduzida para o português no Brasil chegou, em resumo, às seguintes constatações:

Após as diversas etapas de avaliação da equivalência no significado das palavras, a escala foi previamente testada em seis pacientes internados após alta de um Centro de Tratamento Intensivo (CTI) de um Hospital Universitário.

1. Na avaliação realizada por dois psicólogos e dois psiquiatras, constatou-se existir equivalência semântica entre a versão final em português e a versão original.

2. Na aplicação da escala na população-alvo, verificou-se boa compreensão dos itens. Portanto, a escala está adequada à cultura brasileira, podendo ser utilizada para pesquisas sobre as experiências de quase morte nesse contexto.

3. Todos os pacientes avaliados relataram, em algum grau, experiências compatíveis com a noção de EQM, sendo que dois apresentaram pontuação maior do que 7 no instrumento, o que, conforme o ponto de corte original, configura uma EQM verdadeira.

4. Durante a aplicação da escala observou-se que os pacientes demonstravam necessidade de relatar os fatos ocorridos de maneira detalhada. Esse é um dado muito interessante, visto que as pessoas que tiveram uma EQM, geralmente, costumam não falar sobre o evento, com medo de serem consideradas desequilibradas mentalmente. Ao perceberem que os pesquisadores não viam esta experiência como algo anormal, sentiram-se livres para relatá-la.

5. Os pacientes avaliados descreveram ter visto pessoas, principalmente familiares falecidos. Esta é uma das características da EQM encontrada por Moody Jr. (2004) e que é comum a norte-americanos e indianos (Paricha, 1993).

6. O paciente D relata: "Vi minha mãe e fiquei com medo, pois não esperava vê-la" (sic). Também o paciente B relatou: "Vi cadáveres (pessoas mortas) por toda parte" (sic).

7. Os comentários feitos por alguns pacientes nas questões 5, 6 e 16 indicam que a EQM pode levar o paciente a eliciar (fazer emergir ou manifestar) sentimentos desagradáveis e o desejo de retornar à vida.

8. O "sentir uma grande relutância de voltar à vida" (questão 16) não foi observado no relato da população-alvo. Ao contrário disso, alguns disseram sentir muita vontade de voltar à vida, de não

morrer. "Eu pensava: não posso morrer agora, tenho muita coisa pra fazer, quero ter filhos" (sic, paciente A). "Senti que não ia resistir, mas não queria morrer" (sic, paciente D). "Voltei porque estavam precisando de mim" (sic, paciente C).

9. Nas respostas das questões 5 e 6, que fazem menção a sentimentos de paz, bem-estar e alegria, quatro entrevistados relataram sentimentos contrários, como: «Tive sentimento de pavor" (sic, paciente A). "Fiquei angustiado" (sic, paciente B). "Me senti sozinha" (sic, paciente C). "Tive medo" (sic, paciente E).

10. Conforme Greyson e Bush (1992), esse tipo de sentimento negativo é bem menos frequente do que o sentimento positivo, e seu impacto na vida futura dos sujeitos ainda é desconhecido.

11. Se tais manifestações são características distintas da população brasileira ou não, somente estudos subsequentes poderão confirmar.

12. Ring (1996) afirma que a maioria das pessoas que passaram por EQM apresenta consideráveis mudanças de crenças, valores, atitudes e comportamentos. Isso se constatou em dois pacientes avaliados, que relataram ter passado por mudanças, como: "ser mais otimista, pensar positivo, valorizar a vida, cuidar mais de mim e não tanto dos outros como costumava fazer até então" (sic, paciente A). "Dei mais valor à família. Fiquei mais sensível para as coisas que me rodeiam" (sic, paciente E).

13. No estudo da escala, foram adotadas as oito etapas do processo de adaptação e avaliação da equivalência semântica (equivalência no significado das palavras), que são parte do processo mais amplo de adaptação transcultural (Herdman & Cols., 1998). Conforme descrevem Reichenhem e Moraes (2007), o modelo universalista de adaptação transcultural supõe ainda a equivalência conceitual, dos itens, operacional, de mensuração e funcional.

14. A versão em português da Escala de experiência de quase morte satisfez os critérios de equivalência semântica. Manteve-se o formato da escala original em todos os itens do instrumento.

15. Portanto, considera-se que exista a equivalência operacional.

16. A fim de concluir o processo de adaptação à cultura brasileira, além de uma discussão com especialistas e população-alvo, para examinar a equivalência conceitual e de itens, é necessário que se realizem estudos empíricos, para verificar as propriedades psicométricas do instrumento. Em especial, recomenda-se a validação de construto, visto não existir um outro instrumento de referência (padrão-ouro) para exame da EQM em nosso meio.

- 8 -

DR. PIM VAN LOMMEL E OS RESULTADOS DOS ESTUDOS DE CASOS DE EQM OCORRIDOS COM PACIENTES QUE TIVERAM PARADA CARDÍACA

O cardiologista holandês Pim van Lommel, em 2001, destacou-se no campo das pesquisas e estudos dos casos de EQM, com a publicação do artigo "Experiência de quase morte em sobreviventes de parada cardíaca", na famosa revista científica inglesa *Lancet*.

A grande repercussão desse artigo, em nível mundial, decorreu das constatações que foram obtidas com as suas pesquisas e análises das ocorrências com a consciência fora do seu corpo material, em virtude de parada cardíaca, tratada em hospital.

Essas pesquisas ocorreram no período de 1988 a 1992, contando com a colaboração de equipes de médicos, de dez hospitais. Eles decidiram participar dos estudos dos muitos casos de EQM, que vinham ocorrendo com alguns pacientes, que tinham sofrido uma parada cardíaca, e foram reanimados ou ressuscitados, em função dos modernos avanços ocorridos nos recursos da medicina. Eram muitos os pacientes que relatavam as vivências marcantes da consciência em outra dimensão da vida.

Metodologia empregada nas pesquisas

As equipes médicas conseguiram selecionar casos de EQM ocorridos com 344 pacientes cardíacos, que tinham sido declarados clinicamente mortos, e foram trazidos de volta à vida, depois de uma parada cardiorrespiratória, graças aos procedimentos cardiológicos eficazes e bem-sucedidos. Eles aceitaram participar das entrevistas, que os pesquisadores haviam elaborado, observando rígidos critérios científicos.

Com isso, foram obtidos os seguintes resultados surpreendentes:

Dos 344 pacientes (100% do total), com idades entre 26 e 92 anos, 124 pacientes (36% do total de 344 pacientes) foram enquadrados em alguma forma de EQM.

1. Dentre os 344, 62 (18% do total) relataram recordações ou lembranças do que havia ocorrido com a consciência, quando ela esteve fora do corpo material, no período de tempo em que o cérebro esteve em morte clínica.

2. Entre os 62 pacientes acima, 21 pacientes (6% do total) tiveram uma EQM que foi classificada como superficial.

3. E 41 pacientes (12% do total) tiveram uma EQM que foi classificada como muito significativa.

4. Entre estes 41 pacientes que tiveram uma EQM muito significativa, 23 tiveram uma EQM que foi classificada como profunda ou muito profunda, pois tinham guardado na memória e se lembravam, com clareza e precisão, os detalhes de tudo o que tinha ocorrido com a consciência, durante o tempo em que ela esteve fora do corpo físico, porque o cérebro estava clinicamente morto.

5. Além disso, durante as entrevistas, estes 23 pacientes afirmaram que a consciência não só esteve, mas também agiu numa outra dimensão da vida, vivenciando experiências inusitadas, até que ela voltou à vida carnal, em decorrência dos procedimentos dos médicos.

6. Eles afirmaram ainda que as experiências foram tão marcantes, que tiveram repercussões no mundo mental e íntimo. As visões, audições, percepções e vivências despertaram um forte desejo de melhorar a autoestima e adotar os valores religiosos.

OUTROS ELEMENTOS CONSIDERADOS NAS PESQUISAS E ESTUDOS

Os médicos preocuparam-se ainda em encontrar, em suas pesquisas e estudos, mas sem sucesso, alguns fatores que poderiam ter ocasionado as experiências da consciência fora do seu corpo material. Então, eles avaliaram criteriosamente as possíveis influências que certos fatores físicos e pessoais pudessem ter tido para gerar as ocorrências, visões, audições, percepções e vivências em cada paciente: duração do problema cardíaco; medicação utilizada; extensão dos danos causados pela doença no coração, pulmão e cérebro; traumas antigos; fatores neurofisiológicos; aspectos psicológicos e culturais; crenças religiosas; medo da morte; características da idade e sexo.

CONCLUSÕES DAS PESQUISAS E ESTUDOS

As entrevistas, pesquisas e estudos dos casos de EQM, ocorridos com os pacientes cardíacos, levaram os médicos às seguintes conclusões:

A consciência não é produto das atividades do cérebro. Isso porque, enquanto cada paciente esteve clinicamente morto, com os neurônios sem atividade ou com o cérebro com o funcionamento interrompido, a consciência esteve no Além e agiu sem o cérebro do seu corpo físico. Então, ela se mostrou independente do órgão cerebral, porque teve visões, audições, percepções extrassensoriais e vivências complexas. Além disso, ela arquivou e conservou na memória as atitudes, ações, experiências e conhecimentos, decorrentes do que aconteceu em outra dimensão da vida.

1. Portanto, a consciência e a memória não se extinguem com a morte cerebral, decorrente de parada cardíaca que ocasionou falta de oxigênio e paralisia no cérebro.

UM CASO MUITO MARCANTE

Durante as pesquisas dos médicos, surgiu um caso que se tornou muito marcante, conhecido e famoso: numa noite, uma ambulância trouxe para o hospital um homem de 44 anos, no estado de coma. Ele havia sido encontrado por transeuntes cerca de uma hora antes.

Então, os atendentes o conduziram com urgência para a unidade coronariana, para receber respiração artificial, massagem cardíaca e desfibrilação. Ele usava uma prótese dentária, a qual precisou ser removida por uma enfermeira, que a colocou num carrinho de eletrocardioversão.

Os procedimentos de reanimação cardiorrespiratória (RCR) duraram por cerca de uma hora e meia, até que, finalmente, foram concluídos de forma bem-sucedida, e o paciente recuperou o ritmo cardíaco e a pressão arterial se tornou suficiente.

Depois de mais de uma semana em processo de recuperação, o paciente queria de volta a sua dentadura, mas ninguém sabia onde ela havia sido colocada. Então, inesperadamente, o paciente viu e reconheceu a enfermeira que havia retirado a sua prótese dentária. Por isso, lhe disse:

> - Oh, você sabe onde está a minha dentadura! Você estava lá quando eu fui trazido para o hospital. Você tirou a dentadura da minha boca e colocou-a naquele carrinho que tinha todas aquelas garrafas e uma gaveta deslizante embaixo. Foi lá que você colocou os meus dentes.

Essas palavras chocaram a enfermeira. Não era possível que aquele paciente, que estivera em coma profundo e recebendo RCR pudesse ter visto e guardado na memória quando ela retirou a sua prótese dentária. Não era admissível que ele estivesse fazendo aquela descrição tão precisa e detalhada do evento ocorrido. Era inacreditável que o paciente pudesse ter visto e memorizado onde ela havia colocado a prótese, no momento em que os médicos e enfermeiros estavam muito atarefados cuidando dele[11].

11 Fonte: Van Lommel PR, Van Wees R, Meyers, Elfferich I. *Near-death experience in survivors of cardiac arrest: a prospective study in the Netherlands*. Lancet. 2001.

Busca de novas ocorrências em casos de EQM

Depois desse imenso trabalho realizado e publicado, o doutor Pim van Lommel decidiu continuar os seus estudos, buscando encontrar, reunir e divulgar novos elementos constatados em casos detalhados de EQM. Com isso visava o aperfeiçoamento das metodologias empregadas nas pesquisas e também rebater algumas críticas que ele tinha recebido de alguns médicos e de pessoas céticas.

Para isso, estabeleceu contatos e parcerias com outros médicos cardiologistas e especialistas em ressuscitação de pacientes cardíacos, que também vinham desenvolvendo as suas próprias pesquisas e estudos de casos de EQM, em várias partes do mundo.

Posições corajosas assumidas

Com a constante confirmação dos resultados dos seus estudos dos casos detalhados de EQM, que ocorrem com pacientes cardíacos, em muitas partes do mundo, o doutor Pim van Lommel, na condição de cardiologista agora internacionalmente admirado e respeitado, passou a defender abertamente que: a experiência de quase morte é tão profunda e autêntica, que não pode ser atribuída à imaginação, alucinação, psicose, uso de drogas ou privação de oxigênio no cérebro. Que elas promovem na personalidade mudanças permanentes. Que os médicos devem ouvir atentamente os seus pacientes, quando eles lhes desejam espontaneamente relatar os seus casos de EQM, porque revelam a existência de uma outra dimensão da vida no Universo. Que, fora do cérebro, a consciência continua funcionando perfeitamente, servindo-se das suas faculdades, que são independentes daquele órgão. Que a consciência, em circunstâncias especiais, pode manter atividades mentais lúcidas e bem elaboradas e agir com suas capacidades próprias na outra dimensão da vida, tendo visões, audições, percepções, sensações, sentimentos, pensamentos e vivências, e conservando na memória as ocorrências complexas e os conhecimentos novos que foram adquiridos.

Portanto, o doutor Pim van Lommel tornou-se defensor da seguinte posição, de fundo espiritualista:

A morte é apenas o fim físico da pessoa; mas não da sua essência, porque há a continuidade da sua consciência. A EQM é uma experiência real, autêntica e profunda, que, apesar de ocorrer em alguns minutos, tem reflexos e promove mudanças permanentes na personalidade do paciente.

Livros publicados

O doutor Pim van Lommel foi conquistando o seu crescente prestígio internacional com a publicação das seguintes obras: *Experiência de quase morte em parada cardíaca* (2001); *A continuidade de nossa consciência* (2004); *EQM, consciência e cérebro* (2006); *A consciência além da vida: a ciência da experiência de quase-morte* (2007); *EQM e a experiência do eu real* (2011); *A consciência não local* (2013), isto é, que não tem origem no cérebro.

Recado aos céticos

Os céticos, na ciência e na medicina, sentiram-se incomodados com esses resultados alcançados com as pesquisas e estudos coordenados pelo doutor Pim van Lommel. Mas, principalmente, porque ele passou a defender abertamente, em livros, entrevistas e palestras, as suas posições de cunho espiritualista. Porque ele abertamente passou a defender que os médicos, filósofos e psicólogos têm um entendimento muito estreito das relações existentes entre o cérebro e a consciência, o que lhes impossibilita compreender adequadamente os fenômenos que são narrados nos casos de experiência de quase morte.

Então, para os descrentes dos resultados constatados em seus trabalhos e estudos e das suas posições assumidas, ele deixou a seguinte mensagem:

> Os céticos são muito ativos. Os céticos têm a sua própria verdade e não ouvem alguém que tenha uma opinião diferente. Há uma lacuna e sempre haverá uma lacuna. Não há discussão possível com os céticos, porque eles dizem ter a verdade[12].

---

12 Fonte: www.skeptiko.com

Pesquisas e estudos de outros médicos cardiologistas

Em decorrência das pesquisas, estudos e resultados obtidos pelo doutor Van Lommel, muitos outros médicos cardiologistas, em variadas partes do mundo, realizaram as suas próprias pesquisas e estudos dos casos de EQM. Com isso, muitos deles também assumiram as mesmas posições claras e bem definidas, adotadas e divulgadas pelo doutor Pim van Lommel.

Mas, um caso particular se destacou: o médico cardiologista britânico Sam Parnia, especialista em ressuscitação cardiopulmonar, e com relações com a Universidade de Nova York e com a Weill Cornell Medical College, também dessa mesma cidade, decidiu estudar, a partir de 2001, o que ocorre com o cérebro, a consciência e a memória do paciente, quando um colapso cardíaco paralisa os batimentos do coração, o funcionamento dos pulmões e a atividade detectável do cérebro, exigindo uma reanimação urgente.

O doutor Sam Parnia decidiu participar ativamente nas pesquisas e estudos de um grupo de 33 médicos especialistas em parada cardíaca e em ressuscitação, de 15 hospitais do Reino Unido, Estados Unidos e Áustria. Os resultados obtidos foram os seguintes:

Com um grupo de apenas 63 pacientes, que conseguiram selecionar e entrevistar, após terem sobrevivido a uma parada cardíaca, 25 deles (40%) relataram que conservaram lembranças de que a consciência tinha saído do corpo material e se deslocado para uma outra dimensão da vida. Mas, apenas 4 deles (6%) tiveram uma EQM que foi considerada profunda.

1. Estes 4 pacientes se lembravam que, no novo ambiente, a consciência teve visões, audições e percepções extracorpóreas, manteve atividades e vivenciou experiências complexas, que ficaram, de algum modo, bem registradas na memória.

2. Nos detalhes contidos nesses poucos casos de EQMs profundas, apareceu a menção de que a consciência viu a equipe cirúrgica trabalhando sobre o corpo que tinha acabado de morrer; entrou

num túnel que a levou a uma luz brilhante, onde encontrou seres luminosos; reencontrou familiares falecidos; assistiu a uma revisão dos fatos ocorridos durante a sua vida material; e, sem entender como, voltou para a sua vida física.

3. Esses poucos pacientes ainda relataram que, depois disso, passaram por transformações positivas, em decorrência das noções novas que adquiriram sobre a vida material e sobre a vida da consciência após a morte. Que inclusive perderam o medo de morrer e sentiram a necessidade de adotar condutas mais altruístas perante o próximo.

4. Esses poucos pacientes voltaram à vida plenamente convencidos de que as vivências da sua consciência fora do corpo foram reais e completamente diferentes de sonho, ilusão ou alucinação.

Nem sim para as crenças espiritualistas; nem não para as hipóteses materialistas.

O doutor Sam Parnia, com os resultados dos seus estudos, pautados em poucos casos de EQM, publicou as suas interpretações particulares e suas posições pessoais sobre o assunto, em 2007, no interessante livro *O que acontece quando morremos*.

Porém, em função da pequena quantidade de casos detalhados de EQM, que até então ele tinha conseguido reunir e estudar, conscienciosamente, o doutor Sam Parnia não quis assumir uma posição, nem favorável às crenças espiritualistas, nem de contestação aberta às hipóteses materialistas. Ele preferiu permanecer numa posição neutra, estudando melhor, tanto as coisas que estão relacionadas com a morte do cérebro do corpo material, quanto as coisas que dizem respeito à continuidade da vida da consciência, após a morte cerebral.

Então, evidentemente, a sua postura foi muito diferente da posição espiritualista bem clara e definida adotada pelo doutor Pim van Lommel, que reuniu e estudou muito mais casos de EQM.

Além disso, o doutor Sam Parnia decidiu continuar estudando com isenção e liberdade de opinião as experiências extracorpóreas da consciência fora do cérebro morto, mesmo sofrendo pressões contra e arriscando a sua reputação médica e pessoal, em função dos ataques dos céticos e contestadores. Com isso, o doutor Sam passou a participar em novo projeto de pesquisas e estudos, até que tenha em mãos respostas mais amplas, consistentes e exatas, para as perguntas complexas que surgem, quando são feitos análises e estudos dos casos de EQM.

O doutor Sam Parnia apenas defendeu publicamente as seguintes posições: a consciência se mostra ainda incompreendida, ou até mesmo desconhecida, para a ciência e a medicina; não existem provas científicas ou médicas contrárias às narrativas contidas nos casos de EQM; os cientistas e médicos nada provam, objetiva e cientificamente, que a consciência não entrou numa outra dimensão, quando o cérebro morreu ou esteve inativo; nenhuma teoria materialista conseguiu explicar a consciência tendo a visão de um túnel, uma luz brilhante, a presença de seres e parentes já falecidos, vivenciando ocorrências complexas; nenhuma pesquisa científica ou médica provou que a falta de oxigênio no cérebro causa uma EQM ou uma mudança ou processo químico no cérebro leva à EQM; nenhum ramo da ciência ou da medicina provou algo contra a alma, psique humana e consciência, a mente como a geradora dos pensamentos, a consciência independente dos processos cerebrais; nenhum cientista ou médico criou um modelo científico que explique as narrativas contidas nos casos de EQM ou forneça as respostas para os casos em que a consciência da pessoa morta passou a ver, ouvir, sentir e agir, com capacidades ampliadas, em outra dimensão da vida.

Para o doutor Sam Parnia, somente a conclusão dos seus novos estudos, com mais de 500 casos de EQM, poderá oferecer as respostas mais precisas sobre o que ocorre com a consciência, a mente, a memória e o cérebro da pessoa que morreu e foi ressuscitada sem as possíveis lesões cerebrais. Porém, não há recursos financeiros facilmente disponíveis para desenvolver esse tipo de projeto que busca as provas materiais irrefutáveis para a sobrevivência da consciência numa outra dimensão da vida, após a morte de pacientes cardíacos[13].

---

13 Fonte: www.skeptiko.com.

- 9 -

DR. JEFFREY LONG E OS RESULTADOS DOS SEUS ESTUDOS DE CASOS DE EQM NA FUNDAÇÃO DE PESQUISA SOBRE A EXPERIÊNCIA DE QUASE MORTE

O DOUTOR JEFFREY LONG, médico pela Universidade de Iowa, e especialista no campo da radio-oncologia *(radiation oncology)*, realizou estudos aprofundados com as narrativas de 613 pessoas, de várias idades, etnias, religiões e países, que passaram por uma EQM selecionada como legítima.

Essas pessoas dispuseram-se a responder um questionário, com mais de 100 perguntas, no site da Fundação de Pesquisa sobre a experiência de quase morte *(Near-Death Experience Research Foundation)*, fundada em 1998.

PUBLICAÇÃO DOS RESULTADOS OBTIDOS

Empregando metodologias científicas e análises criteriosas, os resultados obtidos foram publicados, em 2010, em coautoria com Paul Perry (autor do livro *Salvo pela Luz*, dentre outros títulos), na excelente obra intitulada *Evidência da vida após a morte (Evidence of the afterlife: The science of near-death experiences)*.

Muitas das narrativas contidas nos 613 casos de EQM coletados, selecionados e estudados foram usadas na obra como exemplos ou ilustrações, para facilitar o entendimento dos elementos comuns que puderam ser extraídos e compilados, o que tornou o livro muito interessante, didático, instrutivo e agradável de leitura.

Metodologia mais adequada

Já na Introdução desse livro maravilhoso, foi apresentada a melhor metodologia empregada nos estudos dos casos de EQM, tornando-se um modelo ou padrão mundialmente aceito e reconhecido pelos estudiosos dos casos de EQM:

> Os estudos de quase morte se concentram em histórias e nas pessoas que as contam. É por meio dessas pessoas e de suas histórias que as respostas para muitas perguntas importantes sobre a mortalidade podem ser encontradas.
>
> A chave para se entender as experiências é ouvir e ouvir com atenção as pessoas que passaram por uma experiência de quase morte.
>
> Sou de opinião que faz absoluto sentido que a melhor prova para se entender o que acontece quando morremos viria daqueles que quase morreram ou que até mesmo tiveram morte clínica declarada.
>
> Pelo fato de acontecerem com pessoas no mundo inteiro, as EQMs são uma rede espiritual que une a todos nós, uma experiência comum que nos faz lembrar a nossa natureza espiritual mútua. (Na Introdução do livro *Evidências da vida após a morte.*)

Posição espiritualista

O doutor Jeffrey Long, ainda na Introdução do livro acima citado, declarou abertamente a sua posição espiritualista, que adotou após os seus estudos dos casos de EQM:

> Quero deixar claro que sou tanto um cientista quanto uma pessoa que acredita na vida após a morte. Reconsiderei muito do que me foi ensinado na faculdade de medicina.
>
> Os estudos nos deixam mais próximo de entender o que acontece quando morremos. Há muito tempo parei de acreditar que a morte é o encerramento da nossa existência. Levei um longo tempo para chegar a este ponto. (Na Introdução do livro *Evidências da vida após a morte.*)

VINTE RESULTADOS OBTIDOS

1. Das 613 pessoas selecionadas e que foram estudadas (100%), todas elas afirmaram que a EQM foi um acontecimento real.

2. 95% delas descreveram que as suas EQMs foram ou verdadeiras, extraordinárias, inefáveis ou inesquecíveis.

3. A grande maioria dessas pessoas declarou que a EQM foi o melhor acontecimento em sua vida, porque esteve relacionada com Deus, a vida após a morte, amor, perdão, finalidade da existência terrena, o porquê das atribulações na vida material, consequências espirituais da prática do mal ou do suicídio, dentre muitos outros assuntos.

4. 75,4% delas disseram que vivenciaram a EQM após ter sentido a sua consciência ter saído do seu corpo material.

5. 74,4% perceberam que, durante as experiências, os sentidos estavam mais aguçados; e que a consciência estava num nível mais elevado e com um senso maior de vigilância.

6. 52,2% ficaram convencidas de que a consciência entrou num outro plano ou num mundo sobrenatural.

7. 76,2% experimentaram sensações de paz ou de contentamento incrível ou indescritível.

8. 52,5% passaram a sentir uma notável alegria.

9. Apenas 33,8% entraram ou atravessaram um túnel ou um recinto fechado.

10. 64,6% viram uma luz bela e brilhante.

11. 57,3% viram seres espirituais ou parentes e amigos que já tinham morrido.

12. 60,5% perceberam algum tipo de alteração no tempo e no espaço.

13. Apenas 33,9% sentiram que o passado, o presente e o futuro podiam ser observados em conjunto, num único momento, pois eles aconteciam ao mesmo tempo.

14. Apenas 22,2% passaram pela recapitulação dos acontecimentos ocorridos em sua vida material, considerando-a surpreendente.

15. 40,6% visitaram ou viram um lugar, local, plano ou dimensão com lindas paisagens, flores, colina, cidade ou um ambiente com linda música.

16. Apenas 31,3% perceberam que estavam com um entendimento melhor de si mesmos ou sobre os outros.

17. Apenas 31,5% descobriram que adquiriram uma compreensão mais ampla das coisas existentes no Universo.

18. 56% experimentaram a sensação de que adquiriram um conhecimento especial da ordem e do desígnio universal.

19. Apenas 31% notaram que havia um ponto, limite, estrutura, barreira ou porta, que não podiam ir além ou ser transpostos.

20. 58,5% tiveram alguma participação na decisão de retornar ao corpo material.

Vinte elementos extraídos dos estudos dos casos de EQM, os quais devem ser sempre observados em conjunto e que são favoráveis às crenças espiritualistas.

1. A separação da consciência do seu corpo material decorre de ocorrências graves, em momentos imprevisíveis, situações muito diversas ou circunstâncias muito variadas.

2. As experiências da consciência fora do seu corpo físico se mostram inesperadas, complexas, inusitadas, claras, bem estruturadas, organizadas, conscientes, lúcidas, coerentes, reais e verdadeiras. Assim, não há qualquer relação com a ocorrência ou o tipo de: acidente, doença, traumatismo, hemorragia cerebral, coma, anestesia geral, medicamento, parada cardiorrespiratória, operação cirúrgica, suicídio etc.

3. Os casos de EQM ocorrem tanto com as pessoas que estiveram clinicamente mortas, por ausência de batimentos cardíacos, parada da respiração e falta de atividade cerebral detectável; quanto com as pessoas que estiveram muito próximas da morte, pelas causas mais variadas possíveis.

4. Até mesmo as pessoas que são cientistas, médicas, céticas sobre a imortalidade da consciência já se sentiram erguer acima do próprio corpo físico e continuar a sua existência, com percepções e sensações mais aguçadas, em outra dimensão da vida, vivenciando acontecimentos inimagináveis ou tidos como inacreditáveis para elas mesmas, e conservando-os na memória.

5. Quando a consciência se ausenta do seu corpo material, geralmente ela flutua acima do seu organismo carnal; sente uma sensação de paz indescritível e um bem-estar inigualável; vê os médicos tentando a ressuscitação; entra em um túnel que tem muita luz no seu final; observa a aparição de seres luminosos ou de anjos bondosos,

com os quais se comunica através da transmissão dos pensamentos; e age com a visão, audição, percepções e conhecimentos dilatados, em locais muito bonitos e agradáveis.

6. A consciência que saiu do seu corpo material geralmente reencontra os seus entes familiares e amigos já falecidos, experimentando emoções e sentimentos muito agradáveis. Geralmente os que morreram idosos se apresentam rejuvenescidos e jovens; os doentes ou acidentados, em perfeito estado de saúde; as criancinhas estão crescidas e muito bonitas. Algumas vezes, há o encontro com membro da família que era desconhecido, porque havia morrido antes de ela ter nascido na vida material. Outras vezes, há o encontro com a alma de pessoa julgada ainda viva, mas que recentemente tinha falecido. A grande quantidade de pessoas falecidas e amigas que é reencontrada durante as EQMs pode ser facilmente reconhecida pelo seu corpo sutil, que tem a mesma aparência ou semelhança com o corpo material que morreu.

7. A consciência, na outra dimensão, sente-se mais lúcida, apurada e vigilante, podendo ter visões claras em 360 graus, a qualquer distância; audições muito nítidas, inclusive de músicas grandiosas e desconhecidas; pensamentos mais ágeis; e vivências muito alegres e agradáveis, em ambientes que são mais lindos e bem mais admiráveis dos que os que são encontrados no cotidiano da vida material.

8. A consciência tem suas experiências e age em paisagens maravilhosas, com cores bem vivas e belas, empregando de modo ampliado o tato, paladar, olfato e suas percepções aguçadas.

9. A consciência pode passar, de modo inesperado, por uma recapitulação surpreendente ou um retrospecto panorâmico e tridimensional dos acontecimentos que ocorreram durante a sua vida material. Assim, consegue julgar quais foram os seus sentimentos, pensamentos, palavras, atitudes e ações. As boas ou as más realizações, muitas vezes, se apresentam com os resultados que tiveram

sobre as outras pessoas ou os animais. Nem mesmo as realizações completamente esquecidas há muito tempo deixam de ser revisadas, despertando as mesmas emoções agradáveis ou desagradáveis que tiveram naquela época. Os efeitos dessa revisão inesquecível da vida são marcantes para a consciência.

10. A consciência de uma pessoa cega, de nascença ou por ter adquirido lesões graves nos nervos óticos, na outra dimensão, consegue enxergar com clareza, nitidez e precisão, com suas percepções transcendentais. Assim, pode vivenciar, com surpreendentes capacidades visuais, as mesmas experiências inusitadas de uma pessoa que tem a sua visão normal.

11. A consciência da pessoa que nasceu totalmente surda ou ficou surda por algum acontecimento grave consegue, maravilhada, escutar perfeitamente na outra dimensão. Então, pode ver, ouvir e inclusive se comunicar com os seus familiares e amigos já falecidos; mas, geralmente faz isso empregando meios telepáticos.

12. Mesmo a consciência das criancinhas com 5 anos de idade ou menos, que não adquiriram ainda quaisquer noções religiosas ou crenças sobre a imortalidade da alma após a morte, passa a ter percepções extracorpóreas e vivenciar os mesmos elementos comuns que são encontrados nas vivências complexas de quase morte das crianças mais velhas; ou mesmo das pessoas jovens, adultas ou idosas. A ingenuidade e sinceridade inatas na infância impedem que elas inventem suas vivências ou experiências tão inusitadas e complexas, tais como: a consciência flutuar no ar; visão do corpo material morto ou gravemente ferido; aparição de um ser amoroso; sensações de muita paz, confiança, calma e alegria; estar ao lado de um familiar já falecido que a ajuda a voltar para o seu corpo físico.

13. Algumas vezes é a própria consciência que decide voltar para o seu corpo carnal; mas, geralmente, ela é mandada de volta por um Ser de luz ou um parente ou um amigo já falecido. Porém,

conservando na memória as lembranças de tudo o que experimentou, vivenciou e conheceu na outra dimensão da vida.

14. Depois que voltou para o seu corpo físico, a consciência sente a necessidade de proceder reformulações, transformações profundas e melhorias em seus modos de ver e agir na vida. Isso decorre, principalmente, dos aprendizados que teve com um ser espiritual sábio, amoroso e bondoso, que a acompanhou durante a revisão minuciosa da sua vida e a fez examinar e julgar, de modo coerente e justo, os seus erros e acertos. Então, voltou sentindo a necessidade de proceder mudanças verdadeiras e duradouras em sua maneira de ser, ver e viver a sua vida material. Com isso, muitas vezes obtém conquistas e melhorias reais: nos valores e crenças; nas qualidades mentais e íntimas; no entendimento da vida e da morte; no senso de espiritualidade e religiosidade; no entendimento das consequências tristes da prática do mal ou da tentativa do suicídio; na redução dos interesses egoístas pelas coisas materiais; nos bons efeitos da prática das atitudes elevadas e ações virtuosas; nas convivências e nos relacionamentos com as pessoas; no afloramento dos dons paranormais, intuições e premonições; na capacidade de ler os sentimentos e pensamentos alheios; e, no poder inesperado de curar.

15. A consciência que voltou à vida material conserva as lembranças precisas e coerentes das suas capacidades e vivências na outra dimensão. Isso a permite distinguir perfeitamente o que lhe ocorreu de um sonho, criação mental, processo alucinatório, estado febril, uso de remédio ou droga, atividade anormal no cérebro, imaginação exacerbada, crença religiosa, estado de fingimento, demência, loucura etc.

16. A consciência, depois que voltou à sua vida carnal, descobre muitos outros casos de EQM ocorridos com pessoas de todas as nações do mundo. Então, verifica que esses casos contêm ocorrências muito semelhantes às suas, os mesmos elementos comuns ou os acontecimentos reais similares aos que ela própria vivenciou:

saída da consciência do seu corpo material; entrada em um túnel; sensações de muita paz e bem-estar; encontro com seres de luz; recapitulação dos acontecimentos na vida; reencontro com familiares e amigos já falecidos; relutância em retornar; retorno inexplicável e compulsório para a vida física; recordação perfeita dos detalhes dos acontecimentos reais; e desejo de melhorar as suas atitudes e ações na vida material.

17. Especificamente sobre alguns casos de EQM, ocorridos com pessoas que tentaram o suicídio, eles mostram que a consciência, em decorrência do que vivenciou de bom ou de ruim, voltou plenamente convencida de que não podia ter tentado acabar com a sua própria vida física, porque havia um propósito elevado estabelecido para ela.

18. Há alguns poucos casos de EQM, em que a pessoa voltou inexplicavelmente curada de uma doença grave, tanto física, quanto mental. As lembranças vívidas e precisas permitem que a consciência se lembre perfeitamente o modo que a cura foi realizada. E o milagre inexplicável obtido foi confirmado em exames médicos.

19. Há ainda alguns outros casos raros em que a consciência, após ter se separado do seu corpo físico e se elevado até um determinado ponto mais alto, conseguiu observar nitidamente a ocorrência de fatos ou acontecimentos que puderam ser, mais à frente, comprovados, devido às suas buscas da realidade e exatidão deles.

20. Geralmente, a pessoa que vivenciou uma EQM, com o passar do tempo, narra, espontaneamente, para os seus familiares, amigos e médicos, todos os detalhes dos acontecimentos inusitados, complexos, reais e de difícil explicação, vivenciados na outra dimensão da vida. Além disso, algumas dessas pessoas tornam público os seus depoimentos, escrevendo livros e artigos contendo os detalhes dos fatos contidos em suas EQMs, para que sirvam de estímulo para que outras pessoas façam o mesmo.

VINTE ITENS COM PEQUENOS TRECHOS, EXTRAÍDOS DE ALGUMAS NARRATIVAS QUE O DOUTOR JEFFREY LONG UTILIZOU, PARA EXEMPLIFICAR O CONJUNTO DOS ELEMENTOS COMUNS QUE FORAM ENCONTRADOS DURANTE OS SEUS ESTUDOS DOS 613 CASOS DE EQM. ESSES ELEMENTOS CAUSARAM GRANDES MELHORIAS MENTAIS E ÍNTIMAS NAS PESSOAS.

1. A consciência flutuou, viu o seu corpo físico sendo socorrido e foi ao encontro de uma Presença amorosa:

> Quando morri, eu me elevei acima do meu corpo e vi o meu avô tentando reanimá-lo. Fui na direção da Presença que era de inacreditável paz, amor, aceitação, calma e alegria. Ela me envolveu, e a minha alegria foi indescritível. A sensação é espetacular. Mesmo agora, quando recordo a experiência, ela é mais real do que qualquer coisa que já passei na vida. Revivo não apenas as lembranças, mas também a emoção.

2. A consciência encontrou um Ser com qualidades admiráveis e superiores, que foi considerado o Ser supremo:

> 2.1 - Encontrei um Ser repleto de amor, alegria, paciência, compaixão, que conhecia os meus pensamentos e sabia tudo o que eu havia feito nesta vida e além!
>
> 2.2 - Eu podia ver apenas minha vida e a mim mesmo por meio do Amor daquele Ser. Não havia nada negativo em mim mesmo, nem partindo daquele Ser, por nada que eu tivesse feito, inclusive me suicidar. Meu ato foi mudado pelo poder da Verdade do Amor, pelo qual foi visto.
>
> 2.3 - A voz do Ser supremo pareceu emanar do nada, mas, ao mesmo tempo, de toda parte. Devo dizer que Deus tem um fantástico senso de humor; nunca ri tanto em minha vida.
>
> 2.4 - Quando fitei os olhos d'Ele, por um momento, todos os segredos do Universo me foram revelados; todo o conhecimento de todos os tempos, tudo.

3. A consciência reencontrou no reino da luz as almas de alguns de seus familiares e amigos já falecidos:

> Pessoas que eu conhecia e que haviam morrido estavam lá, na luz, comigo - uma amiga que morrera na faculdade; minha avó e uma tia-avó, entre outras. Estavam felizes, radiantes.

4. A consciência encontrou a alma da sua irmã, que ela não conheceu na sua vida material:

> Então, os pais lhe contaram que a menina que ela tinha encontrado, durante o seu coma, era a irmã que ela nunca soube que tivera, que fora atingida por um carro e morrera antes de Sandra ter nascido.

5. A consciência encontrou a alma de um amigo que tinha morrido. Mas ela não sabia que isso tinha ocorrido:

> Um dia depois que eu fui para o hospital, nosso amigo, que eu tinha visto e ele tinha falado comigo, havia morrido de um ataque do coração. Eu só soube que ele havia morrido depois que contei a minha experiência aos meus pais.

6. A consciência reencontrou os seus parentes já falecidos no auge do estado de saúde:

> Meus parentes falecidos estavam lá, todos no auge da vida.

7. A consciência reconheceu a alma de sua irmã que já havia morrido:

> Vi uma criança que reconheci como uma irmã minha que havia morrido num incêndio; mas eu soube que era ela. Ela tinha uma forte semelhança de família.

8. A consciência reencontrou as almas de vários de seus familiares já falecidos, sentindo alegria e trocando abraços:

> Me vi em uma área de luz bela e mística. Diante de mim havia vários dos meus parentes queridos que haviam falecido antes de mim. Foi uma reunião cheia de alegrias, e nos abraçamos.

9. A consciência fez o próprio julgamento das suas atitudes e ações praticadas durante a sua vida material.

> 9.1 - Vi cada acontecimento importante que já ocorrera em minha vida. Vi como eu era egoísta e como daria qualquer coisa para voltar e mudar. Vivenciar suas emoções e as de outros que você magoou e sentir a dor e as emoções deles, serve para que possa ver que tipo de pessoa você foi e como tratou os demais, de outro ponto de vista, e você será mais duro consigo mesmo do que qualquer um para julgá-lo.
>
> 9.2 - Tive uma recapitulação de vida e vi tudo que eu já fiz na minha vida; cada pensamento, palavra, ação, atitude, omissão me foram mostrados. Tudo o que já pensei, fiz, disse, odiei, ajudei, não ajudei, deveria ter ajudado, foi mostrado diante de mim. Como fui ruim com as pessoas; como poderia tê-las ajudado; como fui ruim com os animais. Até os animais tinham tido sentimentos. Foi horrível. Eu me enchi de vergonha. Foi somente então que entendi como cada pequena decisão ou escolha afeta o mundo.

10. A consciência viu linda paisagem, tulipas muito bonitas, uma parede azul, e ouviu uma música maravilhosa.

> 10.1 - O final daquele túnel era um lugar de absoluta paz. Era além da minha imaginação, puro, sereno e amoroso. A paisagem era linda, céu azul, colinas ondulantes, flores. Tudo era repleto de luz. Havia tamanha beleza. Também havia uma cidade brilhante.
>
> 10.2 - Até onde a vista podia alcançar, à minha esquerda havia uma linda paisagem de tulipas de todas as cores imagináveis. À minha esquerda havia uma parede de um bonito azul que combinava com o céu.

> Não tenho como descrever o som daquela música em palavras, porque simplesmente não pode ser ouvida com aquela clareza neste mundo!

11. A consciência viu um lindo campo com vegetações belas e com cores vibrantes:

> Fui levada a um lindo campo com a mais bela vida de plantas e cores vibrantes como eu nunca vira em lugar algum; foi incrível.

12. A consciência foi parar em um local iluminado e lindo, onde estavam felizes os seus entes queridos já falecidos:

> Fui para um lugar que era lindamente iluminado - como a luz do sol, mas muito mais bonito e dourado (uma espécie de tons de sépia). Pareceu como um bairro, e me mostraram a todas as pessoas que eu amava e das quais sentia falta; elas estavam todas muito felizes.

13. A consciência se viu andando feliz em uma pradaria ou campo gramado, muito bonito:

> A pradaria ou campo em que me encontrei caminhando, a sensação de felicidade que cada pedacinho de grama dava, aquilo era decididamente bonito, especial e extraordinário.

14. A consciência caminhou em direção a um local muito bonito, onde viu campos verdes, rios, borboletas, pássaros e colina com árvore:

> Eu me vi descendo na direção de uma paisagem bastante bonita, com campos verdejantes, rios, borboletas e pássaros. Eu estava me movendo na direção de uma colina com uma árvore no topo. Não consigo expressar em palavras a sensação que tive, mas era tão maravilhosamente tranquilizadora, que existe o desejo de voltar e sentir tudo outra vez.

15. A consciência poderia escolher ficar ou ir embora de onde estava, embora tivesse ainda o que fazer na vida material:

> O Ser de luz me disse que era minha escolha ficar ou ir; mas que havia mais para eu fazer na vida e não era a minha hora de partir.

16. A consciência não teve o direito de decidir ficar.

> 16.1 - A voz me falou: você terá de voltar e ajudá-lo. Eu falei: não quero voltar até lá embaixo. A voz me falou: Não! Eu lhe direi o que fazer!
>
> 16.2 - A minha melhor amiga estava lá (a qual havia morrido de câncer dois anos antes), e ela me disse que eu só poderia ir até ali, ou não teria como voltar. "Você chegou ao limite. É o máximo até onde pode ir", disse ela. "Agora, volte e viva a sua vida plenamente e sem medo." Não tive permissão para atravessar aquele limite. Não houve escolha!

17. A consciência geralmente não consegue compreender o modo como voltou à vida material; mas traz em sua memória o que viu e aprendeu na outra dimensão:

> Quando acordei no dia seguinte, soube de duas coisas com certeza: que existe vida depois da morte e que eu era um ser criado.

18. A consciência voltou da outra dimensão sentindo grande dificuldade em descrever em palavras os sentimentos, emoções e sensações que experimentou do outro lado da vida:

> Tudo o que senti foi amor, alegria, felicidade e todas as emoções maravilhosas que se pode sentir de uma só vez. Paz total, calma total. A totalidade da vida era amor e felicidade. Senti uma extrema sensação de amor, paz e beleza, que não consigo descrever em palavras.

19. A consciência voltou para o seu corpo físico e obteve a confirmação material de um fato ocorrido quando ela tinha saído dele:

> Pude sentir o meu espírito deixando realmente o meu corpo. Vi e ouvi as conversas entre o meu marido e os médicos que se deram do lado de fora do meu quarto, a cerca de uns 12 metros adiante, num corredor. Mais tarde, fui capaz de confirmar essa conversa com o meu marido.

20. A consciência voltou da outra dimensão e descobriu que o seu corpo material estava curado dos nódulos linfáticos:

> Os médicos fizeram uma biópsia de nódulo linfático, para verificar quais eram os tipos de célula cancerígena, e nem conseguiram encontrar um nódulo linfático grande o bastante para sugerir câncer. Quando dei entrada no hospital, meu corpo estava repleto de nódulos linfáticos inflamados.

- 10 -

GRANDE EXPANSÃO, EM NÍVEL MUNDIAL, DOS ESTUDOS DOS CASOS DE EQM

Após os estudos pioneiros realizados e publicados nos Estados Unidos pelo doutor Raymond A. Moody, as investigações dos casos de EQM passaram a ser realizadas em quase todas as partes do mundo, por muitos estudiosos competentes e idôneos, sempre levando em consideração as peculiaridades dos fatores geográficos, etnias, classes sociais, sexos, idades, religiões, tradições culturais, tipos de ocorrências com o corpo material que desencadearam as experiências e vivências da consciência na outra dimensão da vida.

Desde então, os elementos comuns extraídos com os estudos dos casos de EQM, geralmente repletos de detalhes surpreendentes, foram sendo reafirmados, fortalecidos e complementados.

Com isso, ficaram definitivamente estabelecidos os seguintes principais elementos comuns, que caracterizam e são encontrados em uma EQM que deve ser considerada verdadeira:

1) saída da consciência do seu corpo físico, em decorrência de um acontecimento muito grave;

2) flutuação da consciência acima do seu corpo material;

3) observação dos eventos que estão ocorrendo no local ou até mesmo próximo deste;

4) sentidos e percepções mais aguçados;

5) pensamentos mais ágeis;

6) atividades mentais aceleradas;

7) memória funcionando perfeitamente;

8) sensações de paz, alegria e bem-estar;

9) entrada numa espécie de túnel que tem uma luz no seu final;

10) visão de uma luz muito brilhante na outra dimensão da vida;

11) chegada a um plano celestial, repleto de belezas naturais;

12) encontro com um Ser de luz que irradia sabedoria e amor incondicional, com quem, geralmente, a consciência estabelece uma comunicação telepática;

13) revisão dos acontecimentos mais importantes ocorridos durante a vida material, podendo julgar corretamente os sentimentos, pensamentos, atitudes e ações, bem como os seus reflexos nas vidas das outras pessoas envolvidas;

14) perturbações desagradáveis na consciência se a revisão da vida mostrar que os sentimentos, pensamentos, atitudes e realizações foram inconvenientes ou danosos para os semelhantes;

15) reencontro com familiares e amigos já falecidos, desfrutando de boas condições de saúde e de vida, o que gera agradáveis emoções;

16) percepção de uma fronteira ou barreira, além da qual não lhe é permitido passar ou saber o que existe depois dela;

17) retorno da consciência ao corpo físico, muitas vezes contra a vontade própria;

18) necessidade que a pessoa que vivenciou uma EQM sente de contar as experiências vivenciadas, mesmo não encontrando as palavras adequadas;

19) necessidade de promover mudanças mentais e íntimas profundas e obter melhorias duradouras em seu modo de ser e viver, decorrentes das experiências vivenciadas e dos conhecimentos que foram adquiridos na outra dimensão da vida;

20) redução do medo da morte e fortalecimento nas crenças sobre a imortalidade da consciência e a continuidade da sua vida em outra dimensão muito mais bela e grandiosa do que a vivida na existência carnal.

GRANDE AUMENTO DO NÚMERO DE CASOS DETALHADOS DE EQM

Com o desenvolvimento da maravilhosa internet, diariamente são publicados espontaneamente novos casos detalhados e surpreendentes de EQM, ocorridos em muitas partes do mundo.

Então, os pesquisadores e estudiosos contam, atualmente, com casos abundantes de EQM para serem pesquisados, coletados e estudados, chegando, com as próprias constatações, à confirmação dos principais elementos comuns acima relacionados.

Como estão sendo continuadamente disponibilizados e estudados, graças à rápida expansão da internet em todas as nações do mundo, os casos novos, inusitados, maravilhosos e detalhados de EQM, promovem tanto a popularização do assunto, quanto um grande fortalecimento das milenares crenças espiritualistas.

Com isso, os mistérios da vida no Universo estão sendo mais rapidamente desvendados, ampliando os conhecimentos a respeito da continuidade da existência da consciência na dimensão espiritual, onde ela, inevitavelmente, aporta, depois da morte do seu corpo material.

Em decorrência do grande fortalecimento que está ocorrendo nas crenças espiritualistas, graças aos resultados já mostrados anteriormente, com os estudos dos casos de EQM, muito mais pessoas estão se conscientizando da necessidade do preparo prévio, para que a consciência mereça desfrutar de boas condições de vida na outra dimensão, por ter acumulado méritos pela prática das atitudes e ações sábias e virtuosas.

Graças aos valiosos resultados dos estudos dos casos de EQM, apresentados anteriormente, incontáveis pessoas estão sendo beneficiadas de inúmeras formas, e, espontaneamente, se sentindo estimuladas a promover transformações benéficas em seu mundo mental e íntimo; e a enobrecer seus sentimentos, pensamentos, atitudes e ações, preparando-se adequadamente para a futura entrada da sua consciência na outra dimensão da vida, para desfrutar de paz, bem-estar, alegria e felicidade, inclusive pelas boas memórias decorrentes do cumprimento com responsabilidade da sua existência material.

PARTE QUATRO

Resumos de alguns casos de experiência de quase morte, ricos em detalhes, ocorridos inclusive no Brasil, que fortaleceram a veracidade dos elementos encontrados nas EQMs.

Os resumos, a seguir apresentados, foram elaborados com base em casos de EQM coletados em diversas publicações. Eles são muito importantes, interessantes e surpreendentes, porque, invariavelmente, mostram a complexidade e riqueza nos detalhes e as repercussões que tiveram nas pessoas que os vivenciaram.

Cada resumo retrata, com precisão e fidelidade, a essência das narrativas; mas também ressalta os elementos que podem ser encontrados e extraídos dos depoimentos autênticos contidos em EQM.

Todavia, durante a leitura dos resumos, cabe ao prezado leitor ter sempre em mente uma das mais importantes lições estabelecidas pelo doutor Jefrey Long, em seu notável livro, o qual foi dedicado a Jody Long, às pessoas que compartilharam e compartilham as suas experiências e aos pesquisadores dos casos de EQM, do passado, do presente e do futuro:

> Não existem experiências de quase morte idênticas. Entretanto, quando muitas experiências de quase morte são estudadas, um padrão de elementos que ocorrem em EQMs é facilmente visto. Tais elementos em geral ocorrem em uma ordem coerente. (Dr. Jeffrey Long, na Introdução do livro *Evidências da vida após a morte.*)

- 1 -
EQM DO PSIQUIATRA GEORGE G. RITCHIE

A EXPERIÊNCIA DE QUASE morte do doutor George G. Ritchie teve grande influência sobre o doutor Raymond A. Moody Junior. Após ouvi-lo, ele passou a desenvolver a primeira investigação inovadora sobre os pontos ou elementos mais comuns que são encontrados nessas ocorrências extraordinárias.

O doutor Moody, em 1965, quando tinha 21 anos de idade, participou, na condição de estudante de filosofia, da palestra realizada pelo doutor Ritchie sobre as ocorrências que a sua consciência vivenciou, durante o tempo em que o seu corpo esteve clinicamente morto.

O doutor Ritchie, clínico geral com larga experiência e na condição de psiquiatra residente, realizava palestras com o intuito de compartilhar as suas experiências surpreendentes e despertar um vivo interesse pelo assunto nos ouvintes. Com esse mesmo objetivo, mais adiante, ele publicou o notável livro *Voltar do Amanhã*, permitindo que o público em geral tivesse acesso às suas narrativas inusitadas e emocionantes sobre os fatos reais que ocorreram quando a sua consciência esteve fora do seu corpo material morto.

A EQM do doutor Ritchie ocorreu em dezembro de 1943, na enfermaria do Hospital do Acampamento do Exército, em Barkeley, no Texas, Estados Unidos. Ele tinha apenas 20 anos de idade. Uma pneumonia muito grave ocasionou a morte do seu corpo carnal.

Porém, após ter sido declarado morto pelo médico, a sua consciência saiu do corpo material, por cerca de 10 minutos, continuando a sua existência em outra dimensão, onde vivenciou experiências muito reais, complexas e detalhadas, que nada tinham a ver com alucinação, delírio, ilusão ou sonho.

Não percepção da morte do seu corpo carnal

O soldado Ritchie estava com febre altíssima e muita tosse na enfermaria do hospital, o que exigiu que o médico pedisse um raio--X, para avaliar a gravidade da infecção. Mas, durante os procedimentos, na sala de radiografias, ele desmaiou em função da fraqueza que sentia.

Quando acordou, estava deitado numa cama num quarto minúsculo. Ele precisava sair às pressas do local, porque tinha obtido licença para passar o Natal com a sua família em Richmond, sua cidade de origem. Então, levantou-se apressadamente da cama e procurou as roupas adequadas para poder ir pegar o trem. Como não encontrou as suas vestimentas, ele procurou-as embaixo da cama. Porém, para a sua surpresa, quando voltou a olhar em cima da cama, notou que havia um jovem deitado nela. Isso lhe pareceu impossível, porque acabara de saltar daquele leito hospitalar, preocupado em achar as suas melhores roupas e ir embora para a sua casa.

Então, decidiu sair às pressas do pequeno cômodo para ir procurar as suas roupas e pertences em outras dependências da enfermaria. Enquanto caminhava pelo corredor, viu um sargento que vinha andando em sua direção. Então, perguntou-lhe onde se encontrava o encarregado daquele lugar; mas, para o seu espanto, o oficial nem olhou para ele, nem diminuiu o seu passo, ignorando totalmente a sua presença e pergunta.

Espantado, teve a ideia de, do mesmo jeito que estava, ir para o exterior da enfermaria, para encontrar os meios de cumprir o seu forte desejo, que era ir para a sua cidade. Imediatamente, já se viu no exterior do prédio, e se deslocando muito rapidamente pelo ar, sem sentir o frio intenso que era normal naquela época.

Flutuação e deslocamento em um corpo diferente

O soldado Ritchie ficou estupefato, quando se viu flutuando acima do solo e se deslocando com muita rapidez, como nunca fora capaz de fazê-lo antes. Para ele era impossível entender como aquilo tudo estava acontecendo. Quando olhava para baixo, podia ver as copas dos arbustos, o acampamento Barkeley, o deserto escuro, as cidades e a estrada, que iam ficando para trás, enquanto voava para Richmond.

Passado um breve tempo, se viu em cima de um rio extremamente largo, sobre o qual tinha uma ponte comprida que dava acesso a uma cidade grande. Então, decidiu descer para pedir informações para algum transeunte. Imediatamente, começou a descer vagarosamente da altura de uns 15 metros, pois tinha visto um homem que andava a passos rápidos pela calçada. Sua intenção era lhe perguntar em que cidade estava e qual era a direção que deveria tomar para ir para a sua cidade.

Nesse mesmo instante, já estava andando apressadamente ao lado do homem desconhecido, com quem pretendia conversar. Mas, foi totalmente ignorado por ele, que se comportava como um homem cego e surdo. Quando tentou tocar naquela pessoa para chamar a sua atenção e obter a ajuda que precisava, descobriu que isso era impossível, porque o corpo do transeunte parecia não ter densidade.

Retorno ao hospital

Sentindo a consciência muito lúcida, mas confusa com os acontecimentos muito estranhos, o soldado Ritchie passou a se recordar e a refletir acerca do corpo do rapaz que havia visto em sua cama, no quarto da enfermaria do hospital; da sua invisibilidade perante o sargento; e da sua impossibilidade em se comunicar com aquele homem na calçada. Então, inseguro em prosseguir para a sua cidade, concluiu que tinha perdido o contato com as coisas físicas. Por isso, deveria voltar para o acampamento, em busca do seu corpo material.

Repentinamente, sentiu-se movendo novamente, numa rapidez surpreendente, numa dimensão em que o espaço, tempo, velocidade e massa eram bem diferentes.

Quando chegou ao hospital, passou a fazer uma busca prolongada e difícil para encontrar o seu corpo carnal, nos cômodos da enorme enfermaria, até que o identificou e constatou que ele estava com a cabeça coberta por um lençol e os braços descobertos. Assim, conseguiu reconhecer o seu corpo material, porque no dedo médio estava o seu anel de ônix preto, com um mocho dourado.

Aparição de um ser muito luminoso

Assim que o soldado Ritchie percebeu que o seu corpo físico estava realmente morto, começou a ver no quarto uma luz que estava se tornando cada vez mais brilhante. Ela vinha de um homem muito gentil, terno, compreensível e amoroso, que se identificou como filho de Deus.

Revisão de todos os fatos ocorridos em sua vida

Na presença desse ser poderoso e amoroso percebeu que todos os aspectos da sua vida material eram plenamente conhecidos por ele: sua vida familiar, temperamento explosivo, devaneios sexuais, pensamentos maus e ações egoístas. Cada episódio da sua vida, desde o ventre materno, pôde ser visto naquele quarto, de forma animada. Cada pormenor, até os seus 20 anos de existência, se fez presente, expondo todos os detalhes do que ele havia feito durante a sua vida, em termos de crenças, valores pessoais e aproveitamento do tempo.

Com isso, a sua consciência constatou claramente que muito pouco havia feito da prática do amor e da realização do bem para os semelhantes.

Deslocamentos para ver as realidades enfrentadas por algumas almas dos mortos

A consciência do soldado Ritchie constatou que estava sendo deslocada pelo Ser de luz, em altíssima velocidade, para outra localidade. Então, viu um homem de negócios, que não conseguia ser visto, nem ouvido, quando tentava aconselhar outro homem sobre o andamento das suas antigas negociações; uma mulher que suplicava um cigarro para outra mulher, mas que era completamente ignorada na sua presença e no seu pedido; uma mãe, muitíssimo agitada e chorosa, cuja presença não era notada, nem ouvida, quando ela pedia para um homem que se preocupasse mais com a sua saúde e a sua vida; um moço, que não era visto, nem ouvido, pedindo para o seu pai e para a sua mãe que o perdoassem pelo ato infeliz que ele tinha praticado.

A consciência do soldado Ritchie, sem entender o que estava vendo e ocorrendo com aquelas pessoas invisíveis e infelizes, perguntou ao Ser de luz por que elas eram inaptas a ser vistas e ouvidas pelos outros.

A resposta obtida pela transmissão do pensamento foi surpreendente:

- São suicidas, agrilhoados a cada consequência do ato cometido.

Deslocamento para um bar

Em seguida, o Ser de luz levou a consciência do soldado para um bar, onde algumas pessoas não conseguiam agarrar os copos para tomar as bebidas alcoólicas, embora muito o desejassem, porque sentiam uma sede desesperadora, em função da dependência do álcool. Elas eram plenamente ignoradas pelas outras pessoas que estavam no local e conseguiam normalmente levantar os seus copos até os seus lábios.

Deslocamento para um local de grandes conflitos

Houve um outro deslocamento ou viagem pelo espaço, que parecia não precisar de tempo, nem tinha leis conhecidas. Assim, a presença de luz levou a consciência do soldado para um local onde milhares de almas sem o corpo material pareciam verdadeiros seres fantasmagóricos, que se mostravam contrariados, frustrados, raivosos, encolerizados e agressivos.

Essas almas agiam de modo estranho, maldoso, perverso, agressivo e violento, inclusive cometendo abusos sexuais, pois umas não tinham qualquer respeito pelas outras. Elas apenas não conseguiam matar as adversárias, embora desejassem fazer isso, porque não tinham mais os seus corpos carnais.

Estarrecida com o que estava vendo, a consciência do soldado Ritchie percebeu claramente que o filho de Deus tinha enorme compaixão por aquelas criaturas infelizes. Entendeu que elas estavam, por si mesmas, presas naqueles locais medonhos e infernais, devido aos seus vícios, maus hábitos mentais, emoções descontroladas pela ira e formas-pensamentos doentias e destrutivas. Percebeu ainda que elas não estavam abandonadas ali; se quisessem libertar-se das algemas que colocaram em si mesmas, prendendo os próprios corações, seriam assistidas e resgatadas logo.

Deslocamento para uma região maravilhosa

Um novo deslocamento foi promovido pelo Ser de luz. Então, a consciência do soldado Ritchie foi levada para uma região em que a qualidade da luz era melhor e onde o ar tinha maior transparência. Isso permitiu que ela contemplasse perfeitamente os edifícios enormes, que estavam num belo parque ensolarado.

O local se assemelhava a uma universidade bem planejada, mas que não podia ser comparada com qualquer uma existente na Terra, porque a sua grandeza e sensação de paz eram imensas. Não foi possível identificar a sua localização; mas parecia estar num plano superior de existência; ou poderia estar na própria crosta da Terra. Isso porque os seres espirituais que nela agiam pareciam estar ainda identificados com as coisas do mundo sólido do plano físico.

Em visita a um dos edifícios, notou que ele se assemelhava a um formidável centro de estudos, onde as pessoas estavam concentradas em obter grandes descobertas, empregando aparelhagens muito complexas em suas atividades e experiências científicas.

Em visita a um outro edifício, viu um estúdio, onde eram compostas e executadas músicas de incrível complexidade, pois os ritmos eram complicados e as tonalidades eram desconhecidas na Terra.

Em visita a uma enorme biblioteca, viu muitos livros e documentos de importância universal, que eram utilizados em salas de leitura, por seres sábios que agiam de modo silencioso.

Em visita a um edifício cheio de maquinário tecnológico e com laboratórios gigantescos, a ponto de causar estupefação, viu muitas pessoas trabalhando no local em busca de verdades, que pareciam estar acima da compreensão de qualquer homem comum.

Deslocamento para uma cidade fora da Terra

Em seguida, o Ser de luz promoveu um novo deslocamento veloz, para uma cidade que parecia estar localizada bem longe da crosta da Terra, porque tudo brilhava de modo cintilante, parecendo ser estruturado em luz. O local parecia ser o céu verdadeiro e supremo. Duas figuras radiosas puderam também ser vistas se deslocando pelo espaço a uma velocidade altíssima.

Retorno à enfermaria do hospital

Depois desses vários deslocamentos muito rápidos, a consciência do soldado Ritchie foi levada velozmente ao pequeno quarto do hospital onde estava o seu corpo morto deitado na cama, com o rosto coberto por um lençol.

Então, ela pediu para o Ser de luz que a deixasse naquela cidade gloriosa e faiscante que há pouco tinha visitado. Não queria voltar para aquele cubículo escuro, estreito e sufocante. Porém, o seu clamor de nada adiantou. De repente, sentiu que a sua consciência começou a se restringir e a sua mente a se turvar; até que se viu de olhos abertos, necessitando tatear, com muita dificuldade, para identificar as coisas existentes no local onde acordou.

Desse modo, descobriu que tinha acordado no Acampamento Barkeley, sentindo-se doente e com muita dor.

Logo se recordou que tinha passado mal na frente da máquina de raio-X. Com o passar do tempo, ficou sabendo o que lhe ocorreu: foi diagnosticado com pneumonia dupla e levado inconsciente para a sala de isolamento da enfermaria, para receber medicamentos. No dia seguinte, ficou sem pulso, ritmo respiratório e pressão sanguínea. Então, o oficial do dia declarou-o morto e pediu que o enfermeiro preparasse o seu corpo para ser levado para o necrotério.

Mais ou menos nove minutos depois disso, o enfermeiro retornou para o pequeno cômodo para preparar o cadáver para ser transferido para o necrotério. Porém, percebeu que uma das mãos havia se movido. Rapidamente, chamou o oficial do dia para fazer procedimentos cardíacos e tentar a ressuscitação, mesmo sabendo que o cérebro já tinha ficado muito tempo sem oxigenação.

Com isso, os batimentos cardíacos recomeçaram e a pulsação rítmica e a respiração voltaram ao normal, exigindo que o soldado Ritchie suportasse uma recuperação lenta, e levou duas semanas para que ele começasse a andar novamente.

Desse modo, o seu caso foi considerado inusitado e espantoso; e a equipe médica e o corpo de enfermagem do hospital consideraram o seu retorno da morte e a sua reconquista da saúde, como algo explicável apenas pelos meios não naturais.

Compartilhamento das experiências no Além com os que estão na vida material

Assim que julgou possível, o soldado Ritchie começou a compartilhar as suas experiências vividas na outra dimensão. Passou a relatar os detalhes dos deslocamentos, das visões, das condições de vida e atividades das almas que estavam em locais que pareciam ser o inferno ou o céu.

Para a sua surpresa, os familiares e as pessoas amigas mostraram-se dispostos a ouvi-lo, sem julgar que ele teria ficado biruta ou se tornado um fanático religioso. Para a sua admiração, foram os médicos e as pessoas céticas, para as quais ele mais temia falar a respeito das experiências da sua consciência fora do corpo, quem demonstrou maior interesse e aceitação pelas suas narrativas sobre as experiências vividas, por alguns minutos, na vida além da morte. Isso o estimulou a continuar falando abertamente as suas vivências para quem se mostrasse disposto a ouvi-las[14].

---

14 Fonte: Doutor George G. Ritchie, no livro *Voltar do amanhã. Um psiquiatra descreve sua própria experiência no outro lado da morte.*

- 2 -

EXPERIÊNCIA DO HOMEM QUE FOI ATINGIDO POR UM RAIO

DANNION BRINKLEY, EMPRESÁRIO E prestador de serviços para o governo dos Estados Unidos, passou por uma inusitada EQM, em 1975, quando tinha 25 anos de idade. Ele foi atingido por um raio, durante uma tempestade em Aiken, Carolina do Sul, quando falava ao telefone.

Rapidamente, ele foi socorrido por sua esposa, que era enfermeira. Logo depois, chegou no local a pessoa com quem ele falava ao telefone. Assim, foram chamados os socorristas e assistentes de uma ambulância.

Esse interessantíssimo caso de EQM foi publicado no notável livro *Salvo pela luz: o relato emocionante e as profundas revelações do homem que viveu a experiência de quase morte.*

SAÍDA DA CONSCIÊNCIA DO SEU CORPO MATERIAL

Dannion não conseguiu entender, de imediato, o que lhe tinha acontecido e onde ele estava. Apenas viu que o seu corpo material estava na cama, sendo socorrido por sua esposa, que tinha vindo ver o que lhe tinha acontecido, após o forte barulho da queda do raio.

Ele apenas estava sentindo uma deliciosa sensação de paz e tranquilidade, fora do seu corpo material, flutuando a uma altura de 4 metros aproximadamente, de onde podia observar tudo o que estava ocorrendo no local.

Com isso, logo desconfiou que o seu corpo físico estava morto. Porém, não sentia o mínimo desejo de voltar para ele, porque era muito grande o seu bem-estar.

Túnel com uma luz no seu final

Quando o corpo de Dannion estava sendo removido para o hospital, em uma ambulância, a consciência dele percebeu, na frente do veículo, abrir-se um ponto que se transformou numa espécie de túnel.

Então, Dannion foi atraído para esse túnel, conseguindo apreciar um som bonito de sinos. Em seguida, percebeu que estava se deslocando, em alta velocidade, para uma luz, que ficava cada vez mais brilhante, até que chegou em um local lindo, que parecia ser o paraíso.

Encontro com um Ser de luz, percepção do seu corpo sutil e visão de seres espirituais

Nesse local paradisíaco, encontrou-se com um Ser de luz, que lhe transmitia intensa sensação de amor. Então, percebeu que estava num corpo menos denso do que o seu corpo carnal. Percebeu ainda que no local estavam outros seres brilhantes e radiantes.

Revisão e julgamento de todos os acontecimentos em sua vida material

Na presença do Ser de luz amoroso, a consciência de Dannion começou, inesperadamente, a reviver todos os acontecimentos de sua vida material. Com isso, voltou a sentir as mesmas emoções e sensações de quando tais acontecimentos tinham ocorrido e também as reações das outras pessoas que estavam envolvidas nesses eventos.

Pareceu-lhe que todas as lembranças guardadas em seu cérebro estavam desfilando diante de si. Isso lhe produziu um grande desconforto mental e íntimo, porque constatou que tinha sido uma pessoa desagradável, egoísta e má.

Cada momento de sua vida material, que via passar diante dos seus olhos, causava-lhe uma vergonha muito grande, porque estava visível que tinha feito muitas coisas ruins, em muitas ocasiões.

Porém, o Ser de luz permaneceu amoroso, transmitindo-lhe os seus pensamentos, através de uma espécie de telepatia, para que conseguisse perceber como raramente tinha praticado o bem ou ofertado atos de gentileza e bondade para as pessoas que o cercavam.

Catedral de luz em uma cidade brilhante

O amoroso Ser de luz, mesmo depois da vergonhosa revisão da vida, levou flutuando a consciência de Dannion para uma linda catedral, numa cidade em que as luzes brilhavam intensamente.

Dentro dessa linda catedral, Dannion (ou sua consciência) pôde contemplar a beleza das coisas existentes em seu interior e ver que, atrás de um púlpito, estavam treze seres de luz, que demonstravam possuir, além de boas qualidades, o pleno conhecimento dos grandes acontecimentos que estavam por ocorrer em algumas nações da Terra.

Logo ela entendeu que esses acontecimentos não eram imutáveis, porque dependiam ainda das ações dos seres espirituais que atuavam fora do controle dos governos e das igrejas das nações.

Retorno ao corpo material

Depois de ter visto alguns acontecimentos importantes que estavam previstos para as principais nações da Terra, os seres de luz determinaram que ela voltasse para o seu corpo material, com a missão de ajudar na melhoria dos rumos que os seres humanos estavam determinando para as sociedades do planeta.

Então, repentinamente, a consciência de Dannion se viu de volta ao seu corpo material, que estava morto e precisava ser levado para o necrotério.

Quando despertou, precisou fazer grande esforço para ser notado pelos dois assistentes e por seu amigo, que estavam no local adotando os procedimentos necessários. Quando estes viram os movimentos do morto na enfermaria, experimentaram grande espanto, mas correram para ajudar.

NOVOS CONTATOS COM OS SERES DE LUZ

O processo de recuperação do gravíssimo estado de saúde de Dannion foi dificílimo, porque os danos causados pelo raio foram mortais. Porém, quando ele conseguia dormir, a sua consciência se desprendia novamente do seu corpo material, podendo visitar de novo os seres de luz, que aproveitavam a oportunidade para lhe ensinar o que precisava fazer para concretizar o que haviam lhe pedido para realizar na vida material.

Dannion sentia-se constrangido por não poder falar abertamente das suas experiências extracorpóreas inusitadas, porque temia ser interpretado como alguém que tivesse se tornado um maluco em decorrência do raio.

PARTICIPAÇÃO NA PALESTRA DO DR. RAYMOND MOODY

Certo dia, ainda em recuperação, Dannion tomou conhecimento da palestra que o Dr. Raymond Moody realizaria, na Universidade da Carolina do Sul, sobre as experiências da consciência das pessoas que foram declaradas mortas, mas que tinham ressuscitado. Era exatamente o que tinha acontecido com ele, quando foi atingido pelo raio.

Durante essa palestra, ele descobriu que, de modo diferente do que pensava, o seu caso não era isolado. Existiam muitas outras pessoas que também tinham ficado, por algum tempo, clinicamente mortas, mas que depois tinham voltado para a vida e estavam ávidas para contar para os outros quais foram as suas extraordinárias experiências em outra dimensão da vida: saída da consciência do corpo morto; encontro com seres de luz; revisão dos acontecimentos na vida; reencontro com parentes e amigos já mortos e retorno inesperado para a vida material.

Depois dessa palestra muito esclarecedora, Dannion procurou se tornar amigo e grande companheiro do médico, por este tê-lo ajudado a entender as ocorrências contidas em seu caso de EQM.

Estudo de casos de EQM

Dannion, depois que aprendeu quais são os elementos comuns em muitos casos de EQM, decidiu procurar, colecionar e estudar novos casos que ocorreram com pessoas que desejavam falar sobre os acontecimentos inusitados vivenciados pela consciência, em outra dimensão, quando estiveram temporariamente mortas. Geralmente, elas sentiam a necessidade de ser ouvidas por alguém, pois sentiam-se rejeitadas pelos seus familiares e pessoas céticas. Então, descobriu, por si mesmo, que os casos de EQM são universais, porque pessoas de todas as nações do mundo têm as suas próprias experiências a narrar.

Afloramento de poderes especiais

Dannion, para sua grande surpresa, percebeu, com o passar do tempo, que tinham aflorado nele alguns poderes especiais: conseguia ler os pensamentos de certas pessoas; saber naturalmente os detalhes de certos fatos ocorridos na vida de algumas pessoas que o procuravam; prever o que certas pessoas tinham em mente fazer, a ponto de conhecer antecipadamente qual pergunta lhe seria formulada; e assistir a certos acontecimentos ocorridos com algumas pessoas, como se ele estivesse vendo-os em um filme.

Esforços para melhorar os seus modos na vida

Dannion, em decorrência da sua EQM, passou a fazer grande esforço para melhorar as suas qualidades pessoais e praticar o bem. Assim, voluntariamente, passou a ajudar os semelhantes, principalmente, os pacientes terminais, que sentiam grande medo da morte, transmitindo-lhes os próprios conhecimentos do que ocorre com a consciência, quando entra na outra dimensão da vida.

- 3 -

EQM DO PASTOR DON PIPER, APÓS UM ACIDENTE AUTOMOBILÍSTICO MUITO GRAVE

O pastor Don Piper, da Igreja Batista South Park, em Alvin, na região de Houston, nos Estados Unidos, sofreu um acidente de carro muito grave, no dia 18 de janeiro de 1989, quando se dirigia, pela autoestrada do Golfo, de volta para a sua residência.

Ele tinha saído da Convenção Geral Batista do Texas, quando, por volta das 11 horas e 45 minutos, no final da ponte sobre o rio Trinity, surgiu uma carreta de 18 rodas, guiada por um presidiário, que perdeu o controle da direção do veículo, por estar em alta velocidade. Então, o enorme veículo bateu de frente contra o carro de Don Piper; passou por cima do teto do carro, esmagando-o contra a mureta da ponte e atingiu mais dois outros veículos.

Um socorrista de uma equipe médica de emergência chegou rapidamente ao local do acidente. Mas, logo constatou que o motorista do carro estava sem pulso. Por isso, declarou que ele tinha tido morte instantânea, em decorrência do choque violento. Em seguida, cobriu o corpo com uma lona, pelas péssimas condições físicas, e o deixou à espera da remoção para o necrotério.

A narrativa muito detalhada dos acontecimentos, durante e após o acidente, está no surpreendente, emocionante e consolador livro *90 minutos no céu: a verdadeira história de alguém que conheceu o paraíso e voltou para contar.*

Saída da consciência do corpo material

No momento do acidente, Don Piper sentiu-se envolvido numa luminosidade intensa. Logo em seguida, recobrou a lucidez na consciência e se viu em pé em frente a um portal brilhante e adornado, onde uma grande multidão de pessoas aguardava a sua chegada. Com isso, não teve qualquer dúvida que tinha ido parar no céu.

Reencontro com pessoas conhecidas, mas já falecidas

Quando a multidão veio em sua direção, Don reconheceu que eram pessoas que já tinham morrido, mas que se apresentavam de modo natural e sorridentes, exteriorizando alegria e louvando a Deus.

A primeira alma que ele reconheceu foi a de seu avô Joe, pois estava exatamente com a mesma aparência que ele tinha, e da qual Don se recordava perfeitamente. Seu avô mostrava no rosto um grande sorriso e tinha nos olhos um brilho muito lindo. Esse ente querido abriu os seus braços e envolveu-o num grande e forte abraço, do mesmo modo que ele costumava agir nos tempos de sua infância. Então, uma grande alegria e muita felicidade se apoderaram de Don, devido ao reencontro inesperado com esse ente muito querido.

Em seguida, as outras almas se apresentaram, compondo um grande comitê de boas-vindas. Elas irradiavam serenidade, alegria e felicidade. Então, começaram a abraçá-lo e beijá-lo ou apertar as suas mãos de modo muito amoroso.

Então, Don reconheceu seu amigo de infância Mike, que se apresentou com um sorriso muito luminoso no rosto. Ele havia morrido aos 19 anos de idade, num acidente automobilístico. Reconheceu também Barry Wilson, seu colega de classe do ensino médio, que havia morrido afogado em um lago. Reencontrou dois professores queridos que gostavam de conversar com ele sobre Jesus Cristo. Nesse grupo de recepção estavam ainda almas de pessoas idosas, jovens e de outras idades que, de alguma maneira, haviam exercido influência em sua vida, incentivando-o ao desenvolvimento do seu lado espiritual. Houve ainda o reencontro emocionante com a sua bisavó Hattie Mann, que se apresentou forte, ereta, sem rugas no rosto e muito sorridente, com os dentes brilhantes e perfeitos à mostra. Então, Don percebeu que a idade na vida terrena não fazia nenhum sentido no céu. Todas essas almas estavam muito entusiasmadas em revê-lo e demonstravam amor por recebê-lo na comunidade em que viviam.

Beleza celestial

Don percebeu que no céu havia uma luz muito brilhante; que as cores no local eram vivas, deslumbrantes e tinham nuanças e tons surpreendentes, que não existiam na vida terrena.

Com a sua visão e audição muito aguçadas, Don se sentia plenamente vivo e sem qualquer tipo de preocupação, ansiedade, tensão ou necessidade. Assim, observou que as coisas existentes no local eram reais e resplandeciam com um fulgor muito intenso. Para o seu espanto, ele nem mesmo se preocupava com a ausência dos seus familiares queridos e das suas posses materiais.

O único desejo de Don era se integrar logo naquele ambiente festivo e alegre, em companhia daquelas almas tão maravilhosas.

Visão além do portão do céu

Depois dessa recepção, a multidão de almas começou a caminhar em direção a uma luz intensa que estava além do portão do céu. Então, Don, com os seus sentidos potencializados, viu, com muita facilidade, que lá existia uma espécie de colina, iluminada por uma luz bem radiante. Porém, essa luz não ofuscava a sua visão, nem o cegava, embora tivesse forte intensidade o seu brilho. Para ele, parecia que estava sendo conduzido à presença de Deus.

Quando o comitê de recepção chegou no ponto de ultrapassar o imenso portão, Don viu que ele estava fixado em um muro bastante alto e muito longo, pois seguia em duas direções, parecendo que não tinha um final. Notou ainda que o portão não era feito de pérolas, como tinha aprendido na *Bíblia*; era sim, perolizado e cintilante, com um brilho resplandecente.

Além do portão, Don viu ainda uma cidade com ruas pavimentadas com tijolos de ouro. Nela, tudo tinha cores muito brilhantes, criando um ambiente maravilhoso. O brilho era tão intenso, que, possivelmente, nenhum olho humano conseguiria suportá-lo, nem fazer as observações que ele estava conseguindo fazer.

AUDIÇÃO DA MÚSICA CELESTIAL

No outro lado do portão, Don ouviu uma música celestial maravilhosa, envolvente e extasiante, como nunca ele tinha escutado antes. Tratava-se de um concerto celestial, composto de uma infinidade de sons, que invadiam a mente e o coração.

As melodias eram de louvor e faziam parte do maravilhoso ambiente musical. Elas eram executadas com muita intensidade e apresentavam uma variedade interminável de agradáveis sons.

As músicas celestes pareciam ser cantadas por vozes angelicais e executadas por instrumentos musicais perfeitos. Essas músicas pareciam vir de todas as direções, com melodias e tons jamais ouvidos na vida terrena. Essas canções ampliavam a alegria existente no local.

ATENÇÃO CONCENTRADA NOS MÍNIMOS DETALHES

No ponto de atravessar o portão luminoso, junto da multidão e dos seus parentes e amigos, Don notou que a música celeste tinha crescido em intensidade e se tornado mais viva e absorvente.

Com os seus sentidos e percepções bastante aguçados, Don enxergava os pormenores das coisas que estavam além daquela entrada cintilante e majestosa. Então, decidiu parar por um momento, para poder observar tudo muito mais atentamente e cuidadosamente. Porém, para a sua surpresa, a sua visão se turvou e a realidade se alterou completamente.

Volta ao corpo material morto

Don despertou de volta para o seu corpo material, porque os sons que agora estava escutando eram uma oração e um canto de um homem. Somente depois de muito tempo, Don ficou sabendo que aquela voz era de um pastor batista que, por volta das 13 horas, havia sido autorizado por um policial a orar a Deus e a cantar em favor da alma daquele acidentado, que tinha morrido.

Como Don, seguindo seu espírito religioso, começou também a orar e cantar o hino, o homem percebeu que ele ainda estava vivo, e necessitando de socorro e atendimento médico.

A gravidade do acidente

Em função disso, Don foi internado no centro médico do Hospital de Huntsville, para se recuperar dos gravíssimos ferimentos. Mas, precisou ser transferido para a Unidade de Trauma do Centro Médico Memorial Hermann, em Houston, onde chegou por volta das 18 horas e 20 minutos.

Com 38 anos de idade, somente depois de 122 dias, Don conseguiu voltar para a sua família, ainda bastante abalado e perguntando a Deus por que Ele o havia mandado de volta para a vida carnal, em condições de vida quase insuportáveis, após ter visto e ouvido, por 90 minutos, as coisas maravilhosas existentes no céu.

Don contava com os valiosos recursos da medicina, a presença e o apoio dos seus familiares e as orações e ajuda dos amigos e membros da sua comunidade religiosa. Porém, sofreu muito, até que a sua recuperação se acelerou, quando ele, verdadeiramente, abriu a sua mente e o seu coração para valorizar a ajuda que recebia e para aceitar os propósitos de Deus e as Suas bênçãos.

Compartilhamento das experiências que teve no portão do céu

Transcorridos dois anos após o acidente, Don tomou a iniciativa de contar, para o seu amigo David, as experiências maravilhosas que a sua alma teve no portão do céu. Esse amigo mostrou-se verdadeiro e compreensível, chegando, inclusive, a estimulá-lo a narrar abertamente as suas notáveis experiências extrassensoriais para outras pessoas, pois, certamente, o propósito de Deus tinha sido mandá-lo de volta para que fizesse isso na vida material.

Don seguiu o conselho do seu amigo David e passou a contar para as pessoas dignas de confiança todos os detalhes inusitados das suas experiências. Todas elas demonstraram depositar grande confiança nele e tiveram reações positivas ou até mesmo manifestações de alegria pela prova que ele tinha trazido da existência do céu e das coisas existentes lá.

Depois disso, Don decidiu fazer conferências públicas sobre o assunto, inclusive em igrejas, obtendo sempre resultados positivos. Com isso, decidiu escrever um livro que levasse as suas experiências incomuns para as pessoas de todas as partes do mundo.

MUDANÇAS PROFUNDAS NO SEU MODO DE ENCARAR A VIDA

Em decorrência das experiências que teve no portão do céu, Don melhorou extraordinariamente a sua maneira de ver e se conduzir na vida; fortaleceu a sua fé em orações a Deus; aumentou a ajuda que oferecia às pessoas necessitadas, inclusive as que tinham passado por doenças ou acidentes graves e estavam suportando crises emocionais, morais, espirituais e depressivas ou mesmo enfrentando deficiências mentais ou físicas. Suas mensagens espirituais positivas e de esperança consolavam inclusive as pessoas que estavam num leito de morte e até mesmo aquelas que tinham perdido um ente muito querido.

-4-

EQM DECORRENTE DE TENTATIVA DE SUICÍDIO

Rubem Pereira da Silva, especialista em Tecnologia da Informação, tentou o suicídio, em 1994, quando tinha apenas 19 anos de idade. Esse caso de EQM está publicado no excelente site e canal no Youtube *Afinal o que somos nós*[15].

Saída da consciência do seu corpo físico

A consciência de Rubem saiu do seu corpo material experimentando sensações bastante dolorosas. Mesmo assim, conseguiu perceber que estava em um segundo corpo, de cor azulada, que se separava e ia se formando logo acima do corpo carnal, o qual ele viu inerte na cama.

Ligações e filamentos

A consciência de Rubem percebeu ainda que haviam filamentos, ligações ou ramificações que se separavam do corpo físico para formarem uma espécie de sistema nervoso. Então, aos poucos, um filamento principal permitiu a composição ou formação lenta do seu segundo corpo, que estava flutuando, vestido com roupas muito semelhantes às que usava em seu corpo físico.

Sistema nervoso do segundo corpo

A consciência de Rubem notou um pormenor que prendeu a sua atenção: tanto o seu corpo material quanto o seu segundo corpo

---

15 Acesse www.afinaloquesomosnos.com.br

tinham, cada um, um sistema nervoso próprio, embora muito semelhantes e conectados entre si.

O sistema nervoso do segundo corpo era tão semelhante ou igual ao do corpo físico, que era como se ambos estivessem interligados.

Roupas

A consciência de Rubem observou ainda que as roupas do segundo corpo eram feitas com a mesma substância que formava aquele segundo corpo sutil.

Deslocamento muito rápido

A consciência de Rubem logo sentiu que o seu segundo corpo estava se elevando rapidamente no espaço, como se fosse muito leve e não estivesse sujeito à lei da gravidade.

A velocidade com que ele se afastava da crosta terrena era muito alta; mas, mesmo assim, permitia que a sua visão observasse o telhado da sua casa, o bairro onde morava, as luzes da sua cidade e até mesmo a forma redonda do planeta Terra, que ficou bastante reduzida, como se fosse uma bola de golfe.

Um novo estado de consciência

A consciência de Rubem tinha se tornado bem mais racional; a sua visão estava perfeita e o seu novo corpo obedecia prontamente à sua vontade.

Túnel de luz

Experimentando sensação de grande leveza e satisfação, mas sem que pudesse controlar plenamente a sua vontade, a consciência de Rubem seguiu em direção a uma luz branca, que a atraía.

Essa luz tomou a forma de um túnel de luz, que a sugou e a envolveu, tornando-a parte dessa luz branca. Tudo era muito real e não havia como alterar os acontecimentos.

Ambiente existente no final do túnel

A consciência de Rubem chegou flutuando no final do túnel, onde havia um portão muito grande. No outro lado do portão, estavam homens e mulheres, que podiam ser identificados apenas pela silhueta humana e pelas características das suas vestimentas.

Sem qualquer dúvida, tratavam-se de personalidades masculinas ou femininas, pois podiam ser facilmente identificadas pelas suas vestes. Elas estavam atentas no local e pareciam estar aguardando a sua chegada com sentimentos de amor e carinho.

Observações além do portão

A consciência de Rubem observou ainda que, além do portão, existia um gramado verde muito bonito e arbustos com muitas flores coloridas. Tudo parecia fazer parte de um extenso jardim.

Aparição de um Ser de luz

Enquanto observava atento os detalhes do novo ambiente, apresentou-se na frente do portão um ser humano muito alto, que estava envolto numa luz branca.

Comunicação de mente para mente

Esse Ser de luz passou a comunicar-se de mente para mente, mas de modo impositivo, e, ao mesmo tempo, bondoso. Então, disse para Rubem que ele não poderia atravessar aquele portal. Que ele tinha cometido um erro muito grande ao tentar matar o seu corpo material. Que não era a sua hora de morrer.

Impacto no mundo mental e íntimo

O conhecimento que o Ser de luz demonstrou ter da prática do suicídio deixou a consciência de Rubem surpresa e abalada. Isso destruiu o deslumbramento que ela, até então, vinha sentindo.

Com isso, ela passou a sentir alguns reflexos danosos se espalharem por todo o seu segundo corpo.

Revisão da vida

O Ser de luz falava mentalmente, mas com profundidade. Então, a mente de Rubem entrou, sem que soubesse como, na recordação precisa de tudo o que ele havia feito na sua vida, até o momento da prática do suicídio.

Essa recordação da vida surgiu de modo tão imprevisto, que abalou ainda mais o seu mundo mental e íntimo, despertando um remorso muito grande e uma sensação de vergonha e decepção para consigo mesmo.

Volta da consciência ao corpo material

O Ser de luz viu a sinceridade no arrependimento e sentimento de vergonha. Então, determinou que a consciência de Rubem voltasse para o seu corpo físico morto[16], apontando o local onde ele estava. Isso bastou para que a realidade começasse a se alterar e desaparecer.

Então, a parte de trás da cabeça do seu segundo corpo começou a ser puxada de volta para o túnel feito de luz palpável. A partir disso, levou consigo todo o resto do seu corpo sutil, numa posição horizontal, e numa velocidade muito alta; até que parou e pairou acima do seu corpo carnal, que estava morto[17].

Reentrada no corpo carnal

A consciência de Rubem, bastante conturbada, percebeu que tivera início o processo de religamento dos fios e filamentos dos sistemas nervosos dos seus dois corpos.

Todos os elementos começaram a se reconectar, até que houve o encaixe perfeito do seu corpo sutil no seu corpo físico.

---

16 Aparentemente morto. **Nota do revisor.**

17 Se estivesse morto, a volta a ele seria impossível. Portanto, é de se supor que a morte não havia ainda se efetivado por completo. **Nota do revisor.**

Porém, a reentrada começou pelos pés e terminou pela cabeça. Isso permitiu que a consciência se encaixasse perfeitamente no cérebro do seu corpo físico.

Despertar no corpo físico

A consciência de Rubem despertou no seu corpo carnal abalada com o processo de reentrada, que foi muito doloroso. Então, precisou de muitas horas de sono profundo, para começar uma lenta recuperação.

Memórias preservadas

Rubem despertou com a memória de todos os acontecimentos que se seguiram à sua tentativa de suicídio. Além dos mínimos detalhes das experiências vividas fora do seu corpo carnal, ele conservou o arrependimento, a vergonha e a vontade insistente de chorar, pois se lembrava perfeitamente da gravidade do ato que tinha praticado.

Mudanças no modo de vida

Depois das experiências marcantes que a consciência de Rubem vivenciou fora do seu corpo material, ele decidiu promover grandes mudanças no seu modo de vida. Preocupou-se em buscar explicações de ordem espiritualista para os acontecimentos inesperados que vivenciou em outra dimensão da vida; e para entender a existência do Ser de luz, que teve o poder de fazê-lo voltar à vida material, para reparar o erro que havia cometido.

Segunda EQM de Rubem

Em 2004, Rubem passou pela sua segunda experiência de quase morte. Foi quando sofreu um acidente muito grave de moto, no qual o seu corpo foi arremessado por cerca de quatro metros e teve ferimentos muito sérios em órgãos importantes do seu corpo físico.

Saída da consciência do corpo físico

Em decorrência do acidente, a consciência de Rubem deslocou-se para cerca de cem metros de distância do local do acidente. Porém, ela estava com a sua visão em perfeito estado.

Isso permitiu que a consciência observasse com atenção o grande tumulto que estava ocorrendo no local, onde estavam as duas motos acidentadas, os dois corpos deitados no chão e muitas pessoas vendo as ocorrências.

Demora no entendimento da sua nova situação

A consciência de Rubem não conseguiu compreender, de imediato, o que realmente tinha acontecido. Apenas estava enxergando nitidamente, apesar de ser míope. Então, reconheceu o seu próprio corpo físico pelas vestimentas e o uniforme da empresa onde trabalhava.

Além disso, estranhou estar num outro corpo mais leve, sem qualquer peso e sem sentir dor.

Aparição do Ser de luz

Naquele instante muito confuso, apareceu um Ser de luz, o mesmo que havia visto da outra vez. Aquele mesmo que tinha determinado a sua volta ao seu corpo material, quando tentou o suicídio e teve experiências fora do corpo.

Comunicação mental

Da mesma forma que na vez anterior, o Ser de luz se comunicou mentalmente com ele. Então lhe pediu para que mantivesse a calma, porque tudo ia ficar bem.

Em seguida, o Ser de luz tomou a sua mão e o levou flutuando para o local do acidente, para que pudesse ver de perto o que lhe tinha acontecido.

Com esse deslocamento, ficou pairando acima das pessoas presentes no local, vendo claramente o seu corpo físico bastante machucado e com a aparência de morto.

Porém, o Ser de luz lhe disse que a sua hora ainda não tinha chegado. Que era preciso voltar para o seu corpo carnal.

Retorno ao corpo material

A determinação do Ser de luz cumpriu-se de forma imediata, pois percebeu que o seu segundo corpo luminoso estava voltando para o seu corpo carnal.

Essa entrada no corpo físico começou de novo pelos pés e terminou pela cabeça, quando houve o encaixe, união e ajustamento, permitindo que a consciência acompanhasse todo o processo em andamento.

Quando finalmente o seu corpo luminoso se adaptou perfeitamente ao corpo carnal, ocorreu uma espécie de fechamento ou lacração da conexão.

Despertar

O despertar da consciência no corpo material ocorreu cerca de 15 minutos após o momento do acidente grave. Uma ambulância já estava no local e alguns socorristas estavam prestando assistência médica rápida aos dois acidentados.

As lembranças dos detalhes das ocorrências estavam preservadas e ficaram bem mais precisas no hospital, durante a lenta recuperação num quarto de repouso.

Fortalecimento das crenças espiritualistas

Para Rubem, essa sua segunda EQM prestou-se ao fortalecimento das suas convicções espiritualistas: sobrevivência da alma após a morte, e valorização do lado espiritual da vida, porque o Ser de luz não deixou de continuar exercendo, de modo invisível e mental, influências em seu cotidiano.

- 5 -

EQM APAVORANTE DE UM PROFESSOR

O PROFESSOR DE ARTES marciais Ênio Frony Gondran teve um AVC e sua mente "apagou", em outubro de 2014.

Então, em seguida, a sua consciência despertou numa experiência muito marcante, fora do seu corpo material. Isso mudou completamente a sua vida, não só pelas sequelas que o AVC deixou no seu cérebro, mas principalmente pelas impressões horríveis que a consciência trouxe do local onde estivera.

A narrativa muito detalhada e surpreendente dos acontecimentos marcantes pode ser acessada em *Afinal o que somos nós*, no youtube.com.[18]

DESPERTAR NUM LOCAL MUITO DIFERENTE

Ênio viu-se num local muito estranho, que não conseguia identificar onde ficava. Pareceu-lhe que estava perdido dentro de um pesadelo, sem que conseguisse se lembrar o que tinha acontecido com ele para ter ido parar ali.

Sentia-se bastante assustado e com muito medo naquele local que tinha uma vegetação rasteira. Assim, decidiu tentar sair dali o mais rápido possível e voltar para a sua cidade e residência, porque o dia já estava clareando e o céu estava nublado. A sua primeira impressão foi que tinha sido raptado e abandonado naquele lugar que era assustador.

18 Acesse www.afinaloquesomosnos.com.br

Caminhada sem fim

A consciência[19] de Ênio pôs-se a caminhar em busca de algo que indicasse a sua localização, até que encontrou uma espécie de rua. Então, decidiu manter a sua caminhada; mas, ela foi se prolongando até que o dia já estava escurecendo. Isso aumentou o seu pavor, a ponto de resolver continuar andando mesmo no escuro. Em sua mente, predominava a impressão de que algo estava errado, porque aquela rua não tinha fim e ele não se sentia nem cansado, nem tinha fome.

Tendo perdido o controle emocional, por não entender aquela situação aflitiva, começou a chorar bastante. Chegou até mesmo a se encolher no chão, na posição de criança recém-nascida, e a orar a Deus, esperando que o outro dia clareasse, para prosseguir na caminhada que lhe parecia interminável. Um fato estranho chamou a sua atenção: naquele local não tinha árvores e pássaros e ele não escutava ruídos.

Visão de algumas pessoas

Assim que o dia clareou, a consciência de Ênio retomou a sua longa caminhada, até que viu algumas pessoas bem distantes. O alívio foi grande, porque agora poderia pedir ajuda para elas. Mas, ao se aproximar, viu que algumas delas estavam mutiladas, sem as pernas ou sem os braços. Viu também que algumas pessoas estavam com o corpo normal.

Porém, elas estavam no chão berrando, murmurando palavras de pedido de socorro pelos sofrimentos que estavam enfrentando. Pareceu-lhe, então, que estava vendo um filme de terror.

No seu entendimento, aquelas pessoas só poderiam estar mortas, com as partes do corpo apodrecendo e expelindo um cheiro horrível.

---

19 Consciência, aqui, substitui a palavra espírito. A escolha de nomes como esse, ou ainda "inteligência extracerebral" e outros, é uma posição acadêmica, na qual os cientistas e pesquisadores procuram se manter equidistantes dos conceitos e dogmas religiosos. **Nota do revisor.**

Então, o seu pavor cresceu, a ponto de sair correndo daquele local assustador, sentindo incontrolável abalo emocional. Na sua percepção e compreensão, tratava-se de milhares de pessoas, que chamavam a mãe ou outros entes queridos pelo nome, para que viessem ajudá-las.

Visão de um ser muito estranho

Em sua fuga daquele local, sem sentir suor, fome, cansaço ou qualquer necessidade, mas num corpo que era idêntico ou muito semelhante ao seu corpo carnal, começou a tremer de medo incontrolável, notando que o tempo corria sem parar, pois o dia clareava e iniciava e a noite chegava e escurecia normalmente.

Quando estava descendo uma ladeira, chorando muito, avistou um ser muito estranho. Ele tinha a forma bem diferente da humana, porque o seu corpo parecia ser uma nuvem transparente. O mais assustador foi que, ao redor dele, estavam algumas pessoas berrando muito. Então o ser lançava-se contra elas, fazendo-as ficar quietas.

O horror cresceu tanto, que Ênio voltou a orar a Deus, pedindo perdão pelos seus pecados. Agora tinha a certeza de que também estava morto.

Cara a cara com o ser estranho

Infelizmente, o ser muito diferente, grande e assustador veio em sua direção. Isso imobilizou-o completamente, pois ficou congelado de medo.

Quando o ser disforme ficou ao lado de Ênio, passou a cheirá-lo bastante. Isso o fez perceber que ele tinha um hálito podre e o olho vermelho. Então, o seu pavor chegou ao extremo, dando-lhe a sensação de que ia desmaiar.

Porém, sem compreender o porquê, ele viu que o ser se afastou, permitindo que se abaixasse, chorasse e fizesse uma nova oração a Deus pedindo ajuda. Agora estava plenamente convicto de que tinha morrido e a sua alma tinha ido parar naquele local muito estranho, mas absolutamente real.

Muro enorme e caverna esquisita

Com grande abatimento mental, por estar perdido, e se achando próximo da perda da razão ou da loucura, por já estar caminhando, havia alguns dias, num local sem saída, teve que parar diante de um muro enorme, que ia para os dois lados, sem que conseguisse ver o seu final.

Naquele tipo de paredão viu uma espécie de tapume, que dava acesso à abertura de uma caverna. Dentro dela, viu uma claridade, que parecia ser emitida por uma espécie de tocha com fogo.

Para a sua surpresa, em seguida, escutou uma voz masculina, que lhe disse para não entrar naquele local. A voz surgiu do nada, mas com muita clareza, e ele tentou descobrir quem a emitira; mas não encontrou ninguém ao seu redor.

Então, assustado, decidiu seguir o conselho inesperado, inclusive porque já era noite e havia tido um pressentimento de que alguma coisa de ruim poderia lhe acontecer, se entrasse naquela caverna.

Cidade abandonada

Para a consciência de Ênio não restou outra providência do que voltar a caminhar, fazendo um grande esforço para tentar colocar as suas ideias em ordem. Logo, deparou-se com uma cidade abandonada e às escuras. As casas eram velhas e bizarras. Porém, o pavor cresceu ainda mais, quando viu que o ser estranho estava lá, controlando algumas pessoas deformadas ou mutiladas.

Um impulso instintivo levou-a, rapidamente, a afastar-se do local e ir para um outro lado, porque de modo nenhum queria ser visto e cheirado de novo pelo ser assustador.

Praia muito diferente

Fugindo às pressas daquela cidade abandonada, foi parar em uma praia de um mar muito grande. Mas, notou que a água e a areia eram escuras, e que, no local, sem nenhuma pessoa, tinha um cheiro de lama e lodo no ar.

Primeira volta ao seu corpo material

Na noite do quarto dia de sua interminável caminhada, sentindo pavor e chorando muito, a consciência de Ênio se viu, inesperadamente, de volta ao seu corpo material, no hospital.

Quando abriu os olhos, sentiu um grande alívio, porque viu as enfermeiras e ouviu pessoas conversando. Sentiu que estava com muita sede, o que o levou a pedir água a uma enfermeira. Porém, ela nem o escutou, nem olhou para ele.

Então, por conta própria, decidiu sair da cama e ir buscar água; porém, notou que o seu corpo carnal tinha ficado deitado na cama, com vários tubos colocados nele. Isso foi chocante, e o pavor incontrolável voltou. Então, viu que a parede do quarto estava se rachando, sugando a consciência de volta para aquele mesmo local horrível e assustador.

Com a mente muito confusa com esses acontecimentos estranhos, achou que tinha enlouquecido. Que, naquela situação, não conseguia mais distinguir a verdade da alucinação.

Segunda volta ao corpo carnal

No quinto dia em estado de coma, a consciência de Ênio voltou pela segunda vez para o seu corpo carnal. Novamente, sentiu-se aliviado por ter saído daquele local que tanto apavorou o seu mundo mental e íntimo.

Mas, desta vez, ficou no seu corpo físico, para enfrentar uma difícil recuperação, porque tinha contraído uma pneumonia no hospital.

Mudanças profundas em sua vida

Depois dessas experiências muito vívidas, marcantes, reais e inesquecíveis da sua consciência fora do seu corpo material, Ênio decidiu entender por que não tinha visto Deus ou Jesus; nem tinha ido parar num local maravilhoso, que os religiosos dizem existir na continuidade da vida da alma depois da morte.

Com a certeza inabalável que adquiriu da imortalidade da alma e as muitas reflexões que fez sobre as condutas morais que adotava na sua vida, Ênio chegou à conclusão de que não havia matado ninguém, nem roubado alguém; porém tinha feito algumas coisas muito ruins para si mesmo: tomava muitos anabolizantes; agia de modo inadequado no meio agressivo das lutas marciais, e tinha praticado atitudes e ações que não eram as normais para um bom marido.

Com isso, decidiu se esforçar para obter as transformações mentais e no mundo íntimo que o fizessem uma pessoa muito melhor e bem diferente do que tinha sido antes. Portanto, assumiu melhor participação em seu ambiente familiar e elevou as suas condutas nas atividades profissionais e sociais, agindo sempre, cuidadosamente, para não ter que sofrer, na vida presente, e na vida futura da consciência na outra dimensão, outra vez, as mesmas consequências ruins das suas próprias atitudes e ações maléficas.

O pavor que Ênio experimentou naquele local medonho, apavorante e horroroso deixou sequelas, porque se sente inseguro de ainda não estar fazendo o seu melhor, e, depois da morte, ter que vivenciar, outra vez, aquelas mesmas situações aterrorizantes.

- 6 -

EQM DO NEUROCIRURGIÃO EBEN ALEXANDER

O doutor Eben Alexander passou por uma experiência de quase morte, em 2008, no Hospital Geral de Lynchburg, Virgínia, Estados Unidos, em decorrência de uma meningite bacteriana que danificou bastante a superfície externa do seu cérebro, responsável pela manifestação das principais faculdades humanas. Então, permaneceu por sete dias em estado de coma.

O relato do doutor Eben, com riqueza impressionante de detalhes, está contido no muito bem elaborado livro *Uma prova do céu: a jornada de um neurocirurgião à vida após a morte.*

Crenças materialistas do neurocirurgião

O doutor Eben sempre teve grande respeito pelas pessoas que tinham crenças religiosas acerca de Deus, imortalidade da alma e continuidade da sua existência no reino dos céus. Porém, os seus longos estudos nos campos da ciência e da neurociência, além da sua grande experiência médica no campo do funcionamento do cérebro e das operações de doenças cerebrais, por mais de 25 anos de trabalho, deixaram-no plenamente convencido de que: é o cérebro que gera e comanda a consciência; as células neuronais dão origem à consciência, embora seja complexa e ainda inexplicável a inter-relação entre elas, o cérebro e a consciência; o cérebro domina totalmente a consciência, porque, quando a máquina cerebral falha ou para de funcionar, em decorrência principalmente de falta de circulação de sangue oxigenado, as atividades neurais cessam e a consciência deixa de existir.

Para o doutor Eben, a ciência e a medicina materialistas, até então, explicavam a seu contento as narrativas de experiências de quase morte, inclusive as vivenciadas por alguns de seus pacientes, admitindo-as como ilusões ou fantasias produzidas pelo cérebro, quando ele enfrenta situações extremas, que podem determinar a morte cerebral e o fim da consciência.

Situação confusa da sua consciência

O cérebro do corpo carnal do doutor Eben estava em complicado tratamento no hospital, para a eliminação das bactérias que destruíam violentamente as áreas do neocórtex, e para ele sair do coma.

Enquanto isso, a sua consciência estava numa estranha escuridão, tendo grande limitação para controlar a memória, emoção, razão, identidade, percepções, linguagem, e para avaliar o passar do tempo. Ela apenas ouvia um som profundo, ritmado e estranho; pressentia alguns objetos que estavam ao seu redor; percebia a presença de alguns animais grotescos, quando estes lhe apareciam; e sentia uns odores bastante ruins.

Essa situação muito constrangedora levou a sua consciência próxima de um estado de pânico, fazendo-a ter um forte desejo de escapar daquela escuridão assustadora.

Visão de uma entidade muito bela e luminosa

Quando empregava intensa força de vontade para escapar da escuridão, passou, inexplicavelmente, a ver uma entidade muito bela, que irradiava uma luz dourada. Ela se aproximou lentamente dele, dissipando por completo a escuridão tremenda.

Além disso, ele escutou uma melodia muito rica e complexa, que jamais tinha ouvido antes em sua vida.

Chegada a um reino maravilhoso

Em seguida a esses acontecimentos inesperados, percebeu que a sua consciência estava se movendo para uma abertura, que a levou para um mundo belo, brilhante, vibrante, arrebatador e maravilhoso, como jamais ele tinha imaginado que pudesse existir.

NOVAS POSSIBILIDADES NUM MUNDO NOVO

No novo mundo em que entrou, a consciência do doutor Eben estava flutuando sobre uma campina verde e exuberante. Nela era possível ver árvores, campos, rios, cachoeiras, pessoas vestidas com roupas simples e bonitas, crianças rindo, brincando, cantando e dançando, além de cachorros correndo e saltando com muita alegria.

Havia também um vento agradável e morno que soprava no ambiente, balançando as folhas das árvores. O céu estava azul-anil e nele haviam muitas nuvens brancas, com tons rosados. Bem acima das nuvens, era visível um aglomerado de esferas transparentes, onde seres que pareciam ser bem evoluídos e deslumbrantes se descolocavam, deixando grandes rastros.

Não foi possível para a consciência do doutor Eben localizar onde estava, nem entender tudo aquilo, que era completamente real.

ENCONTRO COM UMA BELA MENINA

Sobrevoando os campos, a consciência do doutor Eben, mais expandida, notou que uma bela menina estava em sua companhia. Ela vestia roupas bastante coloridas e modestas, típicas de uma camponesa. No local, estavam milhões de borboletas muito lindas, voando em círculo para atravessar os campos que tinham muitas árvores e flores.

A menina olhou para a consciência do doutor Eben e lhe transmitiu um amor elevado, verdadeiro e puro. Além disso, sem dizer uma palavra, lhe transmitiu uma mensagem mental, afirmando que ele era realmente imensamente amado e valorizado. Disse-lhe ainda que nada tinha a temer, porque nada conseguiria fazer de errado naquele local.

Com a consciência muito dilatada, o doutor Eben compreendeu, imediatamente, que a menina tinha uma existência verdadeira; que a experiência que estava vivenciando naquele mundo novo era real e muito diferente de qualquer fantasia fugaz ou delirante.

A menina ainda lhe disse, mentalmente, que havia muitas outras coisas que lhe seriam mostradas naquele local, antes que ele voltasse para a sua vida material.

Compreensão do contexto universal

Com a consciência cada vez mais expandida, o doutor Eben notou que, naquele local, ela, naturalmente, tinha as respostas para as muitas questões que o atormentavam na sua existência material. Pareceu-lhe que as respostas vinham, imediatamente, através dos pensamentos alheios que entravam diretamente na sua mente. Então, não havia pergunta sobre aquela nova dimensão ou sobre o contexto universal que ela não obtivesse resposta imediata. Então, compreendeu que:

A consciência está sempre em conexão e relação com Deus, o Criador, a Fonte, o Responsável pela existência do Universo e de tudo o que há nele.

1. A consciência do ser espiritual ou criatura imortal jamais perde a sua conexão e relação com o Criador do Universo.

2. Porém, a consciência de qualquer ser espiritual é insignificante perante a grandeza do Ser onisciente, onipresente, sábio e amoroso.

3. A consciência do ser espiritual tem o conhecimento da existência de muitos universos; e do amor de Deus, que está no centro de todos eles.

4. O ser espiritual pode agir em diferentes esferas da vida, existentes no Universo, porque as esferas estão interconectadas e entrelaçadas entre si, formando um todo harmônico.

5. A consciência tem a capacidade de agir inclusive na dimensão material; mas, esta não é a única existente no Universo, porque, ao lado dela, existe a dimensão espiritual que está interligada a ela.

6. A consciência age nos mais diferentes mundos existentes no Universo, porque eles estão interligados entre si, fazendo parte da mesma e abrangente Criação de Deus.

7. Mesmo os seres espirituais que habitam os mundos mais avançados também podem ter acesso às realidades existentes na vida no mundo terreno.

8. O ser espiritual tem o seu livre-arbítrio, podendo praticar o bem ou o mal. Mas, Deus concede a ele o seu livre-arbítrio, para que consiga cumprir os Seus desígnios e para que possa obter com liberdade os seus próprios progressos, crescimentos e avanços.

9. Com a sua liberdade de escolher e de agir, o ser espiritual vai aprendendo a praticar o bem e a fazê-lo triunfar sempre sobre o mal, porque vai experimentando as más consequências decorrentes da prática de qualquer tipo de mal.

10. Existem níveis superiores de consciência e vida, onde o amor triunfa de modo soberano e a prática do bem impera de modo permanente.

11. Existem ainda muitos lugares no Universo, onde o bem e o mal se misturam e se confrontam. Porém, isso ocorre com o conhecimento e a permissão de Deus, porque foi Ele quem estabeleceu as Leis e as consequências necessárias para o bom ou para o mau uso do livre-arbítrio.

12. Com a elevação do nível de consciência, o ser espiritual compreende a existência de incontáveis universos, visíveis ou invisíveis, onde a vida triunfa em abundância. Então, nesses universos ela deve manifestar os seus pensamentos com responsabilidade e exercitar a prática do bem, para receber as boas consequências das suas vontades, escolhas, decisões, atitudes e ações.

13. Nas dimensões superiores da vida no Universo, os seres espirituais atuam com uma inteligência que está muito além da humana.

14. Nos mundos materiais, os seres espirituais vivem em diferentes condições de vida, com seus corpos mortais, para que exercitem a prática do bem e conheçam a lei de causa e efeito. Assim, se capacitam para viver nos reinos mais elevados da vida, onde os seres superiores atuam com atitudes e ações muito mais elevadas do que as conhecidas pela raça humana.

Volta da consciência ao seu corpo material

No sétimo dia em estado de coma, o doutor Eben acordou, inesperadamente, na cama hospitalar, causando grande surpresa nos médicos, enfermeiros e familiares, que já estavam prestes a desistir dos tratamentos, porque estes não estavam produzindo os resultados esperados, ante a agressividade das bactérias que estavam destruindo as áreas mais importantes do cérebro carnal.

Uma vez desperto, o doutor Eben percebeu que as suas experiências e vivências na outra dimensão da vida tinham ficado registradas intactas na memória.

Adoção das crenças espiritualistas

Com isso, o doutor Eben voltou convicto da existência de Deus; da imortalidade da consciência; da vida em muitos outros universos, e das capacidades extraordinárias da consciência, percepções e memória, fora do cérebro do seu corpo material.

Em função do que viu, ouviu e aprendeu num mundo novo, ele reviu as suas antigas crenças e posições materialistas; e passou a ver a vida e agir na sociedade com base em crenças e valores espiritualistas.

Evidentemente, isso chocou alguns membros das áreas científica e médica. Estes não conseguiram entender que era possível a compatibilização entre ciência e medicina com o espiritualismo.

Esse confronto com as pessoas céticas e materialistas acirrou-se bastante, quando o doutor Eben publicou o seu notável livro, mostrando os pontos que tinha tomado conhecimento, enquanto sua consciência esteve fora do seu corpo material. Mesmo assim, ele não se retraiu em estabelecer uma conciliação entre os conhecimentos científicos e as experiências médicas com as crenças espiritualistas acerca de Deus e a sobrevivência da consciência, após a morte, em outra dimensão grandiosa e bela do Universo.

- 7 -

EQM DA MÉDICA QUE OBTEVE A CURA DE UM CÂNCER

Uma médica especializada em oncologia, residente há muitos anos fora do Brasil, obteve a cura de um processo cancerígeno que estava se alastrando por diversos órgãos do seu corpo material.

Quando fez a narrativa de sua EQM, ela inclusive publicou os laudos dos diagnósticos, de antes e após a obtenção da cura do câncer, para provar a veracidade do fato ocorrido.

Esse depoimento interessantíssimo está publicado também no youtube.com no canal *Afinal o que somos nós*[20].

Condições em que ocorreu a EQM

Em 2007, a médica fez alguns exames que levaram ao diagnóstico de câncer de mama. Então, submeteu-se a um tratamento tradicional, para obter a cura.

Mas, em maio de 2015, ela voltou a se sentir profundamente cansada, durante o desempenho de suas atividades médicas. Então, submeteu-se novamente a um exame completo, que revelou que o processo cancerígeno tinha voltado e se espalhado por diversos órgãos do seu corpo material.

Rapidamente, ela marcou uma consulta com o seu médico oncologista. Porém, foi informada de que deveria se preparar para a morte, porque teria apenas mais seis meses de vida. Possivelmente, os tratamentos tradicionais poderiam até antecipar o seu falecimento.

---

20 Acesse www.afinaloquesomosnos.com.br

Então, era recomendado não combater agressivamente a evolução do câncer.

Em função disso, a médica optou por fazer um tratamento natural, tentando melhorar o quadro do seu estado de saúde e conseguir viver pelo maior tempo possível.

Ocorrência da EQM

Numa certa noite, duas semanas após a conversa desanimadora que teve com o seu médico oncologista, pois não lhe deu nenhuma esperança de cura, ela foi se deitar normalmente, porque continuava sentindo-se muito cansada e doente.

Porém, aconteceu algo totalmente fora da sua expectativa: teve a percepção de que a sua consciência estava fora do seu corpo material, num outro corpo diferente do seu corpo físico.

Esse novo corpo era bastante leve e parecia não ter qualquer peso. Então, quando observou melhor o seu corpo bem sutil, pareceu-lhe ser um espectro do seu corpo físico.

Além disso, agora estava sentindo um grande bem-estar e com a sua visão mais perfeita, numa cama que emitia luzes. O local era sem paredes e o ambiente estava muito claro. O ar era leve ou rarefeito. A cama em que estava deitada parecia ser feita de concreto branco, mas não lhe causava qualquer incômodo. Debaixo dela, saíam muitas luzes.

Então, desconfiou que estava numa outra dimensão, passando por algum tipo de tratamento, numa espécie de centro cirúrgico. No local, estavam algumas pessoas, com aparência e expressões humanas, usando roupas brancas e trabalhando em seu benefício.

Observou ainda que algumas das pessoas tinham luzes próprias e trabalhavam num cateter central, que estava ligado ao seu coração, e que servia para levar os medicamentos.

Aproximação de uma pessoa diferente

Nesse quadro, a reação da médica foi de agitação e nervosismo. Mas, uma pessoa veio rapidamente segurar o seu braço e insistir para que ela se acalmasse, porque precisavam colocar os remédios no cateter. O tratamento consistia na aplicação de injeção com medicamentos.

Essa pessoa permaneceu ao seu lado acalmando-a, com a sua voz muito gentil. Então, conseguiu observar que ela tinha o cabelo meio comprido; que os sentimentos transmitidos lhe eram agradáveis, marcantes e inesquecíveis; e que aparentava ter um pouco mais de 30 anos de idade.

Dessa forma, os procedimentos e tratamentos prosseguiram normalmente, até que ela mais nada viu.

O DESPERTAR

A médica acordou no seu quarto, no dia seguinte, sentindo-se muito bem, respirando muito melhor e lembrando-se de tudo o que tinha lhe ocorrido durante aquela noite. Então, contou todos os detalhes dos acontecimentos vivenciados para o seu marido.

A sua sensação era que havia recuperado a energia vital que estava perdendo há muito tempo em seu corpo carnal.

RESULTADO DE NOVO EXAME MÉDICO

Desse modo, a médica decidiu fazer um novo exame médico, da cabeça aos pés, para saber se realmente tinha ocorrido alguma mudança significativa no seu quadro de câncer.

Sem que esperasse, o médico radiologista ligou para ela, para lhe dizer que algo inacreditável tinha acontecido. Ele já tinha feito a revisão do resultado do exame por duas ou três vezes e, mesmo assim, não tinha conseguido acreditar: não havia nada de anormal no exame. Tudo estava limpo. Nenhuma presença de massa tumoral. Até o buraco onde se alojava o câncer estava cicatrizado. Não existia mais o câncer no local em que ele ficava. Evidentemente, alguma coisa muito excepcional tinha ocorrido. O mais inacreditável era que o laudo diagnóstico atual contestava e era totalmente diferente do diagnóstico anterior.

Cura atribuída à sua EQM

A médica não conseguiu atribuir a cura do câncer ao tratamento natural que fazia, porque foi muito rápida e contrária aos casos de câncer existentes na literatura no campo da medicina.

Para a médica, só existia uma única justificativa ou causa possível para a obtenção da sua cura: a experiência real que teve em outra dimensão, fora do seu corpo material. Além disso, nenhuma influência teve qualquer crença anterior sua sobre a ida da consciência em outra dimensão, porque, em 2012, quando ela passou por uma pequena cirurgia, e teve uma parada cardíaca de muito difícil ressuscitação, sua consciência nada viu, nada percebeu ou sentiu durante a ocasião. Nem mesmo um sonho, que é sempre efêmero e nebuloso, poderia ser comparado com as vivências tão reais e inusitadas que teve e que ficaram perfeitamente gravadas nas memórias. Nenhum tipo de imaginação consegue deixar lembranças ou imagens tão inesquecíveis e muito menos tem o poder de curar, comprovadamente, um câncer e propiciar uma recuperação tão rápida e completa.

Compreensão tardia da EQM de seu paciente

Somente depois da cura do câncer, que obteve em seguida à sua EQM, a médica conseguiu entender, perfeitamente, um fato impressionante que lhe ocorreu, em 1990: ela teve que ressuscitar um paciente que havia sofrido uma parada cardiorrespiratória. Naquela ocasião, ela teve que brigar com um enfermeiro e um médico, que tinham desistido da ressuscitação, porque julgavam que o paciente já estava neurologicamente morto. Mas, ela persistiu na ressuscitação, até obter o sucesso.

No dia seguinte, quando ela foi visitar o paciente na UTI, para a sua surpresa, recebeu agradecimentos, por parte dele, pela briga séria que ela teve com os dois assistentes arrogantes. A sua consciência estava num local tranquilo, próximo do teto, vendo e ouvindo a boa briga que ela sustentou contra eles para tirá-lo da morte. Por isso, ele lhe era grato.

ADOÇÃO DA CRENÇA ESPIRITUALISTA

A EQM da médica teve um efeito transformador em sua vida profissional: passou a ser mais aberta e compreensível para com os seus pacientes que enfrentam um câncer. Passou a dar-lhes esperanças de cura que, de alguma forma, pode acontecer.

Além disso, a médica passou a acreditar em milagres. Somente uma explicação espiritual existe para a sua cura impossível que foi confirmada em um diagnóstico confiável. Somente as crenças espiritualistas explicam muitas coisas comprovadas que ocorrem fora do conhecimento da ciência e da medicina. No seu caso, ela era uma doente terminal, com um câncer metastático e lesões tumorais em diversos órgãos do corpo. Por uma ocorrência milagrosa, ela obteve a cura.

- 8 -
EQMS EM CRIANÇAS

8.1 – EQM do menino Colton

Colton Todd Burpo vivenciou uma EQM, em 5 de março de 2003, quando tinha apenas 3 anos e 10 meses. Ele precisou passar por uma cirurgia de emergência, devido ao apêndice perfurado, no Centro Médico Regional Great Plains, em North Platte, embora a sua família morasse em Imperial, Nebraska, nos Estados Unidos.

O comovente drama enfrentado pela família Burpo está narrado em detalhes no livro *O céu é de verdade: a história do menino que foi ao céu e viu o Trono de Deus*. Esta obra inspirou a produção do filme do mesmo nome, devido aos milhões de livros vendidos.

Saída do corpo material

Quando Colton estava inconsciente, sendo submetido à apendicectomia e limpeza do abdômen, sob a influência de anestesia geral, a consciência da criança flutuou para acima do seu corpo material. Isso lhe permitiu ver o médico fazendo a operação; o seu pai, que era pastor da Igreja Wesleyana Crossroads, sozinho numa sala pequena, orando a Deus em favor dele; a sua mãe, em outra sala diferente, orando e depois falando ao telefone.

Para a surpresa dos seus pais, quando saía do hospital, Colton pediu a eles que não deixassem de pagar a conta do doutor, porque ele havia feito a cirurgia, com a ajuda de Jesus, para consertá-lo. Ele ainda disse aos seus pais que, quando conversou com Jesus, sentado em seu colo, foi-lhe dito que ele tinha de ser uma boa pessoa.

Anjos cantores

Colton falou ainda que, no hospital, os anjos cantaram para ele as canções *Jesus me ama* e *Josué lutou na Batalha de Jericó*. O menino pediu para que os anjos cantassem também a canção *We will, we will rock you*, mas eles não atenderam o seu pedido.

A criancinha adicionou às suas falas aos seus pais que foi Jesus quem fez os anjos cantarem para ele, porque ele estava com muito medo, e que as músicas dos anjos fizeram-no sentir-se bem melhor.

Coisas vistas no céu

Os pais de Colton, a partir desses primeiros comentários da sua consciência fora do corpo anestesiado, passaram a interrogá-lo, cuidadosamente, pelos sete anos seguintes. Faziam-lhe perguntas cuidadosas para que conseguissem obter os detalhes das ocorrências que a alma do menino tinha vivenciado no céu. Para isso, agiram com muita habilidade, sempre aproveitando as ocasiões e circunstâncias mais propícias.

Colton, paulatinamente, foi revelando aos seus pais que, no céu: existia o trono de Deus; Jesus, os anjos e as crianças voavam, quando queriam ir a algum lugar; na cidade celestial tinha pessoas bem vestidas, árvores, flores e animais de todas as espécies; e lá as cores eram magníficas em tudo.

Reencontro com a alma do seu avô

Os pais de Colton ficaram surpreendidos quando o filho lhes contou que tinha encontrado e ficado no céu com o seu avô paterno, chamado Pop. Os pais se sentiram chocados, porque o avô tinha morrido cerca de 25 anos antes de Colton ter nascido.

Encontro com a irmãzinha que ele não conheceu

Outra enorme surpresa para os pais, foi quando Colton contou-lhes que tinha conhecido a sua irmãzinha, que tinha morrido na barriga da mamãe. Ela estava muito feliz no céu, esperando o dia da chegada deles.

O choque para os pais foi enorme, porque Colton nunca soube que o fato tinha ocorrido, porque eles nunca tinham mencionado isso para o menino: a sua irmãzinha não tinha chegado a nascer, devido a um aborto natural.

Confronto das revelações com as passagens bíblicas

Os pais de Colton, por serem muito religiosos e profundos conhecedores da Bíblia, com grande participação nas atividades da Igreja Wesleyana, procuraram sempre estabelecer paralelos do que a criança lhes revelava com os seus conhecimentos bíblicos.

Então, constataram que as coisas existentes no céu eram mencionadas em algumas passagens bíblicas, embora de forma fragmentada: as almas das pessoas, quando morrem, vão para o céu; os pedidos contidos nas preces são atendidos; existe uma cidade com portões feitos de pedras preciosas; rios brilhantes correm no reino do céu; as ruas das cidades são feitas de ouro; as almas vivem felizes e se reúnem em lugares bonitos; os anjos oferecem inspirações para os homens; e as almas que praticam o bem travam batalhas com as almas envolvidas com o mal.

Mudanças profundas na vida da família

A partir de 2007, os pais passaram a compartilhar, abertamente, as revelações sobre o céu, obtidas de Colton, com os seus familiares, amigos e pessoas religiosas. Muitas dessas pessoas insistiram que eles elaborassem e publicassem um livro para o conhecimento geral.

Assim, em 2010, ocorreu a publicação do livro, graças à participação da escritora Lynn Vincent. O título foi sugestão do próprio Colton, que também já estava convencido de que todas as pessoas deveriam saber que o céu existe de verdade e é maravilhoso.

8.2 – EQM DE UMA MENINA DE 4 ANOS DE IDADE

Miriam Lima, atualmente professora, quando tinha apenas 4 anos de idade, passou por uma EQM, na UTI do hospital da cidade de Silvânia, Goiás. Quando ela foi hospitalizada, logo entrou em coma, devido ao grave estado clínico, o que levou o médico a dizer aos seus pais que a criança tinha poucos dias de vida, porque a broncopneumonia estava muito complicada. Esse caso de EQM está publicado também no excelente canal *Afinal o que somos nós*[21], no youtube.com.

SAÍDA DA CONSCIÊNCIA DO SEU CORPO MATERIAL

Na UTI, assim que saiu do seu corpo material, a consciência de Miriam passou a flutuar e foi para a avenida em frente ao hospital.

Do alto, pôde ver que sua tia e sua priminha estavam chegando para visitá-la na instituição de saúde em que estava internada. Assim, ela tentou conversar com elas, mas não foi vista, nem ouvida.

Então, a consciência de Miriam flutuou para mais alto, tendo uma visão panorâmica das imediações. Com isso, pôde prestar atenção no colégio, ver as piscinas e as chaminés das fábricas de cerâmica, que estavam nas proximidades.

DESEJO DE PROCURAR A SUA MÃE

Ainda flutuando, Miriam sentiu vontade de ir procurar a sua mãe, que, provavelmente, estava no sítio do seu tio, onde moravam, na zona rural do município.

Imediatamente, sentindo muita paz e sensação de liberdade, passou a percorrer o trajeto, observando a paisagem e todas as coisas que estavam no caminho para o sítio.

---

21 Acesse www.afinaloquesomosnos.com.br

Corpo espiritual e visão de 360 graus

"Voando" bem acima do solo da estrada que levava ao sítio, ela viu que o seu corpo era bem diferente, mas tinha o mesmo contorno do seu próprio corpo material. Mas, o que mais a encantou foi poder enxergar em 360 graus, inclusive um monte de telhas, que estavam encaixadas uma em cima da outra, produzindo uma beleza que a deixou maravilhada.

Chegada ao sítio onde morava

Quando chegou flutuando ao sítio, vendo tudo de cima, observou os detalhes da casa e até do quarto de sua mãe, que tinha uma colcha muito bonita revestindo o leito.

Porém, constatou que a sua mãe não estava naquele local. Então, decidiu voltar para a estrada, parando, antes, para observar uma caixa d'água muito grande, inclusive para olhar o que havia dentro dela.

Aparição de duas meninas

Enquanto observava o reservatório de água, viu que duas meninas, usando vestidos longos, chegaram flutuando, como ela mesma conseguia flutuar.

Então, entrou em um estado de deslumbramento, porque as duas crianças, aparentando ter cerca de 10 a 12 anos de idade, tinham um corpo com contornos luminosos. Em seguida, as meninas pediram para que ela as acompanhasse.

Viagem surpreendente

As três crianças saíram dali voando, passaram por uma área onde havia uma espécie de ausência de tudo e entraram no espaço sideral. A viagem prosseguiu até que Miriam conseguiu observar claramente o planeta Saturno, com seus anéis.

Ela somente descobriu que era Saturno, bem mais adiante, porque, quando estava na escola, uma professora projetou para os seus alunos as imagens de Saturno com os seus satélites. Então, de imediato, ela entendeu o que ela já tinha visto, junto com as duas meninas, num outro mundo. Mas, somente quando estava com 28 anos de idade, começou a ouvir falar a respeito dos casos de EQM.

Chegada a uma espécie de praça

Conduzindo a consciência de Miriam por um longo trajeto, no espaço sideral, as três crianças chegaram a uma espécie de praça, com alguns bancos de jardim, onde estavam algumas pessoas com a forma humana, vestidas de branco. Isso prendeu a sua atenção, porque as pessoas tinham cerca de dois metros e meio de altura.

Nesse mesmo local, Miriam notou que o seu corpo tinha a sua forma normal, própria de uma criança de 4 anos de idade, e estava vestida com bonitas roupas brancas, típicas para a sua idade.

Visões surpreendentes

Miriam ficou muito impressionada com o que passou a observar em seguida: uma grama muito verde, diversas plantas, montanhas e um lago. Esse local lhe transmitiu uma sensação de intensa paz, alegria e felicidade.

Notou ainda que os vegetais pareciam estar vivos e felizes com a sua presença. Então, sentiu a sensação de que era uma criança muito amada, e que tinha voltado para um local que lhe pertencia.

Num campo, viu o cultivo de morangos e de outras plantas. Então, ela decidiu experimentar um morango. O sabor dele foi muito agradável.

Visão da sua avó

Observou ainda que, a seu lado direito, estavam algumas casinhas brancas com alpendre. Logo, soube qual era a casinha da sua avó materna, falecida havia cerca de 20 anos, porque ela estava sentada no alpendre da casa. Porém, ela não teve a permissão para ir conversar com a sua avó, que estava com um vestido branco, aparentando no semblante um ar de certa preocupação.

Aparição de um ser muito amoroso

Miriam sentia-se muito feliz naquele local maravilhoso, onde já tinha descoberto que o meio de comunicação era a linguagem dos sentimentos e pensamentos. Então, percebeu que estava em companhia de um ser invisível, muito amoroso e humilde, porque ele transmitia-lhe uma sensação de que ela era uma criança muito importante e amada e merecia ser bem tratada.

Volta ao corpo material

Esse ser amoroso transmitiu uma ordem a Miriam: ela precisava voltar para o seu corpo na sua vida material. Sentindo-se inconformada e frustrada com a ordem recebida, ela saiu correndo pela grama, sentindo o seu cabelo esvoaçante. Ela, de modo algum, tinha a intenção de sair daquele local maravilhoso e voltar para o mundo material. Mas, sem entender como, o retorno foi compulsório.

Despertar no corpo material

Miriam despertou em seu corpo material, no hospital. Então, sentou-se na cama e chamou pela sua mãe, que logo passou a demonstrar enorme gratidão a Deus pela volta de sua filha à vida. Então, ambas foram até a capela do hospital, para rezar e agradecer a Deus pela grande bênção alcançada.

Volta ao sítio

A mãe levou Miriam até a recepção, para providenciar a sua saída do hospital. Mas, como a funcionária não estava no local e demorou muito para voltar, a mãe decidiu levá-la embora para o sítio.

Logo, apareceu no sítio uma equipe do hospital, muito brava, exigindo que a mãe assinasse um termo de responsabilidade pelo que havia feito, isto é, deixado o hospital sem o consentimento do médico.

Demora na recuperação

A recuperação dos danos à saúde causados pela broncopneumonia foi lenta, apesar das doses de antibiótico. Mas, Miriam levou consigo na memória tudo o que lhe tinha acontecido naquele local maravilhoso. Por isso, não conseguia reduzir o forte desejo de retornar para lá, porque sabia que ele lhe pertencia e que não deveria ter sido expulsa de lá.

Ocorrência de fenômeno extrassensorial

O tio de Miriam fez uma cabana, para que ela, brincando bastante, pudesse se recuperar. Mas, um dia, nesse local, apareceu para ela uma aura de luz branca, cintilante e brilho suave. Então, essa luz lhe falou, diretamente na sua mente, que ela estava sendo curada e bem nutrida.

Algum tempo depois, esse mesmo fenômeno se repetiu outra vez, quando ela estava brincando com um primo. A partir de então, houve uma melhora muito rápida em seu estado de saúde.

Flashes inexplicáveis

Desde então, e até os 12 anos de idade, quando Miriam se sentia deprimida, desanimada, introvertida, solitária e sem vontade de conviver e se relacionar com as outras crianças, os seus sentidos ficavam alterados. Isso lhe permitia ver *flashes* reais e impressionantes das coisas que tinham acontecido com ela, quando teve aquelas experiências tão marcantes. Em questão de segundos, era possível rever o local maravilhoso onde estivera, sentindo a mesma alegria e felicidade. Parecia que os *flashes* promoviam uma espécie de teletransporte, podendo reviver, com muita intensidade, todos aqueles momentos inesquecíveis. Isso melhorava muito o seu estado de espírito.

Entendimento da EQM de um aluno

Quando já tinha se tornado uma professora, e estava com 32 anos de idade, Miriam conversou em particular com um menino de 10 anos de idade para saber por que ele estava tendo dificuldades tão grandes de aprendizado. O menino pertencia a uma família muito pobre e era muito bonzinho, sorridente, agradável e mentalmente normal.

O garoto lhe explicou que o seu interesse estava somente voltado para o local, com alguns túneis e algumas portas, onde ele esteve ao quase morrer engasgado com uma salsicha. Mostrando um desenho que havia feito, acrescentou que, naquele local, estivera acompanhado por um homem muito bonzinho, que lhe explicou que cada túnel servia para separar as almas boas, que iam para um determinado lugar, das almas más, que iam para um outro lugar.

O que mais deixou a professora impressionada foi que o menino ainda não sabia ler corretamente, para ter aprendido a respeito daquele assunto tão complexo; que em sua casa não tinha televisão, nem pessoas religiosas para lhe ensinar algo sobre o assunto.

Miriam, encabulada, decidiu conversar também com o pai do menino, para saber se ele tinha contado a sua história dos túneis e portas para os seus familiares. O pai confirmou que o menino estava comendo uma salsicha, quando ficou engasgado. Depois de ter sido salvo da morte, o menino começou a contar para as pessoas aquela sua história tão estranha de túneis e portas.

Mudanças na vida

O tempo passou, mas Miriam jamais se esqueceu daquele seu local tão maravilhoso. Mesmo assim, teve que se adaptar à normalidade da vida material e cumprir com responsabilidade as suas tarefas, mantendo a convicção de que a sua consciência vai sobreviver à morte do seu corpo material e retornar àquela sua outra dimensão da vida.

- 9 -

EQM COM VISÕES SURPREENDENTES DAS COISAS EXISTENTES NO CÉU

Marvin J. Besteman, banqueiro aposentado, pai e avô, com 71 anos de idade, passou por uma EQM, em 2006, quando estava se recuperando de uma cirurgia, num hospital em Ann Arbor, Michigan (EUA), na qual havia sido removido um tumor.

Suas narrativas, muito detalhadas e emocionantes, sobre a visita que fez até o portal do paraíso, estão contidas no interessantíssimo livro *Minha jornada além da vida: o que vi e como sobrevivi à morte.*

Particularidades da EQM

Marvin estava sentindo muitas dores, numa cama hospitalar, quando, de repente, entraram dois homens em seu quarto, que pareciam ser anjos, pela aparência diferente que tinham. Esses seres celestiais tomaram-no nos braços e começaram a flutuar por um céu muito azul. Logo, pararam em frente a um portão monumental, onde mais de três dezenas de outros viajantes estavam à espera de algum acontecimento.

Então, os anjos o deixaram ali, experimentando muita serenidade e paz. Assim, passou a observar a fila em que estavam pessoas de várias nacionalidades, pelos trajes bastante diferentes umas das outras.

Corpo diferente

Marvin notou ainda que o seu corpo estava bem diferente do seu corpo carnal, que era envelhecido pela idade. Naquele momento, o seu corpo estava renovado e aparentava ser de um jovem forte. Isso lhe deu um grande bem-estar.

Percepções dilatadas

A sua visão parecia não ter limitações; a sua audição estava muito apurada; o seu cérebro e órgãos funcionavam perfeitamente. A dor que sentia no hospital tinha ficado no seu corpo carnal.

Com isso, passou a observar atentamente as coisas existentes naquele local, porque não havia ninguém que lhe pudesse explicar ou falar a respeito da sua nova situação.

Aparição de uma personagem histórica

Marvin viu o apóstolo Pedro surgir diante de si. Ele o reconheceu imediatamente, pelos seus trajes típicos e pelas suas características pessoais marcantes, que estão descritas no Evangelho. Além disso, ele trazia em suas mãos uma lista com os nomes das pessoas que estavam autorizadas a passar pelo portão que dava acesso ao reino que estava além dele.

São Pedro procurou, mas não encontrou o nome de Marvin na lista. Então, pediu licença para ir consultar Deus, se ele poderia ou não entrar no paraíso.

Enquanto ficou esperando, Marvin passou a observar, antecipadamente, o que iria encontrar depois que atravessasse aquele portão.

Visão das coisas existentes no reino

Marvin viu, além do portão, como o reino era majestoso: tinha um gramado muito verde e um lindo lago. Lá estavam ocorrendo explosões de cores espetaculares, iluminando o céu de um modo muito lindo.

Uma música celestial, instrumental e cantada, estava sendo executada por incontáveis músicos, de forma encantadora.

Surpreendido, viu que muitos bebês e criancinhas estavam rindo e brincando felizes. Alguns deles eram muito pequeninos, parecendo que tinham sido vítimas de um aborto.

Junto deles, estavam muitas pessoas felizes e saudáveis. Para a sua alegria, reconheceu que entre elas estavam os seus avós, sua mãe e seu genro, que tinham morrido com enfermidades graves, e dois amigos muito queridos, que tinham falecido havia algum tempo.

Esses familiares e amigos, com aparência sadia e bela, e vestindo roupas que lhes eram habituais, saudaram-no de modo alegre e sorridente.

Num ímpeto íntimo, tentou ir para junto deles para cumprimentá-los e estabelecer diálogos; mas o portão era uma barreira ou fronteira intransponível.

Volta inesperada para o seu corpo carnal

Enquanto fazia mais observações atentas sobre o que existia além do portão que dava acesso ao impressionante reino, o apóstolo Pedro voltou com a decisão inesperada de Deus: ele tinha que voltar para a sua vida material e realizar um trabalho novo e terminar as coisas que ainda não tinha terminado.

Bastante contrariado, Marvin passou a argumentar com insistência, tentando convencer o apóstolo Pedro a deixá-lo entrar naquele paraíso. Não pretendia, de modo nenhum, voltar para a sua vida material. Queria ficar naquele lugar tão deslumbrante, ao lado de seus familiares e amigos amados.

De nada adiantou. Sem que entendesse como, de repente, viu-se em sua cama hospitalar; mas com a memória intacta de tudo o que tinha lhe ocorrido e visto depois daquela viagem espetacular promovida pelos anjos.

O porquê da sua volta compulsória

Com o passar do tempo, Marvin contou as suas experiências e vivências no portão do céu para a sua esposa, seus filhos, amigos e pessoas de confiança. Para a sua surpresa, todos aceitaram bem as suas narrativas, demonstrando grande confiança em sua lucidez, idoneidade e sinceridade.

Em função disso, decidiu realizar palestras sobre o assunto para as pessoas que tivessem interesse em ouvi-lo. Para a sua satisfação, essas pessoas saíam reconfortadas do evento, ao ouvirem o seu depoimento de que existe um reino maravilhoso para a alma, em outra dimensão, no qual estão sadias e felizes as almas dos familiares e entes queridos já falecidos.

Com a surpreendente reação positiva das plateias, Marvin foi percebendo que Deus tinha mandado ele de volta para a sua vida material exatamente para realizar esse tipo de trabalho, que fazia muito bem para as pessoas, principalmente aquelas que tinham perdido seus familiares e amigos muito queridos, inclusive os pais que tinham sofrido com o falecimento de seus recém-nascidos ou de suas criancinhas.

Para a sua perplexidade, Marvin constatou que os pais dos bebês e das criancinhas que tinham morrido, das mais diferentes formas, demonstravam a ele um espírito de imensa gratidão, pelas suas palavras de consolação e reconforto, ao saberem que as almas deles tinham sobrevivido à morte e estavam vivas no céu.

Marvin envolveu-se com entusiasmo e de tal modo nesse seu novo trabalho, que decidiu escrever um livro sobre as suas experiências no portão do céu, para beneficiar as pessoas de todas as nacionalidades. Para isso, contou com a colaboração da escritora Lorilee Craker. O título do livro, na versão original, é *My journey to heaven*.

Convite

Como poucos resumos de casos foram reunidos acima, convido o prezado leitor a navegar na internet e procurar novos casos detalhados de EQM. Com isso, ampliará os seus conhecimentos acerca dos elementos comuns que estão contidos nas narrativas das pessoas sérias e idôneas que vivenciaram tal experiência.

Nada como ter em mãos os resultados dos próprios estudos dos casos de EQM para sentir fortalecidas as convicções e crenças de que a consciência sobrevive à morte do corpo material e continua a sua existência em maravilhosas condições de vida, em outra dimensão do Universo, desde que tenha praticado o bem.

PARTE CINCO

Coincidências constatadas na comparação dos resultados dos estudos espíritas sobre a vida da alma durante e após a morte com os resultados obtidos a partir dos estudos dos casos de EQM.

- 1 -
COINCIDÊNCIAS VISÍVEIS

ESTE ESTUDO COMPARATIVO EVIDENCIOU, com muita clareza, as semelhanças, coincidências ou concordâncias que são encontradas quando são comparados os resultados dos estudos das revelações dos espíritos, feitas através de muitos e diferentes médiuns autênticos e idôneos, de várias épocas e locais, com os resultados que são obtidos com os estudos dos casos de EQM, realizados por muitos investigadores competentes, estudiosos e honestos, há muitas décadas, em muitas partes do mundo.

Conforme já ficou bastante notório, os dois campos de investigação e de estudos sobre as ocorrências com a alma ou consciência, durante e depois da morte do seu corpo material, são completamente independentes. Mas, atingem o mesmo objetivo sublime: esclarecer as pessoas acerca da inevitável entrada e continuidade da vida da sua alma ou consciência no plano ou dimensão espiritual, onde passa a vivenciar experiências marcantes e surpreendentes, que já ficaram bem esclarecidas.

Os pontos ou elementos comuns que são extraídos dos estudos espíritas, bem como dos estudos dos casos de EQM, orientam as pessoas a respeito da preparação necessária para que a sua parte mais importante, o ser imortal, desfrute de boas condições de vida no grandioso e maravilhoso universo espiritual.

Porém, há um ponto que merece ser sempre muito ressaltado: os resultados obtidos em ambos os campos de estudos, por serem perfeitamente coincidentes, fortalecem as milenares crenças espiritualistas, afrontando as hipóteses materialistas da finitude de tudo o que o homem amou, vivenciou e conquistou, com a morte do seu corpo carnal. Além disso, os resultados evidenciam como as crenças materialistas estão alicerçadas em bases muito restritas, limitadas, instáveis e perecíveis, que caracterizam o lado material do Universo. Assim, as convenções ou convicções materialistas estão em visível desacordo com a visão espiritualista do Universo, que abrange não apenas o seu lado material, mas também o seu lado espiritual, que é imperecível, grandioso e maravilhoso, conforme já ficou bem evidenciado nos capítulos anteriores deste estudo.

Nessas duas áreas bem distintas de pesquisas e estudos, empregando sempre fontes de informações confiáveis e seguras e metodologias bastante lógicas e consistentes, conforme também já ficou muito evidente anteriormente, os resultados se mostram tão similares, que asseguram benefícios valiosos na vida das pessoas. Estas se sentem estimuladas, naturalmente, a ampliar e melhorar as suas crenças, valores, conquistas, atitudes e ações perante os semelhantes e a praticarem a sabedoria e as virtudes no cotidiano, para o engrandecimento pessoal e da vida em sociedade. Além disso, as pessoas espiritualistas se esforçam, por iniciativa própria, em educar e engrandecer a alma ou consciência imortal, pela certeza na inevitável continuidade da sua vida no plano ou dimensão espiritual, onde contará com atributos e capacidades bastante ampliadas.

Ainda, as pessoas que adotam o espiritualismo agem convencidas de que, na continuidade da vida da sua alma ou consciência além da morte, terão um corpo sutil, leve e luminoso, que não tem as limitações e perecibilidades impostas pelos órgãos do corpo físico; irão desfrutar de boas condições de vida, ao lado de seres espirituais sábios, bondosos e ativos, bem como dos seus familiares e amigos que já faleceram, e com os quais a comunicação será feita por meios telepáticos. Desse modo, elas vivem inclusive se preparando para a futura entrada da sua alma ou consciência na dimensão espiritual, estudando, trabalhando e empregando, desde já, para o bem, os poderes extraordinários da inteligência, vontade, senso moral, sentimentos e pensamentos. Assim, edificam os méritos para desfrutar de condições de vida sadias, alegres e felizes, e inclusive da locomoção instantânea, num conceito diferente de existência, espaço, tempo e velocidade.

Os estudos evidenciaram ainda, com uma nitidez incrível, que a alma ou consciência que aporta no outro lado da vida, geralmente, experimenta a surpreendente revisão dos acontecimentos ocorridos durante a sua existência no plano terreno, porque as suas memórias continuam intactas e muito mais abrangentes em sua mente. Então, consegue fazer um julgamento muito preciso de suas atitudes e atos, o que desencadeia reflexos sadios, agradáveis e felizes, se ela praticou o bem; ou nefastos para o seu mundo mental e íntimo, com reflexos danosos em seu corpo sutil, se ela praticou o mal.

Em decorrência disso, a alma ou consciência encarnada, que se esforça em observar os princípios espiritualistas durante a sua jornada terrena, e agir com sabedoria e amor para cumprir as suas responsabilidades e deveres morais, vive impulsionada pela certeza da edificação, desde já, de uma boa situação futura de vida num plano diferente, que tem ambientes exuberantes e agradáveis, ao lado dos seres espirituais, familiares e amigos que já conquistaram o progresso e a nobreza intelectual e moral. A certeza de que a Justiça Divina é perfeita impulsiona a alma ou consciência a elevar as suas características e qualidades pessoais e a praticar sempre as boas atitudes e condutas, em observância da Lei do bem e da Lei de causa e efeito. Assim, ela se prepara para a continuidade da sua existência na dimensão espiritual, onde cada alma ou consciência desencarnada colhe as consequências naturais do que ela semeou, praticou e edificou com as próprias obras.

- 2 -

IMPORTÂNCIA DAS FONTES DE INFORMAÇÕES DETALHADAS E CONFIÁVEIS

Tanto os investigadores e estudiosos espíritas, quanto os dos casos de EQM, não dispensam jamais as fontes de informações minuciosas e seguras para chegarem, inevitavelmente, aos resultados que se mostram inquestionáveis sobre a imortalidade da alma ou da consciência, fortalecendo as crenças espiritualistas.

Esses resultados, invariavelmente, estão alicerçados em metodologias tão apuradas e criteriosas, que tratam, com lógica e bom-senso, grande quantidade de informações confiáveis, colhidas em muitas fontes respeitáveis, em nível mundial. Então, as conclusões dos estudos se mostram maravilhosamente semelhantes, coincidentes ou concordantes, favorecendo o espiritualismo, conforme já mencionamos anteriormente.

As informações pormenorizadas são, como já vimos, do lado espírita, as obtidas junto aos médiuns autênticos e sérios, que recebem as revelações dos espíritos, em todas as partes do mundo, a respeito do que ocorre com a alma no momento e depois da morte do seu corpo material, bem como por que ela passou a desfrutar de boas ou más condições de vida no plano espiritual.

Do lado dos casos de EQM, as informações são coletadas com as pessoas idôneas e respeitáveis, de todas as nacionalidades, que vivenciaram os seus casos particulares e fizeram relatos das ocorrências que a sua consciência experimentou, após a sua entrada na outra diferente dimensão da vida.

Porém, essas fontes distintas de informações detalhadas e confiáveis não são coletadas, estudadas e compiladas apenas por especialistas nos assuntos. Qualquer pessoa comum pode realizar livremente os seus próprios estudos conscienciosos, chegando, inevitavelmente, aos seus pontos ou elementos comuns, que caracterizam a continuidade da vida da alma ou consciência na outra dimensão do Universo.

O mais importante é que as constatações obtidas desencadeiam, invariavelmente, impulsos mentais e íntimos transformadores, que melhoram as crenças, valores, atitudes e ações das pessoas. Assim, engrandecem as suas próprias condições de vida, beneficiando inclusive os semelhantes. E, ao mesmo tempo, com os conhecimentos obtidos, elas passam a se preparar para merecer as boas condições de vida existentes além desta vida.

Atualmente, qualquer pessoa, principalmente graças à internet, tem livre acesso à imensa literatura a ser estudada, com plena liberdade de consciência, tanto do lado espírita, quando do lado dos casos de EQM. Então, obtém os conhecimentos abundantes já disponíveis sobre as coisas e realidades existentes na dimensão invisível do Universo, acumulando na alma ou consciência os tesouros intelectuais, morais e espirituais valiosíssimos e imperecíveis.

Portanto, tanto os pesquisadores e estudantes espíritas, quanto os dos casos de EQM assemelham-se, por exemplo, aos estudantes que, por conta própria e livre iniciativa, decidem investigar, de modo consciencioso e independente, o que ocorre com os seres microscópicos, os corpos celestes ou as partículas atômicas e subatômicas, visando sempre beneficiar a si mesmos e a humanidade, com o entendimento dos grandes mistérios que envolvem a vida no majestoso Universo.

- 3 -

BENEFÍCIOS PARA A SAÚDE DA ALMA OU CONSCIÊNCIA, DO CORPO SUTIL E DO CORPO MATERIAL

Os estudos independentes, bem elaborados, sérios, e seguros dos fatos espíritas e dos casos de EQM, evidenciaram que a alma ou consciência, por ser imortal, tem existência independente do cérebro e demais órgãos e sistemas do seu corpo físico perecível. Então, ela sobrevive à morte e continua a sua vida, em condições felizes ou infelizes, na ampla, complexa e grandiosa dimensão espiritual do Universo. Com isso, as crenças espiritualistas milenares saíram muito mais fortalecidas.

Portanto, as funções e atividades, inclusive as ainda inexplicáveis pela ciência e a medicina, desempenhadas pelos neurônios e áreas misteriosas do cérebro, não têm o poder de determinar ou influenciar, isoladamente, as condições de saúde ou doença do complexo sistema orgânico do homem. Este, conforme já ficou bem evidente, é composto por alma ou consciência, corpo sutil e corpo carnal, que se inter-relacionam entre si de modo muito íntimo e complexo.

Na composição do ser humano, conforme também já vimos, o elemento mais importante é a alma ou consciência imortal, que detém, gerencia e exterioriza, de modo concomitante, usando os mecanismos e instrumentos do cérebro, as suas percepções, grau de inteligência, padrões de sentimentos, emoções, sensações, senso moral, memórias, sexualidade, criatividade, vontades, escolhas, decisões, pensamentos, atitudes, elaboração das ações e consecução das obras. Então, ela é sempre a principal responsável pelo uso que faz dessas suas faculdades maravilhosas, empregando o seu livre-arbítrio, sujeito à lei de causa e efeito. Por isso, ela, obrigatoriamente, tem que suportar as boas ou más repercussões nos estados de saúde do seu corpo sutil e do seu corpo carnal. Somente quando ela mantém um bom equilíbrio e uso adequado do seu mundo mental e íntimo, consegue estabelecer a saúde, tanto em seu corpo sutil permanente quanto no seu corpo carnal perecível. Porque as manifestações e exteriorizações das suas faculdades poderosas são as adequadas e sadias.

Em resumo, manter a saúde duradoura nos órgãos do seu corpo sutil e nos do seu corpo físico exige que a alma ou consciência tenha sabedoria, responsabilidade, disciplina e nobreza no uso dos seus recursos integrais, sem jamais esquecer a composição tríplice do homem: alma ou consciência imortal, corpo sutil permanente e corpo material perecível.

Qualquer profilaxia que está alicerçada no equilíbrio do mundo mental e íntimo, e na prática da sabedoria e das virtudes, desencadeia, naturalmente, a saúde no corpo sutil e no corpo carnal, pela observância da lei de causa e efeito. Cuidando, desse modo, da saúde integral, dos três elementos que constituem o homem, o resultado é sempre o progresso, bem-estar, alegria e felicidade duradouros.

- 4 -
CONTESTADORES, ADVERSÁRIOS E MATERIALISTAS

Os contestadores, opositores e materialistas comportam-se, geralmente, de modo intransigente ou até mesmo irônico quando são confrontados com a veracidade das pesquisas, estudos, constatações, pontos de vista, crenças, valores e práticas espiritualistas milenares. Então, tentam impor as suas hipóteses e argumentos, muitas vezes recorrendo aos princípios materialistas que se aplicam apenas à ciência e à medicina. Assim, jamais admitem a existência dos milenares fenômenos espirituais e fatos extracorpóreos, sempre inexplicáveis e ignorados pelos cientistas ateus e médicos materialistas. Além disso, estes escondem os seus verdadeiros motivos interesseiros para as suas interpretações pessoais e suas crenças particulares sobre a vida restrita apenas ao corpo carnal no lado material do Universo.

A ciência e a medicina materialistas têm os seus princípios assentados apenas nesse lado material ou denso do Universo, que é muito instável, restrito e perecível ao longo do tempo. Isso é completamente diferente do lado espiritual do Universo, que é sutil, fluídico, luminoso, leve, imperecível e ilimitado no espaço, tempo e velocidade. Assim, os seres espirituais atuam nele com um corpo sutil formado de luz, que lhes permite atuar, com suas faculdades ampliadas, de modo irrestrito na dimensão em que o espaço ilimitado pode ser vencido em fração de segundo, pela velocidade instantânea de locomoção. Além disso, os seres imortais vivem em ambientes grandiosos e maravilhosos, constituídos da matéria em estado sutil, mantendo ocupações e atividades nobres, convivendo, relacionando-se e comunicando entre si pela transmissão mental e perfeita sintonia dos sentimentos e pensamentos.

Por isso, a ciência e a medicina materialistas não têm como detectar e aceitar os resultados irrefutáveis que são obtidos com os estudos anteriormente expostos, dos fenômenos espíritas e das ocorrências extracorpóreas, extrassensoriais e paranormais, contidas nos casos de EQM. Então, os incrédulos vivem na eterna expectativa de que algum dia a ciência e a medicina materialistas poderão encontrar provas confiáveis de que só existe o lado material do Universo. Então, para os céticos, é inconcebível que no lado espiritual existam grandiosas e maravilhosas condições de vida para a alma ou consciência imortal que praticou a sabedoria e as virtudes, conforme vimos neste estudo comparativo.

As pessoas incrédulas, em sua posição muito confortável de apenas rejeitar e tentar desacreditar as ocorrências milenares e mundiais dos fatos espirituais inusitados e fenômenos extrassensoriais surpreendentes, que sempre ocorreram em circunstâncias muito variadas, nas mais diversas épocas e localidades do planeta, concentram a sua atenção apenas no cérebro do corpo material, acreditando que ele é o gerador das maravilhosas faculdades, atributos e possibilidades humanas.

Dessa forma, para os materialistas, o lado espiritual do Universo e os seres espirituais luminosos, sábios e amorosos, que atuam nele com capacidades ampliadas e sem as limitações de espaço, tempo e velocidade, (as quais existem para o cérebro e demais órgãos do corpo material), não passam de invenções milenares dos religiosos e espiritualistas.

Apesar disso, as crenças e valores espiritualistas avançam a passos largos, em todas as nações do planeta, inclusive graças às recentes investigações e estudos cada vez mais aperfeiçoados e consistentes, que são realizados por pessoas competentes e honestas, tanto no meio espírita, quanto no campo dos casos de EQM, sem jamais desconsiderarem as opiniões divergentes que são emitidas pelas pessoas céticas.

- 5 -

BENEFÍCIOS DO ESPIRITUALISMO

É VISÍVEL COMO AS crenças, valores e práticas espiritualistas vêm ganhando aceitação, força e solidez ao longo do tempo, inclusive graças aos estudos espíritas e os dos casos de EQM. Então, atualmente, os adeptos do espiritualismo, (incluindo muitos cientistas e médicos que aceitam os poderes das vontades, sentimentos e pensamentos e os benefícios da prece e espiritualização da alma ou consciência para a saúde e bem-estar dos seres humanos), defendem abertamente que a alma ou consciência tem existência independente dos processos e atividades fisioquímicos que ocorrem em certas áreas do complexo cérebro do corpo material. Isso porque, em circunstâncias especiais, que causam a morte ou determinam uma grande proximidade desta, ela sai do seu corpo carnal e entra na dimensão espiritual do Universo, onde continua a sua existência; pode agir com um corpo sutil, leve e luminoso, de forma completamente independente do corpo físico que deixou na vida material; mantém ocupações e desenvolve muitas atividades com as suas faculdades e capacidades ampliadas, ao lado de muitos seres de luz, familiares e amigos com nobreza intelectual, moral e espiritual.

É nesse grandioso e maravilhoso plano ou dimensão espiritual da vida, conforme ficou bem demonstrado nos capítulos anteriores, que a alma ou consciência consegue manifestar ou exteriorizar, de forma muito mais dilatada, abrangente, ilimitada ou plena, as suas faculdades e potências extraordinárias e maravilhosas: percepções, memória, inteligência, sentimentos, emoções, sensações, senso moral, discernimento, criatividade, vontade, pensamentos, atitudes e capacidades de ação e execução.

Com a crescente constatação da veracidade e benefícios das crenças, valores e práticas espiritualistas, muitas pessoas que eram materialistas se converteram ao espiritualismo. Assim, passaram a prestar a este as suas notáveis contribuições. Por exemplo, neste trabalho, vimos a conversão de Ernesto Bozzano, no lado espírita, e a do doutor Jeffrey Long, no lado dos estudiosos dos casos de EQM. Eles eram pessoas muito céticas; mas, depois que investigaram e estudaram, com rigor e mente aberta, a imortalidade da alma ou consciência, chegaram à conclusão de que, realmente, a vida continua após a morte, em um corpo sutil, sem as limitações impostas pelos órgãos do corpo carnal, e em condições de vida surpreendentes, existentes apenas na dimensão espiritual grandiosa e maravilhosa do Universo.

Graças às constatações e aos resultados que eles próprios chegaram com os seus estudos aprofundados, sérios, competentes e criteriosos, abandonaram corajosamente as suas crenças materialistas e passaram a defender e a divulgar os princípios espiritualistas, principalmente com a publicação dos seus notáveis livros.

Além disso, com o intuito de beneficiar a humanidade, com os conhecimentos valiosos e inovadores obtidos, eles passaram a estimular as pessoas a realizarem melhorias nos seus mundos mental e íntimo. Geralmente, com o intuito de beneficiarem a si mesmas e ajudarem aos seus semelhantes, com as suas atitudes e ações sábias, virtuosas e nobres. Adicionalmente, ressaltaram a consolação, esperança e coragem que os novos conhecimentos sobre as realidades espirituais e as finalidades da existência carnal oferecem às pessoas que se convencem das provas de que há a continuidade da vida da alma ou consciência depois da morte do seu corpo biológico, em companhia de seres de luz e dos seus familiares e amigos já falecidos, em ambientes exuberantes existentes no lado espiritual do Universo.

Portanto, a visão espiritualista da vida no Universo ficou bastante fortalecida e é estimuladora do engrandecimento do mundo mental e íntimo das pessoas. Com isso, ela gera benefícios principalmente para quem atua fraternalmente em favor dos seus semelhantes, empregando os seus valiosos e imperecíveis tesouros intelectuais, espirituais e morais, para o progresso e bem-estar de todos.

Essa visão espiritualista de que a alma ou consciência imortal continua a sua jornada incessante num outro plano ou dimensão da vida impulsiona o progresso moral e espiritual, ao lado do progresso intelectual. Isso, evidentemente, sem qualquer menosprezo ao progresso material, indispensável ao atendimento das incontáveis necessidades físicas e progressos da humanidade. Desse modo, esses tipos de progresso (moral, espiritual, intelectual e material), quando bem equilibrados entre si, geram valiosos benefícios nos núcleos familiares, profissionais e sociais, decorrentes do bom emprego das notáveis potências ou faculdades, buscando sempre um maior bem-estar individual e coletivo.

A visão espiritualista de que a vida da alma ou consciência é independente do cérebro do corpo carnal denso, pesado, muito limitado e perecível a qualquer momento, leva as pessoas ao bom aproveitamento do tempo. Assim, elas se tornam estudiosas, trabalhadoras, sábias, fraternas, virtuosas, agradáveis e gentis, em suas ocupações nobres e atividades progressistas. Com isso, beneficiam a si mesmas e aos seus semelhantes, que são vistos como membros de uma única família universal, que perdura na outra dimensão espiritual da vida. Então, as pessoas com essa visão espiritualista deixam de acumular egoisticamente os bens materiais, como prioridade máxima, e concentram os seus esforços na conquista e no bom emprego dos tesouros imperecíveis da sabedoria e das virtudes. Assim, atuam convencidas de que as verdadeiras recompensas duradouras, em função da lei de causa e efeito, estão no outro lado majestoso e imperecível da vida no Universo.

A visão espiritualista de que o ser humano tem uma composição tríplice, já vista anteriormente, desperta nas pessoas a busca incessante da nobreza no mundo mental e íntimo da alma ou consciência. Com isso, os benefícios atingem de imediato o seu corpo sutil e leve, com reflexos benéficos ou boas repercussões nos órgãos do seu corpo carnal. Desse modo, quaisquer aquisições, qualidades e méritos na alma ou consciência imortal, conforme também já vimos anteriormente, resulta, inevitavelmente, em bons resultados individuais e, em decorrência, em progressos coletivos. Com isso, as prioridades na vida tornam-se os esforços educativos e as providências que engrandecem e geram recompensas pelo bom uso das maravilhosas faculdades e potências mentais e íntimas.

A visão espiritualista de que a verdadeira vida para a alma ou consciência está no grandioso e maravilhoso lado espiritual do Universo fortalece os laços espirituais e morais imperecíveis, estabelecidos entre as pessoas. Então, os laços consanguíneos e os de interesses materiais passam a ser vistos como transitórios e perecíveis a qualquer momento. Desse modo, as pessoas espiritualistas melhoram os seus modos de convivência e relacionamentos, espiritualizando e colocando as suas relações humanas sob o império da sabedoria, amor, respeito, igualdade, fraternidade, solidariedade, caridade, humildade, liberdade e justiça. Com isso, a humanidade se une nas relações pacíficas e progressistas, porque as pessoas deixaram num plano menor os interesses financeiros, materiais, egoístas e mesquinhos, que causam as competições agressivas ou desleais, discriminações de todas as ordens e separações por etnias, crenças, costumes e classes sociais.

A visão espiritualista da grande transitoriedade que há em todas as coisas existentes na vida carnal abre o mundo mental e íntimo das pessoas para o cultivo e a prática no cotidiano dos modos sábios, justos, amorosos e fraternos. Com esse inevitável predomínio dos tesouros intelectuais, espirituais e morais imperecíveis nas pessoas, nas sociedades, as condições de vida melhoram de imediato, beneficiando inclusive a continuidade sem fim da vida da alma ou consciência, após a morte física, no incomensurável plano ou dimensão da vida no magnífico universo espiritual. A observância rigorosa das Leis Morais, ao lado dos poderes intelectuais, leva a humanidade à almejada era encantadora de paz, progresso, bem-estar, alegria e felicidade duradouros. Portanto, cada acumulação dos tesouros intelectuais, morais e espirituais imperecíveis amplia a exteriorização da nobreza no modo de ser, sentir, pensar, viver, falar e agir perante os semelhantes. Então, o resultado final é a regeneração da humanidade.

Por fim, cabe, em outras palavras, reforçar que o grande poder transformador que a visão espiritualista tem sobre o amadurecimento, ao mesmo tempo, do intelecto e do senso moral, torna, naturalmente, as pessoas mais estudiosas, trabalhadoras, sábias e virtuosas. Com isso, há a prática do bem e a realização das boas obras, para a concretização da era de paz, prosperidade duradoura e bem-estar perene na humanidade. Além disso, com esse engrandecimento das suas poderosas faculdades e potências mentais e íntimas, as pessoas preparam a sua alma ou consciência para a continuidade da sua existência no plano ou dimensão espiritual, em condições de vida muito agradáveis, sadias, alegres e felizes.

BIBLIOGRAFIA

1 – Sobre EQM

Alexander III, Eben. *Uma prova do céu: a jornada de um neurocirurgião à vida após a morte.* Rio de Janeiro, Sextante e GMT Editores Ltda., 2013.

Amâncio, Edson. *Experiências de Quase Morte (EQMs): ciência, mente e cérebro.* São Paulo, Summus Editorial, 2021.

Besteman, Marvin J; Craker, Lorilee. *Minha jornada além da vida. O que vi e como sobrevivi à morte.* São Paulo, Universo dos Livros, 2013.

Brandon, Carla Wills. *Um último abraço antes de partir: o mistério e o significado das aparições no leito de morte.* Editora Butterfly, 2003.

Brinkley, Dannion; Perry, Paul. Salvo pela luz. O relato emocionante e as profundas revelações do homem que viveu a experiência de quase morte. São Paulo, Larousse do Brasil, 2010.

Brinkley, Dannion; Brinkley, Kathryn. *Tão longe de casa. A vida após a morte.* São Paulo, Larousse do Brasil, 2010.

Burpo, Todd; Vincent, Lynn. *O céu é de verdade: a história do menino que foi ao Céu e viu o Trono de Deus.* Rio de Janeiro, Thomas Nelson Brasil, 2011.

Cheung, Theresa. *Existe vida após a morte. Depoimentos emocionantes sobre o que nos espera do outro lado.* São Paulo, Benvirá, 2014.

Long, Jeffrey; Perry, Paul. *Evidências da vida após a morte.* 2ª ed., São Paulo, Editora La Fonte, 2017.

Piper, Don; Murphey, Cecil. *90 minutos no Céu. A verdadeira história de alguém que conheceu o Paraíso e voltou para contar.* Rio de Janeiro, Thomas Nelson Brasil, 2008.

________. *O céu existe! Lições do homem que passou 90 minutos no céu sobre a alegria de viver na Terra.* Rio de Janeiro, Thomas Nelson Brasil, 2008.

RING, Kenneth. *Rumo ao ponto ômega. Em busca do significado da experiência de quase morte.* Rio de Janeiro, Editora Rocco Ltda., 1996.

RING, Kenneth; VALARINO, Evelyn Elsaesser. *Lições da luz. O que podemos aprender com as experiências de proximidade da morte.* São Paulo, Summus Editorial Ltda., 2001.

RITCHIE, George G.; SHERRILL, Elisabeth. *Voltar do amanhã. Um psiquiatra descreve sua própria experiência no outro lado da morte.* São Paulo, Editora Nórdica, 1988.

ROLAND, Paul. *Passeio da alma: histórias reais de quase morte que farão você enxergar a vida de outra maneira.* São Paulo, Editora Gente, 2008.

2 – SOBRE ESPIRITISMO

ANDRADE, Geziel. *Depois desta vida: experiências e casos vividos pós-morte.* Capivari, Editora EME, 1996.

________. *A vida nas esferas espirituais. Comentando as psicografias de Chico Xavier.* Capivari, Editora EME, 2019.

BACCELLI, Carlos A. Paulino Garcia (espírito). *Dr. Odilon.* 1ª ed., Votuporanga, Casa Editora Espírita Pierre-Paul Didier. 1998.

________. *Vida sem fim.* 1ª ed., Votuporanga, Casa Editora Espírita Pierre-Paul Didier. 1999.

BARRET, William Fletcher. *Death bed visions, 1926. Visiones en el momento de la muerte.* Trad. Manuel Pumerega. Trad. para o Português Silvano dos Reis Corrêa e Marina dos Reis Corrêa. Revisão de Teresa da Espanha. Publicado em www.autoresespiritasclassicos.com.

BORGIA, Anthony. *A vida nos mundos invisíveis.* 1ª ed., São Paulo, Editora Pensamento. 1967.

BOZZANO, Ernesto. *A crise da morte.* 1ª ed., Rio de Janeiro, FEB, 7ª ed., 1990.

________. *Fenômenos psíquicos no momento da morte.* 1ª ed., Rio de Janeiro, FEB, 1928.

CARVALHO, Vera Lúcia Marinzeck de. Espíritos Diversos. *Deficiente mental, por que fui um?* 1ª ed. São Paulo, Petit Editora, 1998.

________. *Perante a eternidade.* 1ª ed., São Paulo, Petit Editora, 1992.

________. *O que encontrei do outro lado da vida.* 1ª ed., Petit Editora, 2002.

CARVALHO, Vera Lúcia Marinzeck de. Felisberto, Maria Dalva e Saulo (espíritos). *Valeu a pena!* São Paulo: Petit Editora, 1ª ed., 1994.

CARVALHO, Vera Lúcia Marinzeck de. Patrícia (espírito). *Violetas na janela.* 1ª ed., São Paulo, Petit Editora, 1993.

________. *Vivendo no mundo dos espíritos.* 5ª ed., São Paulo, Petit Editora, 1995.

DENIS, Léon. *Depois da morte.* 12ª ed., Rio de Janeiro, FEB, 1983.

________. *No invisível.* 12ª ed., Rio de Janeiro, FEB, 1987.

________. *O problema do ser, do destino e da dor.* 9ª ed., Rio de Janeiro, FEB, 1975.

FLAMMARION, Camille. *A morte e o seu mistério.* Volumes I, II, III. 3ª ed., Rio de Janeiro, FEB, 1970.

FRANCO, Divaldo P. Joanna de Ângelis (espírito). *Estudos espíritas.* 5ª ed., FEB, 1991.

FRANCO, Divaldo P. Manoel P. de Miranda (espírito). *Temas da vida e da morte.* 2ª ed., Rio de Janeiro, FEB, 1989.

FRANCO, Divaldo P. Otília Gonçalves (espírito). *Além da morte.* 4ª ed., Salvador, Livraria Espírita Alvorada Editora, 1989.

KARDEC, Allan. *A Gênese, Os Milagres e as Predições segundo o Espiritismo.* 1ª ed., Capivari, Editora EME, 2020.

________. *O Céu e o Inferno, A Justiça Divina segundo o Espiritismo.* 1ª ed., Capivari, Editora EME, 2019.

________. *O Evangelho segundo o Espiritismo.* Capivari-SP: Editora EME. 1ª reed. 1996.

________. *O Livro dos Espíritos.* 1ª ed., Capivari-SP, Editora EME. 2001.

________. *O Livro dos Médiuns.* 2ª ed., Capivari-SP, Editora EME 1997.

________. *Obras Póstumas.* 23ª ed., Rio de Janeiro, FEB. 1989.

________. *Revista Espírita*. São Paulo-SP: EDICEL, 1ª ed. Meses e anos consultados: outubro e dezembro de 1858; janeiro, março e abril de 1859; julho de 1860; julho, setembro, outubro, novembro de 1861; abril e dezembro de 1862; junho, setembro e dezembro de 1863; janeiro, fevereiro, abril, setembro de 1864; maio, julho, setembro, outubro de 1865; janeiro, março de 1866; janeiro, março, julho de 1867; março, abril, dezembro de 1868; março de 1869.

OWEN, Rev. Vale. *A vida além do véu*. 4ª ed., Rio de Janeiro, FEB, 1983.

PEREIRA, Yvonne A. *Devassando o invisível*. 7ª ed., Brasília, FEB, 1987.

PEREIRA, Yvonne A. Camilo Cândido Botelho (espírito). *Memórias de um suicida*. Rio de Janeiro-RJ: FEB. 2ª ed., 1954.

XAVIER, Francisco Cândido. Espíritos diversos. *Falando à Terra*. 4ª ed., FEB. 1983.

________. *Instruções psicofônicas*. 5ª ed., FEB. 1988.

________. *Vozes do grande além*. 3ª ed., FEB. 1982.

XAVIER, Francisco Cândido. André Luiz (espírito). *Nosso Lar*. 37ª ed., Rio de Janeiro, FEB, 1989.

________. *Os mensageiros*. 22ª ed., FEB, 1988.

________. *Missionários da luz*. 21ª ed., FEB, 1988.

________. *Obreiros da vida eterna*. 17ª ed., FEB, 1989.

________. *No mundo maior*. 16ª ed., FEB, 1990.

________. *Libertação*. 14ª ed., FEB. 1990.

________. *Entre a Terra e o Céu*. 2ª ed., FEB, 1959.

________. *Nos domínios da mediunidade*. 7ª ed., FEB, 1955.

________. *Ação e reação*. 13ª ed., FEB, 1989.

________. *E a vida continua*. 30ª ed., FEB, 1968.

XAVIER, Francisco Cândido. Maria João de Deus (espírito). *Cartas de uma morta*. 10ª ed., São Paulo, LAKE, 1988.

XAVIER, Francisco Cândido; Arantes, Hércio Marcos C. Espíritos diversos. *Retornaram contando*. 1ª ed., Araras, Instituto de Difusão Espírita; 1984.

XAVIER, Francisco Cândido; VIEIRA, Waldo. André Luiz (espírito). *Evolução em dois mundos*. 11ª ed., Rio de Janeiro, FEB, 1989.

________. *Mecanismos da mediunidade*. 11ª ed., FEB, 1990.

________. *Sexo e destino*. FEB. 14ª ed., 1989.

________. *Desobsessão*. FEB. 10ª ed., 1989.

XAVIER, Francisco Cândido; Espírito Cláudia Pinheiro Galasse. *Escola no além*. São Paulo: IDEAL Instituto Divulgação Editora André Luiz, 1ª ed., 1988.

XAVIER, Francisco Cândido; Espírito Emmanuel. *A caminho da luz*. Rio de Janeiro: Federação Espírita Brasileira - FEB, 15ª ed., 1987.

________. *Emmanuel*. FEB, 27ª ed., 2008.

________. *Justiça Divina*. FEB. 6ª ed., 1987.

________. *Religião dos espíritos*. FEB. 7ª ed., 1988.

XAVIER, Francisco Cândido; Espírito Irmão Jacob. *Voltei*. Rio de Janeiro: Federação Espírita Brasileira - FEB, 12ª ed., 1986.

CONHEÇA TAMBÉM DO MESMO AUTOR

O homem que conversou com os espíritos

Geziel Andrade

Estudos • 16x23 cm • 256 pp.

Por meio de pesquisa em mais de 25 livros e na coleção completa da *Revista Espírita* de Allan Kardec, o autor apresenta um passeio instrutivo pelos fatos que marcaram a vida e a obra do codificador, além de um exame dos princípios essenciais do espiritismo, em seu tríplice aspecto, e da sua contribuição para a transformação moral dos seres humanos.

A vida nas esferas espirituais – Comentando as psicografias de Chico Xavier

Geziel Andrade

Estudo • 15,5x22,5 cm • 392 pp.

Autor apresenta uma compilação detalhada e conscienciosa das surpreendentes revelações sobre a grandiosidade da obra de Deus, feitas principalmente pelos espíritos Maria João de Deus, Emmanuel, Irmão X, Irmão Jacob e André Luiz, através do inigualável médium Chico Xavier.

Os espíritos, a música celeste e a música terrena

Geziel Andrade

Estudos • 14x21 cm • 256 pp.

Por meio de exposição de fatos, de citações, de depoimentos e de entrevistas Geziel conduz o leitor à conclusão de que existe música celeste (música tanto mais sublime quanto mais elevadas forem as regiões da Espiritualidade), e de que os artistas encarnados recebem inspirações dos Espíritos para suas produções terrenas.

VOCÊ PRECISA CONHECER ESSAS OBRAS

Qual o sentido da vida?

Marco Tulio Michalick

Autoajuda • 15,5x22,5 cm • 208 pp.

Utilizando textos de espíritos e também de histórias de sua vivência pessoal, o autor faz ponderações importantes. Sempre à luz do espiritismo, destaca a relevância desta existência e das atitudes positivas que devem ser tomadas para que cada um aproveite sua presente encarnação.

Espiritismo, o que deseja saber?

Álvaro Vargas

Autoajuda • 14x21 cm • 224 pp.

Totalmente embasado nas revelações trazidas pelos espíritos da codificação, Álvaro Vargas, presidente da USE Piracicaba (SP), reúne neste livro importantes ensinamentos sobre diversos assuntos relevantes à nossa jornada terrena

Às portas da regeneração

Juliano P. Fagundes

Estudo • 15,5x22,5 cm • 272 pp.

COVID-19: o que está acontecendo no mundo hoje? Nas páginas deste livro descobriremos as grandes forças que deram e estão dando forma às sociedades em todo o planeta – e quais as pedras que encontraremos em nossa caminhada nesta grande transição planetária, rumo ao futuro de regeneração.

VOCÊ PRECISA CONHECER ESSAS OBRAS

Os mistérios do Universo
José Naufel
Estudo • 14z21 cm • 240 pp.

Na teologia segundo a ótica espírita encontramos a verdadeira compreensão de questões que não se esclarecem nem mesmo pesquisando-se a Bíblia. Ela nos revela a ciência do divino e nos traz a certeza da justiça e da bondade do Pai

A morte sem mistérios
Donizete Pinheiro
Estudo • 14x21 cm • 160 pp.

Registrando os estudos que fez no curso "Conversando sobre a morte", o autor aprofunda o tema para instruir ou confortar aqueles que estejam sofrendo por causa da morte e realçar a vida imperecível e a imortalidade do espírito, cujo conhecimento altera toda a percepção sobre as coisas

Governador da Terra
Juliano P. Fagundes
Estudo • 14x21 cm • 256 pp.

Estudo aprofundado sobre as últimas revelações trazidas por cientistas, pesquisadores, historiadores, arqueólogos e os espíritos superiores sobre a vida, a obra e o contexto do mundo em que viveu o Mestre Nazareno.

VOCÊ PRECISA CONHECER ESSAS OBRAS

O autismo em minha vida
Regiane Gonzaga
Biografia Romanceada • 14x21 cm • 176 pp.

Este é um livro-depoimento escrito por uma mãe defrontada com o diagnóstico de autismo em seu único filho. Abordando o tema com sabedoria e sentimento, ela compartilha sua história de coragem e superação em um relato comovente, repleto de lições, para ajudar as famílias que estão aprendendo a conviver com o autismo. E também esclarecer todos os que se interessam pela causa.

Respostas espíritas
Donizete Pinheiro
Estudo • 14x21 cm • 224 pp.

Respostas espíritas é um excelente livro, onde cada capítulo esmiuçará um tema analisado à luz da doutrina espírita.

Temas intrigantes como mortes coletivas, aborto, suicídio, céu e inferno, eutanásia, doação de órgãos e outras questões, num total de 60 capítulos serão amplamente comentados com a lógica que o estudo espírita proporciona.

Causa e origem dos nossos males
Juliano P. Fagundes
Estudo • 14x21 cm • 184 pp.

Asseveram as entidades superiores que depende de cada um de nós o avanço para a perfeição, segundo nossa própria vontade e a submissão à vontade de Deus. Este livro traz uma explicação antropológico-espírita sobre a origem de nossos desvios morais. E por que temos dificuldade em mudar nosso comportamento.